慶應義塾大学
法学研究会叢書
［90］

中国 統治のジレンマ

中央・地方関係の変容と未完の再集権

磯部 靖
Yasushi Isobe

慶應義塾大学法学研究会

中国　統治のジレンマ

目次

目次

第二部　再集権の諸問題と「再分権」の推進

序章　中央・地方関係をめぐる議論とその課題

本書は、現代中国政治研究とりわけ中央・地方関係についての研究における「ゼロサム論」の問題を明らかにすることを目的とする。具体的には、一九九〇年代半ば以降に推し進められた再集権をめぐる問題を考察することを通じて、これまで展開されてきた議論を検証し直すとともに、地方分権により「地方が強くなり、中央が弱くなった」、あるいは再集権により「中央が強くなり、地方が弱くなった」というような、現代中国の中央・地方関係についての研究における「ゼロサム論」の問題を検討していきたい。そこで序章では、まず改革・開放期以降の中央・地方関係をめぐる議論の問題点を明らかにし、次に本書の問題意識と本書において展開される議論の概要を示したい。

第一節　改革・開放期以降の中央・地方関係をめぐる議論

以下では第一に、一九八〇年代以降の「地方の台頭」をめぐる議論と中央・地方関係への関心の高まり、第二に、一九八〇年末以降に盛んになった地方主義批判とその後の再集権をめぐる議論を踏まえて、第三に、二〇〇〇年代以降、中央・地方関係についての研究が停滞してきた経緯を明らかにしたい。

1　中央・地方関係への関心の高まり

一九八〇年代以降、改革・開放政策の進展にともない、「地方の台頭」への関心が高まった。例えば天児慧は以下のように、改革・開放期以降、中央・地方関係への注目が集まった背景を総括している。「改革開放《ママ》期に入ってとりわけ中央・地方論が注目されてきた。その議論の行きつくところは、結局のところ、地方がどの程度のプレゼンスを持つようになり、その結果、中国の国家統合あるいは政治体制の変化にどの程度のインパクトを与えることができるのかという問題である[1]」。このような天児の指摘は正鵠を射ていると言えよう。なぜならば、改革・開放期以降の中央・地方関係への注目が高まった背景には、「地方の台頭」が中国の国家統合や政治体制変容にいかなる影響を与えるのかという点への強い関心があったと考えられるからである。

例えば唐亮が、「経済面においてマクロ経済のコントロール能力が低下し、地方保護主義および経済格差などの問題が深刻化し、政治面においてポスト鄧小平の政治安定《ママ》が疑問視される中で、地方の台頭、地方の独自性が体制転換期の混乱を助長し、国家の分離・分裂を招く要因の一つとして危惧され始めた[2]」と指摘するように、一九八〇年代末から一九九〇年代にかけては地方主義批判の高まりやポスト鄧小平時代の権力継承問題と関連して、「地方の台頭」が国家の分離・分裂の要因となるのではないかとの関心が高まった。

一九九〇年代に入り、ポスト鄧小平時代の到来がいよいよ現実味を帯びてくると、「カリスマ的指導者」亡き後の中国において、地方から中央への圧力が強まるとの見方がまことしやかに語られ、中央・地方関係への関心がいっそう高まった。例えば呉国光と鄭永年は、ポスト鄧小平時代の到来により「カリスマ的指導者」がいなくなれば、中央に対する地方からの圧力が強まると主張し(3)、その結果、地方指導者から中央への挑戦が強まり、建国初期に中国を二分する可能性を孕んだ高崗・饒漱石事件(4)以上の政治闘争に発展する可能性があるとの展望を示した(5)。

また呉国光によれば、ポスト鄧小平時代に突入すると、中央指導者は地方指導者(6)からの政治的支持を求めて、地方に対して政策や利益の面で譲歩するであろうとの展望も示された(7)。このような呉の主張の背景には、スーザン・シャーク（Susan Shirk）が提起した中央指導者の地方指導者に対する「政治的依存」という仮説(8)があると考えられる(9)。この仮説に依拠して呉は、ポスト鄧小平時代の中央指導者は権力闘争を勝ち抜く上で、党中央委員会や全国人民代表大会における多数派工作のために地方からの支持を必要とし、その結果、地方の利益に配慮した政策への傾斜が強まるとの主張を展開していた(10)。

以上のような主張が注目を集めた時代状況の下、「地方の台頭」による政治体制変容への「期待」が一挙に高まった。例えば天児慧による、「とりわけ八〇年代に示した地方のパフォーマンスはある種の衝撃であった。それ故（中略）地方の増大するプレゼンスが政治体制変容につながり得るという積極的な見方が展開されたのである(11)」という主張からも、「地方の台頭」による政治体制変容への「期待」の高さがうかがわれる。

このように、現代中国における中央・地方関係についての研究を長年にわたり先導してきた天児慧が示した、ポスト鄧小平時代における「地方の政治的自立」への展望は大変興味深い。例えば当時、天児はポスト鄧小平時代の中央・地方関係の展開について、以下のように述べていた。「現状および近未来を見通すならば次のように考えられる。まず第一に、地方すなわち省・市・県・郷村といった各レベルで、限定付きではあるが中央に対する政治権力主体の『自立化』、政策決定過程の多様化、多層化が進む。しかし第二に、各地方レベルにおいては集権的あるいは権威主義的意思決定メカニズムをとどめる。そして第三には、そうした地方が横並びに割拠するのではなく、何らかの規準、関係、程度において中央権力の権威を受容する」[12]との展望が示された。

さらには、ポスト鄧小平時代の中央・地方関係についての以上のような変化の結果、天児によれば、「やがては中央と地方の制度的な関係の改変が問われ、そのことが他のファクター（党内部からの質的変化、市民社会化、経済発展、部分的な政治民主化など）と相乗的に影響し合いながら、政治体制の変容を余儀なくする」[13]との見方が示された。このことからも、ポスト鄧小平時代の「地方の台頭」により、やがては政治体制変容へ向かうとの「期待」が、当時はまことしやかに語られていたことがうかがい知れる。こうした「期待」が当時は高まっていたがゆえに、中央・地方関係に注目が集まっていたのは、ある意味必然と言えよう。

2　地方主義批判と再集権

以上のように一九八〇年代以降、「地方の台頭」による政治体制変容への「期待」が熱く語られる一方で、一九八〇年代末からは、中国国内において地方主義批判が高まり、一九九〇年代半ば以降、再集権の動きが強まるにつれて、中央・地方関係についての研究には新たな展開が見受けられるようになった。

既述したように「地方の台頭」が注目を集める一方で、一九八〇年代末からは、中国国内において、「地方保護主義」あるいは「諸侯経済」などに対する批判が高まった[14]。例えば当時の地方主義の問題を、鄭永年は以下のように総括している。「中央の権力と権威は、一九八〇年代の分権によって失墜し、『地方保護主義』を増殖させ、中央政府は有効に地方経済を調整できなくなっていた。省の間では協力を拒み、とりわけ貧しい省は豊かな省を敵視し、行政手段で市場封鎖をした」[15]との問題が指摘された。また鄭によれば、一九九〇年代初めの省間での交易はGDPの二二%で、EU内の二八%、旧ソ連内の二七%よりも低く、各省は「独立国」のようになっていたことから、「諸侯経済」批判が盛んに行われたとされる。[16]

さらに鄭によれば、一九九四年当時、地域間経済格差によって分裂の危機が訪れる可能性があるとも考えられていたとされる。例えば、一九九四年に行われた省級と地級の政府職員への調査では、八四%が地域間の巨大な収入格差は社会の不安定化につながり、そのうちの一六%がいずれは国家の分裂に至る可能性が、とりわけ少数民族地域においては深刻であるとし、六四%が地域間経済格差の是正が中央政府にとっての最重要の政治課題となるべきであると答えていたとのことである。[17]先に見たように、中国研究者の間では、当時、「地方の台頭」により政治体制変容への「期待」が高まっていたわけであるが、その一方で中国国内での地方主義批判の高まりは、当局者たちの間においても、「地方の台頭」への危機感が強まっていたことの表れでもあったと考えられる。

こうした中で、一九九三年に出版された王紹光と胡鞍鋼による『国家能力報告』[18]は、ある種の分岐点となったと言えよう。なぜならば、『国家能力報告』は当時導入へ向けて準備が進められていた分税制を理論的に正当化するものであったと考えられるからである。王と胡が『国家能力報告』を出版したことと分税制導入が直接関係しているとの確証はないものの、少なくとも、財政面での再集権を正当化することに寄与した点は間違いないと言われている。[19]

同じく一九九三年には、前年から深刻化していた経済過熱問題に対して金融引き締めを主な手段とした経済のマクロコントロールが発動されるとともに、一九九四年からは全国で分税制が施行されることになった。こうして、一九九〇年代に入ってからは中央財政や経済のマクロコントロールが強化され、中央・地方関係は再集権の局面を迎えることになったのである。こうした経済面における再集権の主なものは、分税制の導入と銀行制度の改革で、それにより地方財政は中央への依存が高まるとともに、地方政府による銀行への干渉が断ち切られ、経済のマクロコントロールが強められることになったとされ、二〇〇〇年代以降も、環境保護、品質管理、労働厚生、土地管理等の政策領域において再集権が進んでいったとされる[20]。

こうした状況下、「地方の台頭」による政治体制変容への「期待」を基調とする従来の研究とは一線を画す著書が、一九九六年にヤーシャン・ホワン（Yasheng Huang）によって出版された[21]。ホワンによれば、従来の研究は経済面での「地方の台頭」にばかり注目し、政治体制の側面に着目していなかったため、経済面での地方分権により、中央の統制力が弱くなったとの結論に至ってしまっていたと批判した[22]。このような認識に基づきホワンは、改革・開放期以降も政治体制は依然として変わっておらず、中央は政策の決定権や幹部人事制度を用いて地方幹部をコントロールできるため、経済過熱も抑えられるとの主張を展開した。こうして、政治面でのコントロールが可能であるため中央は地方を統制できるとするホワンの研究は、「地方の台頭」による政治体制変容への「期待」が先行しがちであった従来の研究状況に一石を投じるものであった[23]。

ホワンの研究が出版されるのと前後して、中国国内では政治面での再集権の動きが強まり、図らずもホワンの主張を裏づけることとなった。まずは、一九九五年に「陳希同事件」が起こり、中国内外に衝撃を与えることになった。かねてより陳希同党北京市委書記と江沢民総書記の間には確執があったと伝えられていたが、汚職問題を口実に陳希同を失脚させることにより、党内における江沢民の主導権は強まったと見受けられる。一九九八年には、しばしば地方主義の急先鋒と称された広東省の指導部が改組され、謝非党省委書記は中央に転出させられる一方で、中央からは李長春が党省委書記に、王岐山が常務副省長として送り込まれた。

このように、一九九〇年代半ば以降、政治面でも再集権が推し進められてきたわけであるが、とりわけ一九九八年に断行された広東省指導部改組のインパクトは大きく、それによって中央は地方から主導権を奪還することに成功し、地方に対して圧倒的優位を取り戻したとさえ言われた。例えば、呉国光は一九九八年以降の中央・地方関係を以下のように総括している。「一九九八年初頭から、中央と地方の関係は第五段階に入った。両者間の関係の調整がほぼ決し、中央が地方に対する統制権を再び手に入れ、両者間の関係の上で圧倒的な指導的地位につくようになったのは、この時期の特徴である。同年三月、中共中央政治局委員であり、河南省省委書記であった李長春が命を受けて中共広東省省委書記に赴任したのは、その象徴的なできごとであった。この段階で、中央から地方に対する政治的統制は明確に強化され、地方主義はその経済力の増強による勢力の増大には至らず、政治側《ママ》面からみると、かえって衰退していく傾向が見られる[24]」と指摘された。

こうして、先に取り上げたように一九九〇年代半ばまでは、「地方の台頭」による政治体制変容への「期待」をあからさまに表明していた呉国光でさえもが、そのたった数年後には従前の主張を転向させてしまうほど、中国国内における再集権の動きは、中国研究者たちの中央・地方関係に対する認識に大きな影響を与えたのであった。

3　中央・地方関係をめぐる研究の停滞

以上のように、一九九〇年代半ばまでは「地方の台頭」による政治体制変容を主張する急先鋒であった呉国光が、そのたった数年後に、自らの主張を転向させてしまったことには、かなり大きなインパクトがあった。こうして、中央・地方関係についての研究には、一九八〇年代以降、地方分権により「地方が強くなり、中央が弱くなった」として関心が高まったものの、二〇〇〇年代に入る頃には、再集権により「中央が強くなり、地方が弱くなった」という研究基調にすっかり変化していったのである。

それと同時に、かつて「地方の台頭」による政治体制変容への「期待」が高まり、あれほど注目を浴びていた中央・地方関係への関心は急速に低下していってしまった。例えば、中央・地方関係への関心が低下していった背景についての任哲による分析は秀逸である。任によれば、「中国における分権化、市場化、私有化は研究者が期待していた東欧社会主義国家のような国家分裂・政治体制変容をもたらしていない[25]」ことから、「政治体制変容への『望み』が薄くなるにつれ、一九九〇年代半ば以後は中央・地方関係の議論が徐々に衰退した[26]」とされ、「地方政府のプレゼンスが大きくなることによって政治体制の変容が始まるという『期待』が外れてから、中央・地方関係についての研究熱は徐々に冷め、研究者が注目する問題も他の分野へと移っていった[27]」と総括された。

「地方の台頭」による政治体制変容への「望み」が薄れて、中央・地方関係への関心が低下したとの任の指摘はまさに的を射ている。一九八〇年代以降、多くの中国研究者が抱いてきた地方分権による中国分裂・崩壊への「期待」が外れたことで、中央・地方関係への関心が低下していったのは、いわば必然の成り行きであったとも言えよう。

こうして、中央・地方関係への関心は低下してしまったわけであるが、その影響で中央・地方関係についての包括的研究に取り組む研究者はほぼ皆無となってしまい、一九九〇年代半ば以降の再集権により、果たして本当に「中央が強くなり、地方が弱くなった」のかという問題が十分に検証されないまま、現在にまで至ってしまったのである。それゆえ、一九九〇年代半ば以降の再集権により、実際に「中央が強くなり、地方が弱くなった」のかという問題は、いわば今日まで十分に検証されないまま「放置されてきた課題」と言えよう。本書は、まさにこの「放置されてきた課題」を解明するための研究であると位置づけられる。

第二節　本書の問題意識と構成

以下では、まず本書全体を貫く問題意識と、次に第一章以下で展開される議論の概要を示したい。

1　本書の問題意識

一九九〇年代半ば以降の再集権により、果たして本当に「中央が強くなり、地方が弱くなった」のであろうか。再集権により「中央が強くなり、地方が弱くなった」のであれば、なぜ二〇〇〇年代以降も、「乱収費」、不動産バブル、地方債務などの問題が後を絶たないのであろうか。また、近年「再分権」の動きが強まっているが、その背景には再集権の弊害に起因する問題があるのではなかろうか。こうした問題意識に基づき、本書では前述の「放置されてきた課題」を解明していきたい。

また、本書における研究は前著[28]での研究成果との関連を強く意識しており、両者を通じて得られた知見を通じて、改革・開放期以降の中央・地方関係についての包括的研究成果になるものと期待される。前著では、一九七〇年代末から一九九〇年代初頭までの広東省における改革・開放政策の展開過程において省指導者が果たした役割を事例として、一九八〇年代以降の中央・地方関係への関心の高まりの源泉であった「地方の台頭」に関する議論の問題を明らかにした。とりわけ研究方法論の観点からは、従来の研究に普遍的に見受けられる、地方分権により「地方が強くなり、中央が弱くなった」あるいは中央集権により「中央が強くなり、地方が弱くなった」というような「ゼロサム論」的思考を背景とした「集権―分権パラダイム」の問題を解明した。

このように、前著では一九七〇年代末以降の地方分権により「地方が強くなり、中央が弱くなった」という「ゼロサム論」の問題を明らかにしたわけであるが、本書は一九九〇年代半ば以降の再集権により「中央が強くなり、地方が弱くなった」という同様の「ゼロサム論」の問題を明らかにしていくものと位置づけられる。それゆえ、本章における考察を通じて、前著で明らかにされた「集権―分権パラダイム」の問題がより多角的に検証されるものと期待される。

具体的には、一九九〇年代半ば以降盛んになったものの、二〇〇〇年代以降、十分に検証されることもないまとなってきた、再集権により「中央が強くなり、地方が弱くなった」とする議論を検証し直したい。そのことを通じて、中央・地方関係研究における「集権―分権パラダイム」の問題をあらためて明らかにすることができるであろう。

2　本書の構成

本書は序章以下、第一部と第二部そして終章により構成される。第一部は第一章、第二章、第三章により構成され、各章における考察を通じて、一九九〇年代半ば以降の再集権により、実際に「中央が強くなり、地方が弱くなった」のかという問題が検証される。第一章では、一九九〇年代半ば以降の省指導者と中央の関係や組織の改編を事例として、組織・人事面から再集権の実態を検証したい。第二章では、分税制導入を事例として、財政面から再集権の実態を検討したい。第三章では、「乱収費」、「予算外資金」、「地方保護主義」などへの取り締まりを事例として、再集権の試みとその限界を明らかにしたい。このように第一部の各章において、一九九〇年代半ば以降に推進された再集権の実態を明らかにすることを通じて、再集権により「中央が強くなり、地方が弱くなった」という議論の問題点が浮き彫りとなっていくことであろう。

第二部は第四章、第五章、第六章により構成され、各章における考察を通じて、二〇〇〇年代以降顕在化した再集権の矛盾と限界を検証するとともに、近年推し進められている「再分権」の実態と意義を明らかにしていく。

第四章では、農民負担、不動産バブル、地方債務などの問題を事例として、再集権の矛盾を分析したい。第五章では、「省直管県」財政改革や財政移転制度改革などの試みを事例として、再集権の限界を考察したい。第六章では、習近平政権下で加速した「再分権」、監視体制の再構築、「インセンティブ型政策執行体制」構築などの試みを事例として、再集権により「中央が強くなり、地方が弱くなった」あるいは「再分権」により「地方が強くなり、中央が弱くなった」というような「ゼロサム論」的観点の限界を明らかにしたい。このように第二部の各章において、二〇〇〇年代以降顕在化した再集権の問題および近年推進されている「再分権」の実態を明らかにすることを通じて、再集権により「中央が強くなり、地方が弱くなった」、あるいは「再分権」により「地方が強くなり、中央が弱くなった」というような「ゼロサム論」的観点がもはや意味をなさないことが明確になっていくであろう。

終章では、本書における考察を通じて得られた知見を総括し、最後に今後の研究課題を示したい。

（1）天児慧「中央と地方の政治動態」、天児慧編『現代中国の構造変動4　政治―中央と地方の構図』東京大学出版会、二〇〇〇年、一二頁。
（2）唐亮「省指導体制と人事による中央統制」、同右、二四九頁。
（3）呉国光・鄭永年『論中央―地方関係：中国制度轉型中的一個軸心問題』牛津大学出版社、一九九五年、一一四頁および一一五頁。
（4）高崗・饒漱石事件について、近年利用可能となった資料も踏まえた包括的な研究としては、磯部靖「連邦制の否定と地方保護主義―高崗・饒漱石事件と中央・地方関係の定位」、国分良成・小嶋華津子編著『現代中国政治外交の原点』（慶應義塾大学出版会、二〇一三年）を参照されたい。
（5）前掲、呉国光・鄭永年『論中央―地方関係』、一一三頁。

（6）呉国光自身は明確に定義していないものの、この場合の地方指導者とは、省指導者のことを指しているものと思われる。

（7）呉国光「中央與地方分権的特点、趨勢與政治影響」、前掲、呉国光・鄭永年『論中央—地方関係』、一九三頁。

（8）Susan L. Shirk, “Playing to the Provinces’: Deng Xiaoping’s Political Strategy of Economic Reform”, *Studies in Comparative Communism*, Vol. XXIII, Nos. 3/4, Autumn/Winter, 1990, pp. 227-258; Susan L. Shirk, *The Political Logic of Economic Reform in China*, Berkeley: University of California Press, 1993.

（9）なお、シャークらによる中央指導者の地方指導者に対する「政治的依存」という仮説の問題点については、磯部靖「現代中国の中央・地方関係をめぐる論争」（『教養論叢』第一三七号、二〇一六年二月、一五一—一五二頁）において詳細に論じているので参照されたい。

（10）前掲、呉国光・鄭永年『論中央—地方関係』、一九三頁。

（11）前掲、天児慧「中央と地方の政治動態」、一二頁。

（12）天児慧「中国における自立と統合の政治構図—カスケード型権威主義体制への移行」、岡部達味編著『グレーター・チャイナの政治変容』勁草書房、一九九五年、二一頁。

（13）前掲、天児慧「中央と地方の政治動態」、一三頁。

（14）この時期に展開された地方主義批判の背景には、中央政府各部門への権限回収を正当化する意図もあったと考えられる。この点については、前掲、磯部靖「現代中国の中央・地方関係をめぐる論争」（一五五—一五六頁）を参照されたい。

（15）鄭永年（邱道隆譯）『中国的〝行為聯邦制〟：中央—地方関係的変革與動力』東方出版社、二〇一三年、三一〇頁。

（16）同右、三一〇頁。

（17）同右、三〇九—三一〇頁。

（18）王紹光・胡鞍鋼『国家能力報告』遼寧人民出版社、一九九三年。

（19）前掲、鄭永年『中国的〝行為聯邦制〟』、一五頁。

(20) 同右、八頁。
(21) Yasheng Huang, *Inflation and Investment Controls in China: The Political Economy of Central-Local Relations during the Reform Era*, New York: Cambridge University Press, 1996.
(22) *Ibid*. p.4.
(23) その一方で、ヤーシャン・ホワンの研究においては、地方を一枚岩のものとしているために省指導者の役割を過大評価するとともに、中央と地方の関係を単純な二元論的で捉えている問題があると指摘することができよう。ホワンによる研究の問題点について詳しくは、前掲、磯部靖「現代中国の中央・地方関係をめぐる論争」（一五七頁）を参照されたい。
(24) 呉国光「地方主義の発展と政治統制、制度退行」、前掲、天児慧編『現代中国の構造変動』、四九頁。
(25) 任哲『中国の土地政治—中央の政策と地方政府』勁草書房、二〇一二年、七頁。
(26) 同右、八頁。
(27) 同右、七頁。
(28) 磯部靖『現代中国の中央・地方関係—広東省における地方分権と省指導者』慶應義塾大学出版会、二〇〇八年。

第一部　再集権に関する議論についての検証

第一章　組織・人事面における再集権の実態

はじめに

再集権により「中央が強くなり、地方が弱くなった」根拠の一つとして呉国光は、一九九〇年代半ば以降に推し進められた組織・人事面での地方に対する統制強化を挙げている[1]。しかしながら、呉国光が主張するように、一九九〇年代半ば以降に行われた地方に対する人事面での統制強化によって、果たして「中央が強くなり、地方は弱くなった」のであろうか。そこで本章では、一九九〇年代半ば以降の中央による組織・人事面での地方に対する統制強化の背景と実態を検証することを通じて、再集権により「中央が強くなり、地方が弱くなった」との説を検討していきたい。

具体的には第一節で、幹部任免および行政面での地方主義抑制、金融・経済部門における組織面での再集権の試みの背景とその実態を分析し、第二節で、「陳希同事件」や広東省指導部改組をはじめとする人事面での再集権の試みを考察するとともに、第三節では、それらの試みの限界を、密輸取り締まり問題や輸出還付金詐取問題を事例として明らかにしたい。

第一節　組織面における再集権の試み

1 「党政指導幹部選抜任用暫定条例」(2)と「地方各級人民政府組織法」の制定

組織面における再集権の試みの例として、まずは一九九五年に制定された「党政指導幹部選抜任用暫定条例」と「中華人民共和国地方各級人民代表大会および地方各級人民政府組織法」（以下、「地方各級人民政府組織法」と略称）の制定を取り上げたい。なぜならば、これらの制定は、一九九〇年代半ばから行われたとされる組織面での再集権と軌を一にしているからである。「党政指導幹部選抜任用暫定条例」については、地方各級指導幹部への権力集中を抑制することを、「地方各級人民政府組織法」については、地方各級政府の国務院および上級主管部門への従属性をあらためて明文化したことが、組織面での再集権を規定するものとして重要である。

例えば、「党政指導幹部選抜任用暫定条例」の第四七条では、地方各級党委員会書記が独断で人事を決定することが禁じられるとともに(3)、地方各級指導部の構成員を定期的に異動させる規則も明示され(4)、地方各級指導者に権力が過度に集中しないようにするための方策が盛り込まれたことが特筆される。一方、「地方各級人民政府組織法」では、前述したように、地方各級政府が国務院および上級主管部門に従属することが、あらためて明文化された(5)。また、省指導者とりわけ党省委員会書記に権力が集中し過ぎることを抑制するための仕組みも盛り込まれた(6)。その他、地方各級政府部門の幹部人事についても、「党政指導幹部選抜任用暫定条例」において、上級主管部門が地方の人事に関与する仕組みが明文化された(7)。

以上のように、「党政指導幹部選抜任用暫定条例」および「地方各級人民政府組織法」の制定を通じて、組織面から地方主義を抑制するための方策が打ち出されていったのである。

2 金融・経済部門における組織の再集権

一九九五年には、以上のように、地方各級指導幹部への権力集中抑制、地方各級政府の国務院および上級主管部門への従属性、地方各級政府部門の幹部任免について、あらためて明文化が行われたわけであるが、一九九〇年代後半に入ると、金融・経済部門における組織の再集権も行われていった。

まず一九九七年には、インフレをはじめとする経済過熱の元凶とされる地方各級政府による銀行業務への干渉という問題を解決するために、金融業務に対する中央の統制強化策が打ち出された。例えば、中共中央金融工作委員会、中央金融紀律検査工作委員会、金融機構系統党委員会が設立され、党中央による金融部門に対する指導を強める方針が示された。さらには、中国人民銀行と国有商業銀行の省域を越えた支部機構を設置するとともに、それらの内部に設置された各党組織に対する各地方党委員会の影響力を排除する施策も採られた(8)。こうして、地方党委と金融機構の党組織を別々の指揮命令系統にすることによって、金融部門に対する地方党委員会の影響力を排除する一方で、同部門に対する党中央の指導を強める仕組みが構築されていったのであった(9)。

それと同時に、国有大型企業への党中央による指導を強化することにより、経済面における再集権も図られた。例えば、一九九八年九月、党中央は中央大型企業工作委員会を設立し、国務院が管理する国有大型企業や国家持ち株企業の中の党組織への指導を強化する方針を打ち出した(10)。さらには、財務管理の査察を目的とする査察特派員制度の設立も表明され、国有大型企業への管理強化が進められた(11)。

一九九九年になると、国有大型企業の幹部に対して、党中央による直接管理を導入する方針も示された。例えば、中央が直接管理する一六三の国有大型企業の指導部を中央組織部の管轄下に置くとともに、各指導部の長の任免は、党中央政治局常務委員会で決めることとされた。また、国有大型企業への指導を強めるために設立された前述の中央大型企業工作委員会が、人事部に代わり各企業指導部の任免を担うばかりでなく、各企業に対する監督管理を担う特派員を実際に派遣することによって、党中央による国有大型企業に対する統制強化がさらに図られることとなった[12]。

3　軍の経済活動禁止と税関への統制強化

一九九八年には、軍の経済活動を禁止し、党中央への従属性を強めさせようとする方針も打ち出された[13]。その要因の一つとして、軍が密輸に関与しているため、密輸問題の解決が困難となっていたことが考えられる。そこで、江沢民は軍の経済活動を禁止して、党中央への経済的依存を強めさせることで、軍に対する統制強化を図る方針を示した[14]。

それと同時に、税関をはじめとする関係部門に対する垂直管理体制を整えて密輸取り締まり強化を図る施策の一環として、密輸問題を専門に担う国家密輸取り締まり警察隊が組織された[15]。こうして、組織面からも密輸対策が強化されていったわけであるが、それも地方に対する統制強化の一側面として捉えることができよう。

4　「三講」キャンペーンと中央指導部の危機感

以上のように、一九九〇年代半ば以降に推進された組織面における様々な再集権の動きを見てきたが、これらの動きの背景には何があったのであろうか。以下では、当時推進されていた「三講」キャンペーンと関連づけて、組織面における再集権の背景にあった中央指導部の認識を考察したい。

「三講」キャンペーンとは、要するに、中央指導部への忠誠を求める動きと総括することができよう。その発端は、一九九五年九月に開催された中国共産党第一四期中央委員会第五回全体会議（以下、一四期五中全会と略称）であった。同会議において、江沢民はいわゆる「十二大関係論」と呼ばれる講話を行い、権力が分散している現状に憂慮を示すとともに、中央に権力を集中させ、中央の権威を保つ必要があると強調した。その背景には、一九八〇年代以降の地方分権のために分散化現象が深刻化したとの認識があり、このような問題を克服するためには、中央による一元的指導を強めて、中央の権威を保たなければならないとされた(16)。

同じく一四期五中全会で江沢民は、「三講」キャンペーンの発端となる「講政治」に関する講話も行っている。その講話の中で江沢民は、各省指導者、中央政府各部門の長、党中央委員、党中央政治局委員らに対して「講政治」を要求した。「講政治」における政治の内容とは、政治方向、政治立場、政治観点、政治紀律、政治識別力、政治鋭敏性のことであるとされる(17)。要するに、江沢民は省指導者らに対して中央指導部との一致団結を求めたのである(18)。このように、江沢民は党中央委員会全体会議という公式の場において、中央指導部への忠誠や団結を省指導者や中央政府各部門の長らに求めたわけであるが、裏を返せば、当時、江沢民をはじめとする中央指導部からの指示がないがしろにされる実態があったがために、中央指導部からの指示に従うようと、あらためて表明せざるを得なかったということでもあると考えられる。

とりわけ、「三講」キャンペーンを提起するに際しては、後述する「陳希同事件」を契機に、中央への忠誠と団結を求める必要性を中央指導部が強く認識していたと思われる。例えば、一九九五年一一月、江沢民は北京市内を視察した際の講話で、「陳希同事件」を例に挙げて、各地で中央の指導に従わない混乱現象が生じているとの認識を示していた(19)。

後述するように、当時は江沢民が鄧小平から権力を継承したばかりであったということもあり、江沢民を中心とした中央指導部への求心力に不安があったものと思われる。そのため、「三講」キャンペーンにおいては、しばしば鄧小平の言葉を引用しつつ、江沢民自身が鄧小平の正当な後継者であることをアピールし、江を中心とした中央指導部の正統性を強調するとともに、その権威づけを行おうとしていたと言えよう[20]。その後も「三講」キャンペーンは精力的に展開され、一九九九年六月に江沢民は、中国共産党創立七〇周年座談会における講話の中で、全国の県級以上の党政指導部や幹部の間で「三講」キャンペーンを集中的に行うことを通じて、党性・党風の問題を解決するとの方針を打ち出した[21]。

こうして、党員の紀律を高めるとともに、党中央への忠誠と団結を求める「三講」キャンペーンは全国に展開されたわけであるが、このように党中央への忠誠と団結を求めるためのキャンペーンを行わなければならなかったということは、一九九〇年代末の時点に至っても依然として、中央指導部は自らの求心力に不安を抱えていたということでもあると言えよう。それゆえ、同時期に展開されていた組織面での再集権の背景には、当時、中央指導部が地方に対する統制力に不安を抱えていたという事情もあったと考えられるのである。

第二節　省指導部への人事権行使による統制強化の試み

一九九四年九月に開催された中国共産党第一四期中央委員会第四回全体会議（以下、一四期四中全会と略称）で、江沢民は鄧小平から正式に権力を継承したとされ[22]、その後、人事権を行使して地方に対する中央の統制を強める動きが活発化したと言われる。例えば呉国光は、中央指導部は「この会議で、『中央の権威を維持する』ことを明確に提起し、『省幹部間の交流を推進する』ことを決定し[23]」たとして、「その後、中央が各省、市、自治区幹部に関する人事任命と異動の主導権を再び掌握しようとする動きが活発化した」[24]と強調している。

こうした人事面での再集権は、「中央が強くなり、地方が弱くなった」象徴として、多くの中国研究者から注目を集めたが、その際に、「陳希同事件」と広東省指導部改組が象徴的な事例としてしばしば取り上げられてきた。それを踏まえ、以下では、「陳希同事件」と広東省指導部改組を中心に、人事面における再集権の実態を考察していきたい。

1 「陳希同事件」

「陳希同事件」とは、陳希同党北京市委書記兼中央政治局委員が、一九九五年に汚職問題を理由に失脚させられた事件であるが、その背景には、江沢民と陳希同の間の対立があったと言われる。一九八九年の天安門事件後に、鄧小平の抜擢で急遽、党のトップに据えられた江沢民にとって、それ以前から長年にわたり首都北京において権力基盤を築いてきた陳希同は、手ごわい相手であるとともに、江が党内で最高指導者としての地歩を固める上での障害であったと考えられる[25]。

その陳希同が汚職問題を理由に突如として失脚させられたことは、当時、多くの研究者の耳目を集めた。なぜならば、第二章で論じられる分税制導入による財政面での再集権の動きとともに、「陳希同事件」は人事面での再集権を強く印象づけるものであったからである[26]。本書の問題関心からしても、この事件は一九九〇年代半ば以降に推し進められた人事面での再集権を象徴する事例として極めて重要である。

こうして江沢民が最高指導者としての地位を固める上での障害であった陳希同は排除され、北京市指導部への統制強化が図られる一方で、同年には江の上海時代の部下であった呉邦国が国務院副総理に抜擢されるなど、江を中心としたいわゆる「上海閥」の中央におけるさらなる勢力拡大も見受けられ、人事権を行使して中央指導部

表1－1

・1997年末：中央指導部は、王岐山中国建設銀行行長を党広東省委常務委員として着任させた。(31)
・1998年1月18日：第九期広東省人民代表大会第一回会議で、王岐山は副省長に選出された。(32)
・1998年2月：1990年代初頭から長らく党広東省委書記を務めてきた謝非が、全国人民代表大会常務委員会副委員長に転出させられることになった。(33)
・1998年3月1日：党広東省委常務委員会の場で、張全景中央組織部部長が、党中央の決定として、党中央政治局委員の李長春が党広東省委書記に就任し、謝非は党広東省委委員・常務委員および同書記から解任されると伝え、その後、李長春は党広東省委書記としてすぐさま、同委が広州で主宰した幹部会議において、党中央からの指示を伝えた。(34)

を強化する動きが顕著なものとなった。(27)

2　広東省指導部改組

以上のように、「陳希同事件」は江沢民指導部による人事権を行使した地方への統制強化の象徴として、中国内外で注目を集めたが、こうした人事権行使による地方への統制強化をさらに印象づけたのは、一九九七年末から一九九八年にかけて断行された広東省指導部の改組であった。

小林弘二が「中央の党指導部は、経済力を背景に力をつけた地方の指導者たちの抵抗に手を焼くことになった。とりわけ広東の指導者たちの『抗命』がしばしば香港のジャーナリズムを賑わせた(28)」と主張するように、広東省は地方主義の急先鋒として注目されてきた。(29)こうして一九八〇年代から一九九〇年代にかけて、広東省は地方主義の象徴的存在とされてきただけに、(30)江沢民を中心とした中央指導部による広東省指導部の改組は、中央による地方への統制強化を強く印象づけるものであった。

表1－1のように、一九九七年末から始まった広東省指導部改組に関連するこれら一連の動きは、従来から地方主義の急先鋒として注目されていた広東省指導部に対する、人事権行使に

よる中央の統制強化を強烈に印象づけたものであったため、多くの中国研究者からは、中央・地方関係の大きな転換点として受け止められた。例えば天児慧は、「長年中央に対する地方のシンボルとみなされてきた広東省のトップに、若手官僚テクノクラートとしてもっとも注目されている李長春（政治局員）を党書記に、朱鎔基の信任の厚い王岐山（人民銀行副行長）を常務副省長に送り込み、地元幹部であった謝非体制の切り崩しに成功した」[35]と主張した。小林弘二も以下のように、これら一連の動きを広東省指導部による「独立王国」の崩壊であるとして、「一九九八年三月に最年少（五四歳）の政治局員である李長春が書記として広東に送り込まれたことで、『独立王国』に楔が打ち込まれた。李長春の赴任後、広東省委員会の大規模な改組が断行された」[36]との見方を示した。

小林が指摘するように、李長春が党省委書記として赴任後、広東省幹部の大幅な入れ替えが断行された。折しも一九九八年は、地方各級幹部の任期満了にともなう交替時期にもあたっていたため、地・県級も含めた幹部の入れ替えが大々的に行われた。例えば、一九九八年に党広東省委は、幹部入れ替えに関する規定や方針を次々と公布したが、その結果、地級党政指導部の幹部のうち三六％が入れ替えられ、党県委書記の七五％、県長の六〇％が異動させられた。さらには、地・県級の組織局長、法院長、検察長、公安局長の七〇％以上が異動させられ、その総数は九一〇名に及んだ。また、省直属機関の指導幹部も任期五年に達した者は異動させられた[37]。

3　広東省への統制強化

こうして広東省指導部は改組され、その後、省内各級の幹部人事も刷新されていったわけであるが、こうした一連の動きとも連動して、広東省に対する中央の統制は強まっていったと思われる。その象徴的事例として、以下では、広東国際信託投資公司の破綻処理と密輸対策の強化を取り上げたい。

表1－2

・1997年12月1日：党広東省委紀律検査委員会は、謝非党省委書記と盧瑞華省長に、広東国際信託投資公司の問題への対応についての指示を緊急に仰いだ。[38]
・1997年12月5日：党広東省委は広東国際信託投資公司問題処理指導小組の設立を決定した。[39]
・1998年10月6日：中国人民銀行が広東国際信託投資公司の閉鎖を決定した。[40]
・1999年1月10日：広東国際信託投資公司とその傘下にある深圳公司、広東国際リース公司、広東信託企業発展公司が法院に破産を申請した。[41]
・2000年7月11日：党広東省委辦公庁と広東省人民政府辦公庁は「広東国際信託投資公司における経営管理の混乱が破産を招いたことに関する状況」と題した報告を発表した。[42]

（1）広東国際信託投資公司問題

広東国際信託投資公司の破綻は、広東省経済の失速を象徴するものとして、中国内外の耳目を集めたが、その破綻処理過程と広東省指導部改組の動きが軌を一にしていることは興味深い。例えば、同公司の破綻処理過程の概要は表1－2の通りである。

以上のような破綻処理過程からも、広東国際信託投資公司に関連した広東省指導部への責任追及と中央による統制強化が連動していることがうかがえる。例えば朱鎔基総理は、広東国際信託投資公司を以下のように批判した。「広東国際信託投資公司は、管理が杜撰で、帳簿さえもなく、返済能力もない。赤字が膨大で、まるで金融のブラックホールのようで救いようがなかった。閉鎖することにより大きな代償を払うことになったが、これを教訓に多くの問題が明らかになった[43]」と指摘した。[44]

実際のところ広東国際信託投資公司の問題は、まさに広東省指導部による経済面での失策の象徴であった。[45] 例えば、朱鎔基が広東省を視察した際の講話からは、広東国際信託投資公司の問題について、かねてより広東省指導部が中央

表1－3

・1998年9月8日：中共中央および中央紀律検査委員会が主体となって、最高人民検察院、公安部、広東省委・省紀律検査委員会が合同で専門チームを編成して、「湛江特大密輸事件」を調査することが決定された。同調査の結果、密輸グループは内外で結託していて、密輸と賄賂の総額は100億元あまりに達することが判明した。(47)
・1998年10月22日－25日：朱鎔基は広東省を視察し、密輸取り締まりの徹底を指示した。(48)その間、同10月25日には広州市で、広東省、遼寧省、江蘇省、浙江省、福建省、山東省、広西壮族自治区、海南省の沿海各地方による密輸取り締まり工作座談会が開催され、それを受けて同10月30日には、広東省人民政府が全省密輸取り締まり工作会議を開催した。(49)
・1999年6月7日：「湛江特大密輸事件」主犯6名の死刑が執行され、党湛江市委書記、同副市長、同公安局辺防分局長、茂名税関長も事件に関与していたことが明らかになった。(50)

指導部に救済を求めていたものの拒絶され、同省指導部は苦しい立場に立たされていたことがうかがわれる。(46)その結果、広東省指導部の改組と広東国際信託投資公司の破綻処理が相まって、中央の広東省に対する統制は強化されていったものと思われる。

(2) 密輸対策強化

一九九八年以降、広東国際信託投資公司の破綻処理と並んで、広東省で猖獗を極めていた密輸問題に対しても、中央主導で強力に取り締まりが断行されていった。その発端となったのは、「湛江特大密輸事件」の処理であった。この特大密輸事件は被害額の大きさはもとより、公安や税関など極めて多くの地元当局者が事件に関与していたことで、大変大きな注目を集めた。同事件の処理過程は、表1－3の通りである。

この事件をはじめとする密輸問題への一連の取り組みは、中央による広東省への統制強化の一環として捉えることができよう。こうして、広東国際信託投資公司の破綻処理と並んで密輸問題取り締まりの面からも、広東省の旧指導部関係者は失政を追及されることになり、その結果、中央の広東省指導部に対する主導権は強まっていったものと考えられる。

第三節　組織・人事面における再集権の限界

以上のように、一九九〇年代半ば以降に行われた組織・人事面における再集権の試みを見てきたが、以下では、それらの試みの限界を考察したい。具体的には第一に、一九九〇年代半ば以降、中央は地方に対して人事権を行使することにより「中央が強くなり、地方が弱くなった」とする説を検証し、第二に、密輸取り締まり問題と輸出還付金詐取問題を事例として、人事権行使による中央の地方に対する統制の限界を明らかにしたい。

1　人事権行使による地方への統制強化という説に対する疑義

「陳希同事件」や広東省指導部改組に見られるように、人事権の行使は地方主義を抑制するための極めて重要な手段であったことがわかる。例えば呉国光は、一九九〇年代半ば以降、中央によって行われた人事権行使の試みとその効果を以下のように総括している。「中央は地方主義の膨張を防ぐために幹部交流制度を推進する意志がきわめて強かった。したがって、ある省の地方幹部の職において、中央は連続して省外から幹部を派遣し担当させた(51)」。また「任地変更は地方主義の地方政治アイデンティティ（local political identity）を弱めさせた一方で、地方幹部の中央に対する政治的な依存を強めさせた(52)」として、人事権行使の効果を強調した。

以上のような認識を背景として、人事面での再集権により「中央が強くなり、地方が弱くなった」との見方が広く受け入れられていったものと考えられる。しかしながら、地方に対する人事権、とりわけ省指導部に対する人事権は、中央が従来から掌握していたものである。唐亮の研究によれば、「中共中央が任命権を持つ地方ポストは五〇以上に達し、それらに省委書記、省長をはじめとする地方実力者がすべて含まれている。さらに、省委は五年で任期満了し、『改選』を迎える前に省委員会とその候補、省委常委、省委書記と副書記の候補者名簿は党中央の同意を必要とし、選挙が行われた後に、省委委員とその候補の名簿を中央に届け、省委委員、副書記と書記は党中央の批准が必要とされている」[53]とのことである。

また唐亮によれば、前記以外の省内ポストにも中央の意向が反映されているとされる。例えば、「省委は庁局長級幹部を任命する際、中央組織部への届け出が義務づけられている。他方、中央当局が省委の任免決定を審査し、一定期間内に省委に是正を命ずることができる」[54]。それゆえ、「省委組織部は幹部人事に関し重要な役割を果たすが、その部長・副部長の任免が中央組織部の承認を必要とする」[55]ために、省内の人事に中央の影響力が反映される仕組みとなっているのである。

一方、呉国光によれば、「人事交代と任地交流の二つのことを頻繁に行うことによって、中央は地方幹部に対する人事任命の主導権を再び取り戻し、地方幹部に対する政治統制を強化した」[56]とされるが、「再び取り戻した」とする指摘は妥当とは言えない。なぜならば、中央はもともと地方とりわけ省指導部に対する人事権を有していたのであって、当然のことながら、それまでにも中央主導で省指導者の任免は決められてきたのであり、このこと自体は取り立てて目新しいことではないからである。

むしろ、一九九〇年代半ば以降に実施された省指導者の異動は、中国共産党第一五回全国代表大会に関連した定期的人事異動の一環として捉えることが適切であると考えられる。そのことは、人事面での再集権に関する呉国光自身による以下の主張から図らずも裏づけられる。「副省級の地方幹部とそれ以下の等級地方幹部（原文ママ）の間で任地を変えることがしばしば行われた。第一五回党大会前後の省レベル幹部の定期の人事交代においいて、大幅な副省級の幹部人事異動が行われた。（中略）このような人事異動を通じて中央の影響力が増大した」[57]。果たして、人事権の行使によって、〝再び〟「中央は強くなった」のであろうか。言うまでもなく地方とりわけ省級の幹部に対する人事権はもともと中央にあったのであり、一九九〇年代半ば以降、地方に対する中央の人事権がにわかに強くなったという説は当たらない。「人事交代と任地交流の二つのことを頻繁に行うことによって、中央は地方幹部に対する人事任命の主導権を再び取り戻し[58]」たとする呉国光の主張に対しては疑義を抱かざるを得ない。なぜならば、もともと中央が人事権を有していたからこそ地方幹部の人事異動を実現できたからである。それゆえ、人事面における再集権に関して呉が唱えた説は、原因と結果の倒錯であり、事象の後追い的な印象論に過ぎないと言えよう。

2　省指導者への中央による人事権行使とその限界

呉国光によれば、省級幹部への人事権行使によって中央の統制が強化されたとされる[59]。しかしながら、この場合の具体的な事例として挙げられているのは、ほとんどの場合、省指導部の改組のことである。それでは果たして呉が主張するように、省指導者を交代させることによって、「中央が強くなり、地方が弱くなった」のであろうか。以下では、広東省指導部改組後の同省における密輸取り締まり問題と輸出還付金詐取問題を事例として、中央は人事権を行使して省指導者を交代させることにより「中央が強くなり、地方が弱くなった」とする、呉国光が唱えた説を検証していきたい。

（1）　密輸取り締まり問題

広東省指導部改組に引き続き、一九九八年七月以降、中央指導部は密輸取り締まりを強化した。その背景には、密輸問題は地方主義の象徴であるとの認識が中央指導部にあったと考えられる。例えば、江沢民は密輸打撃工作会議における講話の中で、密輸をはじめとする「地方保護主義」[60]が深刻化している現状に懸念を表明するとともに、地方が中央からの指示に従わないことへの懸念を示し、中央の指示に従わないのは重大な政治問題であるとして地方を批判した[61]。

朱鎔基も、密輸問題が深刻化している原因の一つとして、一部の地方や関係部門の指導幹部によって、「密輸は豊かさへの道」、「密輸で経済が活性化する」、「密輸取り締まりを表面上行っても、根絶まではしない」、「密輸取り締まりは改革・開放にとってマイナスになる」などとして密輸が正当化されてしまっている実態を指摘し、地方において密輸取り締まりが徹底できない現状に憂慮を示した[62]。

このような現状を踏まえて、密輸取り締まりの重点は、珠江水域と中越国境沿いの海域とされた。なぜならば、これらの地域では密輸が手広く行われ、影響が極めて深刻であると中央指導部に認識されていたからである[63]。

一九九八年一〇月には、朱鎔基自ら広東省に乗り込み密輸取り締まりの陣頭指揮を執った。同月二四日、朱鎔基は広東省黄埔税関を視察した際に、「広東省の輸入申告書の五四％は偽物だ。そうやって税関を騙そうとしている[64]」として、広東省における密輸の悪質性を指摘するとともに、「密輸の背景には後ろ盾があり、関連する各部門の保護の下で密輸がはびこっている[65]」、「税関内部も汚職にまみれている問題がある[66]」、「密輸集団は武装しており、逃げ足も速くて取り締まれない[67]」などと強調して、地方当局や各関連部門そして税関までもが汚職まみれになり密輸に関与しているため、密輸取り締まりは困難を極めているとの認識を示した。その際に朱はまた、「江沢民主席は、軍にビジネスをやらせないことにして収入源を絶つ一方で、国費によって養っていくと決断した[68]」と述べていることからも、経費不足を補うために軍が密輸に関与していて、そのため、取り締まりが困難になっていることをうかがわせた。

このように密輸問題は、税関や軍も含めた地方全体の利害と密接に結びついていたため、省指導者を交代させただけで根絶するのは困難であったと考えられる。

（2）輸出還付金詐取問題

密輸問題と同様に、当時、輸出還付金をめぐる不正が横行し、中央指導部は対策に乗り出さざるを得なくなっていた。[69]

こうしたことから、とりわけ輸出還付金の不正が横行していた広東省の潮汕地区に対して重点的に取り締まりが行われることになった。例えば二〇〇〇年八月初めには、輸出還付金不正受給に対する取り締まり強化が決定され、税務、公安、監察などの部門から構成される二〇〇あまりの調査チームが、広東省潮汕地区の潮陽市と普寧市に派遣され、重点的に調査が行われた。同調査の結果、判明しただけでも、両市で一九九九年から一二・八億元に及ぶ税の不正が見つかり、そのうち輸出還付金にかかわる不正は八・五五億元であった。また、犯罪は組織化されており、両市で調査対象となった四一六の企業のうち、二六四社が不正を行っていた。その他、犯罪集団に関しては一〇〇以上が確認された。[70]

以上のように、一九九八年に広東省指導部が改組された後も、密輸問題や輸出還付金詐取問題は深刻化しており、取り締まりにも限界があった。これらのことからも、確かに中央は人事権を行使して省指導者を交代させることはできるものの、それだけでは地方内部をすべて統制することはできないのは明らかであったと言えよう。

おわりに

一九九〇年代半ば以降、組織・人事面での再集権の試みが進められたことを根拠として、呉国光は「中央が強くなり、地方が弱くなった」との説を唱えた。しかしながら本章における考察を通じて明らかになったように、これらの試みは、当時の江沢民政権が求心力に不安を抱えていたことと裏腹の関係にあり、再集権の象徴とされた人事権の行使についても、「陳希同事件」と広東省指導部改組がとりわけ大きな関心を集めたものの、それ以外は概して通常の党大会前後に行われる定期的人事異動を踏襲したものであると言えよう。以上の点を踏まえ、本章の締めくくりとして、以下では、「中央は人事権を有しているため地方を統制できている」という通説の真偽を検証したい。[71]

既述したように、従来、一九九七年末から断行された広東省指導部に対する改組は、人事面における再集権の象徴的事例として取り扱われてきた。[72]その一方で鄭永年によれば、この件は中央による地方に対する統制の限界が露呈した事例として捉えられている。鄭によるこのような見解は、「中央は人事権を有しているため地方を統制できている」という通説の真偽を検証する上で傾聴に値するものである。[73]また三宅康之も同様に、中央による頻繁な人事権行使に起因する政策短期化の弊害について強調している。[74]これらの指摘からも、中央の人事権行使による地方に対する統制には限界があることが見て取れる。

つまり、中央がいくら省指導者に対して人事権を行使しようとも、地方幹部全体の協力が得られなければ政策を有効に実行できないため、中央が省指導者に対する人事権を有しているからといって、実際に地方を完全に統制し得るわけではないのである。[75]要するに中央としては、「省指導者を交代させるだけでは、その効果は限定的であるため、地方からの要望に耳を傾け、地方の状況や利益に配慮しないわけにはいかない[76]」のである。

それゆえ、中央は確かに省指導者に対する人事権を有しているものの、「中央は人事権を有しているため地方を統制できている」という通説の有効性は限定的であると言わざるを得ない。すなわち、通説では、中央が省指導者に対する人事権を有していることと、中央が地方を統制できていることが混同されているが、実際には人事権行使による効果は限定的であり、人事権を濫用することは現実的選択とはなり得ないのである(77)。

（1） 例えば呉国光は一九九〇年代半ば以降に行われた地方に対する人事権行使について、以下のように主張している。「一九九四年九月以降、省人事任命権の強化の面で中央はきわめて力を入れていた。具体的に言えば、幹部人事異動を頻繁に行うことによって、地方人事構成が刷新された。また、幹部任地交流制度が導入され、頻繁な任地変更によって中央は人事任命権を簡単に手に入れることになった。とくに第一五回党大会前後に、中央は地方に対する統制を強化するため、絶えず人事異動を行った」（前掲、呉国光「地方主義の発展と政治統制、制度退行」、四九頁）。

（2） 同条例は、党政指導幹部の任用条件を明文化し制度化することを目指して制定された。例えば同条例を通じて、選抜任用条件、民主推薦、考察、選考、討論決定、依法推薦、指名と民主的協商、異動、回避、辞職、昇任、降格、紀律検査と監督等が明文化されることとなった（中共中央「党政領導幹部選抜任用工作暫行条例」（一九九五年二月九日）、『中華人民共和国国務院公報』（以下、『国務院公報』と略称）一九九五年第二号、四三八―四四九頁）。

（3） 「党政指導幹部選抜任用工作暫定条例」の第四七条では、例えば以下のように、地方各級党委書記による独断人事を禁じている（同右、四四七頁）。

・党委員会での集団討議に代え、書記辦公会において、幹部の任免を決定してはならない。
・臨時動議によって、幹部任免を決定してはならない。
・個人で幹部の任免を決定してはならないのみならず、党委員会で決定された幹部の任免を変更してもならない。
・幹部の任免は、党委員会構成員の半数以上の同意で決めなければならない。
・上級機関による指導幹部の異動決定を拒否してはならない。

（4）この点に関して同条例第三八条と第三九条では、地方指導者の影響力が過度に強まることを抑制するため、以下のように、同一の赴任地において長期にわたり在任できないよう規定している。例えば、同条例第三八条では、「地方党委や政府の指導幹部は、同一の職位に満一〇年在職したら、必ず異動しなければならない」とし、同条例第三九条では、「県（市）委書記や県（市）長は、一般的に原籍地には赴任できない。例えば、原籍地で県（市）委書記や県（市）長に選ばれた者は、一期目の任期満了後、必ず外地に異動しなければならない」と規定された（同右、四四六頁）。

（5）例えば、地方各級政府と国務院の関係について、同法第五五条では、「地方各級人民政府は、本級人民代表大会と上級国家行政機関に責任を負い、報告の義務を負う。全国の地方各級人民政府は、国務院の統一的指導下にある国家行政機関であり、国務院に服属する」（「中華人民共和国地方各級人民代表大会和地方各級人民政府組織法（以下、「地方各級人民政府組織法」と略称）」（一九九五年二月二八日）、『国務院公報』一九九五年第七号、二一八頁）ものと規定された。

地方各級政府と上級主管部門との関係については、同法第五九条で「県級以上の地方各級人民政府は、本級人民代表大会の決議や上級国家行政機関の決定や命令そして上級国家行政機関から委託された事項を執行するとともに、管轄下にある各部門や下級人民政府を指導する」と規定された。それと同時に、基層レベルの政府の位置づけについても、同法第六一条において、「郷・民族郷・鎮人民政府は、本級人民代表大会の決議や上級国家行政機関の決定や命令そして上級人民政府から委託された事項を執行する」とあらためて明文化された（同右、二一九頁）。

（6）例えば、省級における集団指導体制を担保するための省政府常務会議について、同法第六三条では、省長、副省長、秘書長で構成されると規定された。また同法第六四条では、各級監査機関の位置づけについても、独立して監査監督権を行使し、同級政府と一級上の監査機関に責任を負うことが明文化された。その他、中央政府各部門および上級主管部門に対する地方各級政府各部門の従属性については、同法第六六条において、「省級各政府部門は、同級政府の統一的指導と中央政府各部門の指導を受ける。県級政府各部門は、同級政府の統一的指導と上級主管部門の指導を受ける」とあらためて明文化された（同右、二二〇―二二一頁）。

（7）例えば同条例第一六条では、上級主管部門と同級地方政府による二元指導管理の幹部に対する考課は、主管側が副管側と協力して行うと規定される（前掲、中共中央「党政領導幹部選抜任用工作暫行条例」四四一頁）とともに、幹部任免の具体的な進め方として、同条例第二六条においては、以下のように明文化された。「上級主管部門と同級地方政府による二元指導管理の幹部に対する任免は、まず主管側が副管側に意見を求めて、検討を進める。副管側は、主管側からの意見を受けてから、一か月以内に回答しなければ同意しているものと見なされる。双方の意見が一致しない場合、正職の任免は、上級党委組織部門が調整を行い、一か月以内に意見を提出する。副職の任免は、主管側が決定する」（同、四四四頁）と規定された。

（8）従来、省級行政区ごとに設けられていた銀行の支部機構に対して、省当局が影響力を行使していたことが問題視されていたため、こうした影響力行使を排除する目的で、省の枠組を超えた支部機構が設置されることになった。

（9）朱鎔基「深化金融改革，防範金融風険」（一九九七年一一月一八日）、『朱鎔基講話実録』編輯組編『朱鎔基講話実録』第二巻、人民出版社、二〇一一年、四八二頁。

（10）呉邦国「建立稽察特派員制度，成立中央大型企業工委」（一九九八年七月九日）、中共中央文献研究室編『十五大以来重要文献選編』（上）、人民出版社、二〇〇〇年、四五八頁。

（11）同右、四六二頁。

（12）朱鎔基「在一九九九年中央経済工作会議上的総結講話」（一九九九年一一月一七日）、『朱鎔基講話実録』編輯組編『朱鎔基講話実録』第三巻、人民出版社、二〇一一年、三九四頁。

（13）江澤民「軍隊必須停止一切経商活動」（一九九八年七月二二日）、中共中央文献研究室編『江澤民文選』第二巻、人民出版社、二〇〇六年、一八〇頁。

例えば、一九九八年七月に江沢民は中央軍事委員会常務委員会での講話において、密輸問題の深刻化に懸念を表明するとともに、密輸への軍の関与に危機感を表明した（同、一七八頁および一七九頁）。

（14）同右、一八一頁。

（15）組織系統は税関と公安による二元指導とされ、税関が主として管轄し、地方の公安には隷属しないと定められた（朱鎔基「厳励打撃走私犯罪活動」（一九九八年七月一五日）、前掲、『朱鎔基講話実録』編輯組編『朱鎔基講話実録』第三巻、八一頁)。また、密輸取り締まりの際に没収された物品は、いったんすべて中央に上納させることとされた(同、八二頁)。

(16) 江澤民「正確処理社会主義現代化建設中的若干重大関係」(一九九五年九月二八日)、中共中央文献研究室編『江澤民文選』第一巻、人民出版社、二〇〇六年、四七二頁。

(17) 江澤民「領導幹部一定要講政治」(一九九五年九月二七日)、同右、四五七頁。

(18) 同右、四五八頁。

(19) 江澤民「講学習,講政治,講正気」(一九九五年一一月八日)、同右、四八三頁。

(20) 江澤民「関於講政治」(一九九六年三月三日)、同右、五一五頁。

(21) 江澤民「"三講"教育加強党的建設的新探索」(一九九九年六月二八日)、前掲、中共中央文献研究室編『江澤民文選』第二巻、三五九頁。

(22) 例えば楊中美は以下のように、一四期四中全会を江沢民時代の幕開けと位置づけた。「(一九)九四年九月に開かれた党の一四期四中全会で、江沢民は正式に鄧小平から党内部の重大問題における最終決定権を譲り受け、第三世代の指導部における中心的地位を確立した。この会議で元上海市党書記の呉邦国が党中央書記局の書記になり、まもなく国務院副首相にも追加選出され、国有企業の改革と国防科学技術委員会の担当になった。上海市市長の黄菊も政治局委員になった」(楊中美「地方指導者と地方政治」、朱建栄編著『「人治国家」中国の読み方―台頭する新世代群像』日本経済新聞社、一九九七年、一八一頁)。以上の過程を通じて、江沢民を中心としたいわゆる「上海閥」が形成されていったのは周知のことであろう。

(23) 前掲、呉国光「地方主義の発展と政治統制、制度退行」、四七頁。

(24) 同右、四七―四八頁。

(25) 楊中美によれば、「江沢民が党の総書記に躍り出た当初、李鵬だけではなく北京市トップの陳希同、李錫銘、王宝森らもみな不満をあらわにし、江沢民の指示に反抗していた。その後、李鵬は徐々に江沢民の支持に回ったが、九四年の段階で陳希同らは依然として対抗心を燃やしていた」とされ、「陳希同をはじめとする『北京閥』が中央首脳部の前に立ちはだかって、対抗する姿勢を見せたのに対し、江沢民は身動きのとれない状況に追い込まれていた」と言われる（前掲、楊中美「地方指導者と地方政治」、一八五―一八六頁）。

(26)「陳希同事件」の結果、「北京市幹部の中で、市幹部クラスから局長、課長クラスまで二〇余人の逮捕者が出た」とされ、江沢民指導部に反抗的であったとされる陳希同を中心とした北京市指導部は改組された（同右、一八六頁）。

(27) その他、「江沢民の腹心の一人・賈慶林（福建省党書記）を、新たに設置した第四の直轄市・重慶の党書記にも清華大学出身（朱鎔基の後輩）の張徳隣を抜擢した（原文ママ）」（前掲、天児慧「中央と地方の政治動態」、三〇頁）ことに象徴されるように、江沢民指導部は人事権を行使して、地方への統制を強める姿勢を示していった。

(28) 小林弘二「巨大国家における集権と分権―地方主義と連邦制のはざまで」、小林弘二『ポスト社会主義の中国政治―構造と変容』東信堂、二〇〇二年、二五一頁。

(29) また小林によれば、かねてより広東省は中央による人事権行使に抵抗してきたとされる。例えば、「中央の指導部は『広東王』の異名をもつ葉選平を省長の座から引きずり降ろそうと画策したが、広東省側は懸命に抵抗した」とされ、「一九九〇年九月の省長会議が対決の場となった」ということである（同右、二五一頁）。

(30) その後も一九九〇年代を通じて、広東省は中央に対して面従腹背の姿勢を示してきたとされる。楊中美によれば、「その後任になった省の党委員会書記・謝非と省長の朱森林の二人は依然として葉、林の二人の指揮棒について回り、『四人一体』をもって広東の実権を引き続き抑え、『面従腹背』ないし『面従面背』の地方指導部の典型的な存在となった」（前掲、楊中美「地方指導者と地方政治」、一八四頁）とされる。

(31) 前掲、鄭永年『中国的〝行為聯邦制〟』、二二四頁。

(32) 広東省地方史志編纂委員会編『広東省志』（大事記）広東人民出版社、二〇〇五年、八六一頁。

(33) 前掲、鄭永年『中国的〝行為聯邦制〟』、二二四―二二五頁。

(34) 前掲、広東省地方史志編纂委員会編『広東省志』（大事記）、八六三頁。

(35) 前掲、天児慧「中央と地方の政治動態」、三〇頁。

(36) 前掲、小林弘二「巨大国家における集権と分権」、二五二頁。

(37) 一九九八年に広東省内で行われた人事異動については、以下の文献を参照。『広東省志』編纂委員会編『広東省志』(一九七九—二〇〇〇) 27 (紀検・監察巻) 方志出版社、二〇一四年、二四四頁。
(38) 『広東省志』編纂委員会編『広東省志』(一九七九—二〇〇〇) 1 (総述巻・大事記巻) 方志出版社、二〇一四年、三四五頁。
(39) 同右、三四五頁。
(40) 同右、三四五頁。
(41) 前掲、広東省地方史志編纂委員会編『広東省志』(大事記)、八七三頁。
(42) 前掲、『広東省志』編纂委員会編『広東省志』(一九七九—二〇〇〇) 1 (総述巻・大事記巻)、三四五—三四六頁。
(43) 朱鎔基「加強対金融工作的領導與監督」(一九九九年一月八日)、前掲、『朱鎔基講話実録』編輯組編『朱鎔基講話実録』第三巻、二一〇頁。
(44) また、朱鎔基は以下のように、広東国際信託投資公司の問題が一連の金融引き締め策の発端となったとの認識も示した。「広東国際信託投資公司は最初一八億ドルが不良債権だと言っていたが、後に一九億ドルになり、また二日後には二四億ドルになった。今ではいったい全体でどれくらいの規模になるのか見当もつかない。広東国際信託投資公司を閉鎖して大きな反響を呼んだが、多くは肯定的なものであった。もし閉鎖しなかったら、全国の二〇〇あまりの国際信託投資公司も同じ羽目になり、金融危機に陥るところであった。党中央は、中央金融工作委員会を設置し、金融面での党中央の指導を強めるとともに、これまで省級行政区ごとに三〇あった中国人民銀行の支店を九つの地区別支店に統合して、中央による監督を強化した」(朱鎔基「在一九九八年中央経済工作会議上的講話」(一九九八年一二月七日)、同右、一八三頁) と述べた。
(45) 朱鎔基による以下の指摘からも、広東国際信託投資公司の問題が、広東省指導部による経済面での失政の象徴であったことがうかがえる。「今、最も懸念されるのは、金融危機であり、不良債権問題である。最も不良債権が多いのは広東省で一五%、次が遼寧省で七%となっている。割合としては、海南省が一位で、五四・二八%が不良債権である。その他、二位が湖南省で四九・六三%、広西壮族自治区が三位で四六・八六%、広東省は八位で四〇・二三%となっている。一九九八年の一月から九月にかけて伸びが大きいのが広東省と広西壮族自治区そして海南省である。以上のことを勘案して、広東国際信託投資公司は閉鎖しないわけにはいかなかった」（同右、一八二頁）として同公司閉鎖の正当性が強調された。

(46) その際に朱鎔基は、広東国際信託投資公司の問題を次のように総括した。「広東国際信託投資公司の閉鎖は、中央と広東省の指導者が話し合い、党中央政治局および同常務委員会で決定したことである。救済できれば救済したが、中央にも広東省にもそのための資金がなく救えなかったので、仕方なく閉鎖することにした。これは改革・開放政策を進める上での高い授業料であり、大きな教訓となった」（朱鎔基「関閉広東国際信託投資公司是正確的」（一九九八年一〇月二四日）、前掲、『朱鎔基講話実録』編輯組編『朱鎔基講話実録』第三巻、一五六頁）。

(47) 前掲、『広東省志』編纂委員会編『広東省志』（一九七九―二〇〇〇）1（総述巻・大事記巻）、三五五頁。

(48) 前掲、広東省地方史志編纂委員会編『広東省志』（大事記）、八七〇頁。

(49) 同右、八七〇頁。

(50) 同右、八七七頁。

(51) 前掲、呉国光「地方主義の発展と政治統制、制度退行」、五一頁。

(52) 同右、五二頁。

(53) 前掲、唐亮「省指導体制と人事による中央統制」、二六六頁。

(54) 同右、二六七頁。

(55) 同右、二六七頁。

(56) 前掲、呉国光「地方主義の発展と政治統制、制度退行」、五二頁。

(57) 同右、五一頁。

(58) 同右、五二頁。

(59) 例えば、「中央から地方に対する政治統制は、中央が省の重要幹部に対する任命権を強めることによって実現されたのである。これに対して、地方政府の自省幹部に対する人事任命権がますます弱まっていくのである」（同右、四九頁）と、呉国光は主張している。
(60) 江澤民「堅決打撃走私犯罪活動」（一九九八年七月一三日）、前掲、中共中央文献研究室編『江澤民文選』第二巻、一七〇頁。
(61) 同右、一七一頁。
(62) 前掲、朱鎔基「厳励打撃走私犯罪活動」（一九九八年七月一五日）、前掲、『朱鎔基講話実録』編輯組編『朱鎔基講話実録』第三巻、七七頁。
(63) 同右、七八頁。
(64) 朱鎔基「海関是守衛国家経済利益的長城」（一九九八年一〇月二四日）、同右、一五四頁。
(65) 同右、一四八頁。
(66) 同右、一五〇頁。
(67) 同右、一五二頁。
(68) 同右、一四八頁。
(69) 例えば、朱鎔基は一九九九年以降の輸出還付金をめぐる不正について、以下のような憂慮を示していた（朱鎔基「深入開展打撃騙取出口退税的専項闘争」（二〇〇〇年一一月一七日）、『朱鎔基講話実録』編輯組編『朱鎔基講話実録』第四巻、人民出版社、二〇一一年、五一頁）。「一九九九年一一月から一部の地区では、服飾などの輸出が十数倍さらには数十倍にもなっている。生産、供給、需給の状況から見ても有り得ないほどの速さで増えている」、また「二〇〇〇年一月から六月の間、全国の輸出額は一一四四億ドルで、前年比三八・三%の伸びであった一方で、輸出還付金の額は六四三億元で、前年比一三〇%の伸びであった。その後一〇月末までに、七六三億元の輸出還付金が給付されており、前年が三四七億元であったのと比べると、倍以上の伸びとなった。このように、輸出還付金の伸びは、輸出の伸びを大きく上回っている。その一方で、外貨準備高は一月から一〇月の間で、五〇億ドルあまりしか増えていない」と懸念を表明した。
(70) 朱鎔基「深入開展打撃騙取出口退税的専項闘争」（二〇〇〇年一一月一七日）、同右、五一頁。

(71) この説の代表的なものとしては、差し当たり前出のヤーシャン・ホワンによる研究(Yasheng Huang, 1996, *op.cit.*)を参照されたい。

(72) 例えば、鄭永年は以下のように広東省に対する再集権を総括した。「一九九七年から一九九八年にかけて、朱鎔基が主導した広東省への再集権は、広東省の地方主義を抑え込んだ一方で、その限界を露呈した。なぜならば、中央が集権できる権限は限られており、政策執行は地方に依存せざるを得ないからである」(前掲、鄭永年『中国的〝行為聯邦制〟』、二〇頁)。

(73) 例えば鄭永年は、人事権を行使して省指導者を交代させることによる効果の限定性を以下のように主張している。「省指導者の頻繁な異動の結果、彼らが任地の事情に慣れてくる頃になると、他の省や中央に異動させられ、政策の一貫性が損なわれるとともに、近視眼的な業績づくりに猛進する弊害を招きがちである。また、省のトップだけを交代させても、地方幹部全体の協力が得られなければ、政策のスムーズな遂行や、その結果としての経済発展もおぼつかなくなる」(同右、三二六頁)との鄭による指摘は正鵠を射ている。

(74) 例えば、三宅康之は以下のような指摘を行っている(三宅康之「中国の経済発展と地方の産業行政」、日本比較政治学会編『比較のなかの中国政治』(日本比較政治学会年報第六号)早稲田大学出版部、二〇〇四年、一〇五頁および一〇八頁)。「地方指導部のコントロールのための人事異動は頻繁となったが、地方指導部側の評価を意識した行動パターン自体は変わりなく、むしろ頻繁な異動により短期的に成果を挙げざるを得なくなった」上に、「地方指導部のあまりにも頻繁な人事異動は地方党政組織の掌握を困難とする」。

(75) その点に関連して、鄭永年による以下の指摘は的を射ている。「地方主義を抑え込むために、中央は省指導者に対する人事権を発動するが、その効果は限定的である。なぜならば、実務を担う地方幹部からの協力が得られなければ、省指導部は政策を有効に実行できないからである。そのため、省指導者にとって最良の戦略は、地方の利益と国家の利益の均衡点を探ることである」(前掲、鄭永年『中国的〝行為聯邦制〟』、二二四頁)。

(76) 同右、三一七頁。

(77) この点については、三宅康之も同様に以下の指摘を行っている。「地方政府指導者も解任を避けたいが、中央政府としても多くの指導者を解任する事態となれば、政治的に行き詰まることになる。人事はやはり『伝家の宝刀』ではあるが、多用はできなかったと理解される」（三宅康之「分税制改革導入の政治過程（一九九三年）の再検討」、『国際学研究』第一巻、二〇一二年三月、一九頁）。

第二章　財政面における再集権の実態

はじめに

一九九四年から中国全土で施行された分税制は、第一章で考察した組織・人事面での再集権と同様に、財政面における再集権の象徴として注目され、「中央が強くなり、地方が弱くなった」ことの財政面での根拠とされた[1]。確かに、改革・開放期以降の「地方の台頭」の原動力ともなったとされる財政請負制を廃止して、分税制を導入するということは、中央・地方関係における転機となったと言えよう。なぜならば、財政請負制は地方に財政面での大幅な裁量権を認めることによって経済発展に貢献したものの、「地方の台頭」を促すとともに、地域間経済格差を拡大させたと一般的には目されている一方で、分税制は税種を中央税と地方税さらには共享税と呼ばれる共有のものとして分け、中央による財政再配分機能を高めて、経済のマクロコントロールや地域間経済格差是正を目指すものとされたからである。

しかしながら、そもそも財政請負制により「地方が強くなり」中央との対立を深めたので、このような「地方の台頭」を抑えるために、分税制を導入し中央への集権を強めることが目指されていたのであろうか。また分税制の導入によって、実際に中央への再集権は実現できたのであろうか。

分税制の導入過程は、中央と地方の利害が相反する制度を導入するにあたり、中央指導部と省指導部の間の交渉過程が部分的ながらも一定程度公開されている、極めて稀な、中央・地方関係の実態を知る上での好材料である。そこで本章では、分税制導入とその後の展開についての考察を通じて、「地方の台頭」を抑え中央が主導権を回復することに寄与したとされる財政面での再集権の実態を検証したい。

ところで、分税制の導入をめぐっては、財政請負制による恩恵を多く受けていた地方、とりわけ広東省が強い懸念を表明し抵抗を試みていたとされる。そこで以下では、分税制導入をめぐる中央と地方の関係、とりわけ広東省関連の動きに焦点を当てるとともに、同省における分税制導入後の実情を検証することを通じて、財政面での再集権の実態を明らかにしたい。

第一節　分税制の導入過程

以下では、分税制の導入をめぐる中央・地方関係を考察することを通じて、分税制の導入は、財政面から「地方の台頭」を抑えるためのものであったのかという問題を検証したい。

1　分税制導入決定の背景

一九九三年七月に、朱鎔基副総理（当時）が「財政請負制はもうやらない」[2]と発言していることから、この頃までに分税制の導入は、中央指導部において既定路線となっていたと思われる。[3]その際、朱鎔基によれば、「分税制とは、普通の市場経済国家と同じく、中央税と地方税を分けて、垂直指導の国家税務局と、地方税務局それぞれが管理し、中央と地方がともに管理する税に関しては、それを国家税務局が徴収し、その一定割合を地方に返還するやり方」[4]であると定義された。同様に、一九九四年一月一日から全国において分税制を施行することを定めた国務院の公式文書においても、分税制は以下のように定義されている。「分税制とは中央と地方の職責と任務に基づき税種を分け、中央と地方それぞれの税務機構を設立し、税を科学的に地方に返還すること」[5]であるとされた。

それではそもそも、なぜ一九九三年七月までに分税制の導入が既定路線とされ、一九九四年一月から中国全土で施行されることが決定されたのであろうか。以下では、分税制導入が既定路線とされるに至るまでの背景を考察したい。

一九八〇年代末、中央は地方に頭を下げて、借金をせざるを得なくなっていたと言われる。[6]こうした趨勢の下、中央財政の強化を求める動きが出てきたのは当然と言えよう。その中で特に注目されるのが、分税制を理論的に正当化したと言われる『国家能力報告』が一九九三年に出版されたことである。[7]『国家能力報告』の著者である王紹光と胡鞍鋼が後に同書を執筆した動機について述懐しているが、そこには財政面での再集権を推進する側の認識が如実に示されており、分税制導入決定の背景を知る上で大変興味深い。例えば王と胡によれば、『国家能力報告』執筆の最大の動機は、中央財政の割合が下がり過ぎて、ソ連やユーゴスラビアのように分裂してしまうと懸念されていたことであるとされる。[8]

以上のように『国家能力報告』の著者たちによれば、分税制の目的は中央財政を強化させることだったとのことであり、分税制を導入しなければ、ユーゴスラビアのように国家分裂の危機が訪れてしまうとの危機感があったということである。[9][10]

一方、分税制導入を主導した朱鎔基副総理は、一九九三年九月に分税制導入の必要性について以下のように発言していた。「財政請負制では、中央は中央企業くらいからしか収入がないのでジリ貧であるが、地方はどんどん収入が増える」仕組みになっているとして、例えば「一九九三年に広東省の収入は三二%増えたが、中央の広東省での収入は一一%下がった。中央財政収入は年々下がり続け、赤字はますます大きくなっている」[11]、「軍による商業活動を禁止して、中央が軍を国費で養っていく方針が定められたので、中央はさらに財力を高める必要が大きくなった」[12]などの理由を挙げ、分税制導入による中央財政強化の必要性を強調した。

また朱鎔基が、「税収を強化するとともに、銀行が採算度外視で投資を行うことを抑制するためにも、中央と地方の財政関係を正し、双方の職責と任務および財源を明確に区分する方針を打ち出す」[13]と述べているように、一九九二年から一九九三年にかけて経済過熱が深刻化していた状況を踏まえて、インフレ対策や経済のマクロコントロール強化のためにも分税制が必要であると強く認識されていたことがうかがえる。

2　分税制の策定過程

一九九三年七月には財政部によって分税制の原案がすでに策定されていたが[14]、それに関する朱鎔基の発言によれば、「財政部の案は、中央に収入を集中させ、地方から財力を取り上げるものになっている」[15]とのことであった。このような財政部の案に対して、朱鎔基は分税制によって経済のマクロコントロールを強めることを目指すものの、極力、地方の利益に配慮する必要性があると認識していた[16]。

当初、朱鎔基自身としては分税制導入に対する地方の懸念が大きいことを踏まえて、地方が抱く不安を払拭して合意を得るために急進的な変更は行わず、地方への配慮を心掛けようとしていたことがうかがい知れる。こうしたことからも、地方主義を断固として抑え込む急先鋒であるというような一般的に抱かれているイメージに反して、朱鎔基は財政部よりも地方への配慮を重視していたと言えよう。

例えば、朱鎔基は財政部が策定した分税制の原案を以下のように評している。「現在の財政部の案では、中央が多く収入を得て、それから地方に返還するとしている。そうすることによって経済のマクロコントロールを強めることを目指すという。しかし、そのようなことは、すぐには実行しない。なぜならば、一部の同志から、現在は中央に上納している立場であるが、それが補助を受ける側に変わるのは受け入れられないという声があるからである[17]」。このように、国務院副総理として分税制導入を主導した朱鎔基は、「改革への抵抗を減らすために、現状を踏まえて、中央の収入を過度には高めず、少しずつ現状を変えていく[18]」との方針を打ち出していたのである。

3　分税制導入のための地方への説得工作

地方の利益に配慮しながら分税制導入を進めていくという朱鎔基の方針は、分税制導入に強く懸念を表明していたと言われる広東省との協議の場においても貫かれていた。以下、分税制導入に向けて朱鎔基が行った、広東省をはじめとする地方に対する説得工作について考察したい。

(1)　広東省に対する説得工作

前述したように、分税制を一九九四年から中国全土で施行することは中央指導部において既定路線となってはいたものの、朱鎔基によれば「分税制は一四期三中全会で可決させなければならないが、もし広東省などが強硬に反対でもしたら挫折してしまったかもしれないので、説得工作を丁寧に行った[19]」のであった。

そもそも、「全国的な導入に先立ち、分税制は九二年から四省・市・自治区（遼寧、天津、新疆、浙江）と五計画単列市（武漢、青島、大連、瀋陽、重慶）でまず試行された[20]」。一九九四年からの分税制の全国的施行に向けて行われた地方に対する説得工作を、大橋英夫は以下のように総括した。「分税制の導入に先立ち、江沢民、李鵬、朱鎔基をはじめとする中央指導者の地方視察が相次いだ。分税制導入の説得工作と見られる一連の地方視察は、九三年八月から分税制導入までに計六二人、視察先は一六省・市・自治区に及んだ。なかでも、財政請負制を一〇年以上続けてきた広東省は、分税制導入の最大の抵抗勢力と見られていた[21]」。大橋が指摘するように、分税制の全国的施行に向けた最大の抵抗勢力は、広東省であったと見られる。

①最大の懸案事項としての広東省への説得

実際、早くも一九九三年三月には、朱鎔基が六九名の人員を引き連れて広東省を視察するとともに、連日、座談会を開いて分税制問題について討議を行っていた[22]。さらには分税制の全国的施行が中央指導部において既定路線となった後もなお、一九九四年に分税制を実施するのは時期尚早であるとして、広東省指導部は一九九三年八月一五日に、党中央と国務院に対して、二〇〇〇年まで財政請負制を続けさせて欲しい、せめて一九九七年までは続けさせてくれるようにと要請までしていた[23]。

以上のことから、分税制の全国的施行に向けた最大の懸案事項は、広東省をいかに説得するかであったことは間違いないであろう。そのため朱鎔基は、分税制導入に向けて一九九三年秋に行うことになった地方行脚における最大の関門は広東省への説得工作であると位置づけ、同年九月九日から一六日にかけて、広東省および海南省で、分税制実施に関連した問題を検討するための視察を行った[24]。

こうして朱鎔基は意を決して、分税制導入について広東省側に理解を求めるとともに、中央としても広東省側に配慮を示しつつ協力を求めた。これほどまで朱鎔基が広東省への説得工作に力を入れなければならなかったほど、広東省では分税制に対する懸念や抵抗が大きかった[25]。特に広東省は財政請負制から受ける恩恵が大きかったため、とりわけ懸念が強かったのも当然と言えよう[26]。

②中央による説得と広東省側からの逆提案

こうしたことから、広東省滞在中、朱鎔基は分税制実施に向けて、中央と広東省の橋渡し役になるつもりであると述べ、中央の方針を広東省に伝えるとともに、広東省側からの訴えを中央に伝える方針であると表明した[27]。このような方針の下、朱鎔基は、広東省側が分税制は財政請負制を否定するものであるとして拒絶しても、分税制導入はすでに党中央政治局常務委員会での決定事項であるため、いつまで拒否し続けても実施に際しての困難が大きくなるだけであるので、分税制導入にあたっての困難をいかに克服し、この改革を成功させるために何をすべきかを前向きに検討して欲しいと説得工作に臨んだ[28]。

このような方針の下、朱鎔基や同行した中央政府各部門の代表者たちは、省指導者の面々や省政府各部門の代表者たちと話し合い、分税制導入に向けた協力を求めた。実際のところ、広東省に対する説得工作は、中央と地方の対立という側面ばかりではなく、双方の間での説得や歩み寄りの過程を示すものでもあり、このように意を尽くさなければならなかったほど、中央にとって広東省側からの正当な主張は無視できなかったのである。

例えば朱鎔基は、「分税制への理解を得るため、三度にわたり、党広東省委、省政府、省人民代表大会、省政治協商会議、広州市、深圳市、珠海市、汕頭市、佛山市の代表者らとの会議を開き、葉選平前省長とも個別に長時間話し合い、謝非党省委書記や朱森林省長とも二回単独で話をした。同行した李鉄映党中央政治局委員も、林若前党省委書記らと個別に会談をした。中央政府各部門の代表者たちも同様に省側のカウンターパート部門の担当者たちと話し合いを重ねた。そうして、なんとか彼らの理解は得られたが、広東省側からの逆提案として、第一に、一九九三年の地方財政収入を基準とするとともに、第二に、財政請負制の下で税を減免していた企業に分税制導入後も税を返還して欲しいと要望された[29]」のであった。

③広東省側の懸念払拭のための説得

分税制導入に対する広東省側の懸念を払拭するために、以上のような話し合いを通じて朱鎔基はまず、分税制を導入しても広東省の負担はそれほど増えない、なぜならば分税制の目的は中央の財力を高めることであり、決して広東省を抑え込むためのものではないからであると説得し[30]、懸念払拭に努めたのであった[31]。

さらに朱鎔基は他の地方との比較を交えて、広東省側に理解を求めた。例えば、「分税制により負担が増えるのは、工業が主要産業である遼寧省や上海市であり、広東省の負担増は相対的に少ない」、「分税制は、全国統一税制であるため、省ごとに個別に制度は設けない[32]」ものの、「分税制は増値税の割合が大きいため、工業からの収入が多い遼寧省や上海市は持って行かれる分が多く、広東省は不動産業など第三次産業の割合が相対的に大きい分、地方に残せる割合が大きく、比率から見れば、それほど多くを持って行かれるわけではない[33]」として説得を試みた[34]。

(2) 分税制導入をめぐる広東省側への歩み寄り

以上の説得工作からは、分税制をめぐって中央と広東省がただ対立していたというよりも、むしろ中央が一方的に押しつけようとしてもうまくいかないため、説得して理解を得るとともに、協力を求めていたという実態が見て取れる。

その背景には、朱鎔基側に以下のような認識があったことが考えられる。「分税制には、中央財政収入の比率を高める狙いはあるが、急進的かつ強引に推し進めるつもりはない。なぜならば、地方財政も大変な困難を抱えている一方で、地方経済を発展させるという重い責務を負っているからである」[35]。そのため、分税制の全国的施行に際し、一九九四年は中央と地方の取り分を変えず、一九九五年に中央の割合を少し多くし、一九九六年にもう少し増やし、それ以降、毎年増やしていくが、先を急がず徐々に行っていくという方針を示し理解を求めたのである[36]。以下では、一連の説得工作の際に広東省側から逆提案された要望事項に、中央の側がどのように対応したかを見ていきたい。

①地方財政収入基数問題

まず広東省側から要望された、分税制施行に際しての地方財政収入規模の基準となる年（基数）を一九九三年にするという点について、朱鎔基は「分税制実施に際して、地方財政収入の基準となる年を一九九二年にするか一九九三年にするかは、個人の一存では決められない。なぜならば、党中央政治局常務委員会で決定した案では一九九二年になっていたからである」[37]として回答を保留するとともに、「一九九三年を基準となる年にすると、地方が駆け込みで無茶をすると思っていたが、海南省や広東省を視察して、やはり地方の既得権を最大限認めた方が、地方からの抵抗を少なくして分税制を実施できる上に、中央の取り分が一年分少なくなるとはいえ大したことではない。まずは分税制を始めることが重要である。しかし、劉仲藜部長をはじめとする財政部の代表らが一九九二年を基準となる年とすることを主張しているので、中央で再度話し合い、一一月には決定する」[38]と応じた。

②企業への税の減免措置

また、財政請負制の時には取られなかった企業への税を、分税制では取られることになるが(39)、広東省はあと二年すなわち一九九五年までは猶予して欲しいと、前出の謝非と朱森林が要望した点について、朱鎔基は中央で江沢民および李鵬と話し合って検討すると返答した(40)。

その際に朱鎔基は、分税制は広東省への「特殊政策・柔軟措置(41)」と矛盾せず、企業や地級市および県への請負制は必ずしも廃止する必要はなく、過渡的に継続してもよいとして(42)、「分税制導入により企業負担が増えないようにしたい。なぜならば、負担が増えれば、分税制への不満や抵抗が大きくなり、改革そのものへの障害となるからである(43)」との認識を示した。

③広東省側への配慮

広東省での説得工作を終えた朱鎔基は、分税制導入に際し広東省側が中央に配慮を求めた、一九九三年を地方財政収入規模の基準となる年とすることとならんで、税を減免している請負制の企業には分税制実施後も、請負期間中は税を返還して欲しいという二点の要望について、江沢民と李鵬に報告し(44)、解決を図ったのであった。その結果、分税制導入に際しての地方財政収入規模の基準となる年はもともと一九九二年とすることになっていたが、広東省をはじめとする地方の協力を得るために、一九九三年とすることで譲歩した。この点について朱鎔基は、広東省のように発展の速い省の利益に配慮して、一九九三年を地方財政収入規模の基準となる年にすれば、分税制への抵抗が和らぐからであるとの認識を示した(45)。また、請負制を実施している企業への税の減免措置については、広東省側からの要望を受け入れ、一九九五年までを期限にして認めることとされた(46)。

こうして朱鎔基ら中央指導部は、分税制への不安や抵抗を解消し、スムーズに分税制を実施するために、広東省への歩み寄りを決めたのであった[47]。その背景には、分税制の導入は既定路線ではあるものの、政策の継続性の観点から、広東省への配慮も必要との判断があった[48]。さらには、分税制導入後も広東省には経済発展の先導役を担ってもらわなければならないので、重点建設の配分において配慮するとの見解も示された[49]。

このように、分税制導入に際し広東省側に対して手厚い配慮が示されたのは、広東省による抵抗が頑強であったからというよりも、むしろ鄧小平が二〇〇〇年までに「アジア四小龍」[50]に追いつく任務を広東省に課していたからであると見られる[51]。

④分税制導入と地方への配慮

一九九四年一月、朱鎔基は分税制の全国的施行に向けた一連の説得工作を振り返り、以下のように総括した。「財政請負制では地方の収入ばかりが増える一方で、中央の収入は頭打ちで支出ばかりが増え赤字が増大する状態であったので、分税制を導入しないわけにはいかなかったが、地方の言い分も聞き入れないことには実現できなかった[52]」。その一方で「一九九三年は十数省に赴き説得して回ったおかげで体を壊してしまったが、地方から資金を取り上げることの難しさを痛感させられ、分税制は漸進的に進めていくしかないとの結論に達した[53]」との認識を示した。

このような認識に基づき、分税制導入後の地方への配慮が以下のように示された。「分税制導入により中央の収入を六〇％にまで高めることを目指すが、一気には行わない。なぜならば、そうした場合、一〇〇〇億元の赤字を地方に負わせることになり、地方の反発を招くからである。それゆえ、中央は地方から一旦収入を取り上げるものの、またそれを返還することで地方の既得権益を温存することにして、分税制に同意してもらった[54]」といったような、地方側への歩み寄りを行ったことを朱鎔基は明らかにした。

以上のように、分税制の導入は、広東省などの地方主義を抑え込むことが必ずしも目的であったのではなく、本来、中央の財力を高めることに主眼が置かれていたのであり、その導入に際しては広東省をはじめとする各地方への説得と配慮を重視したのであった。すなわち、分税制によって強引に財力を取り上げれば地方は立ち行かなくなり、その結果、混乱が拡大すれば朱鎔基の責任問題に発展してしまうため、中央には人事権があるからといって地方に分税制を一方的に強制するのは得策ではなく、説得と歩み寄りを通じて、地方からの理解を得る必要があったと言えよう。

4　分税制導入にあたっての地方の窮状や困難への配慮

従来、分税制の導入は財政面での再集権であるとして、「中央が強くなり、地方が弱くなった」象徴との捉え方がなされてきたが、ここまで見てきたように、実際には分税制を地方に対して一方的に押し付けたのではなく、地方への配慮や漸進的進め方に重きが置かれていたのであった。以下では、分税制導入に際し提起された様々な措置を考察することを通じて、分税制による財政面での再集権により「中央が強くなり、地方が弱くなった」という従来の説を検証していきたい。

(1)　地方側への配慮と歩み寄り

これまで見てきたように、中央に人事権があるからといって、あらゆることを地方に強制できるのではなく、地方の意見を取り入れて受け入れ可能な形にしないと混乱をきたし、朱鎔基本人の責任問題に発展しかねなかったため、地方に対する根気強い説得が必要となったと考えられる。朱鎔基自身も分税制導入に際しての地方への配慮について、以下のように述べている。「分税制を地方に受け入れさせる上で、二つの歩み寄りを行った。一つ目は、財政請負制の下で企業に減免していた税の問題である。一部の地方は国務院の規定に違反し、請負制を適用している企業の税を減免していて、その分が一九九三年の地方財政収入規模の中に算入されていなかったため、分税制導入後その分は本来地方に返還されないことになるのが、地方が分税制に反対した大きな原因の一つであった。そのため、政策の継続性と地方の利益に配慮して、一九九五年までは、その分も地方に返還することにした。二つ目は、主に沿海地区の発展の速い省に配慮して、地方財政収入規模の基準となる年を一九九二年から一九九三年に変更することにより、地方の利益を尊重し、分税制への抵抗を和らげた[55]」。その背景には、分税制導入は地方の既得権益に影響を与え得る大きな改革であったため、地方の事情に配慮しなければスムーズに実施できないという認識があった[56]。

(2) 漸進主義的手法

こうしたことから、分税制はまず基本的な枠組を作り、現実に即しながら徐々に改善していくという漸進的な手法で実施するとの方針の下で導入されることになったのである[57]。また、地・県級での実施については今後検討していくこととし、現地の状況に即しながら、徐々に地方全体での分税制財政管理体制の条件を整えていくとの方針も示された[58]。すなわち、分税制導入については、地方を引き締めるのが目的なのではなく、まずは制度を刷新することが重要で、その上で地方の利益を温存しつつ、中央財政の強化を図るのが狙いであったことが見て取れる[59]。

例えば、分税制導入から一年近くが経った一九九四年一二月に朱鎔基は、「分税制はまず一九九四年に導入することに意義があったのであり、その効果はすぐには出ない。なぜならば分税制導入に対しては反対や抵抗が大きかったので、地方の既得権益に配慮しながら漸進的に進めていくしかないからである」との認識を示すとともに、「地方へのショックを和らげ、理解と協力を得るため、分税制は漸進的なやり方にしたので、効果はすぐには出ない。中央財政収入の割合を六〇%以上にまで高めるためにはさらなる時間を要し、財政移転により地域間経済格差是正に取り組むのはもっと先になる[60]」との見通しを示したのであった。

第二節　分税制施行後の諸問題

以下では、分税制の実施過程を考察することを通じて、分税制導入による財政面での再集権により、果たして「中央が強くなった」のであろうかという問題を検証したい。

1　体制構築面での諸問題

分税制は一九九四年一月一日から全国で施行されることになったものの、実際には当初から分税制に完全移行できるとは想定されていなかった。分税制の原案が策定されていた一九九三年七月の時点で、朱鎔基は先に見たように分税制の内容ばかりでなく、以下のように、体制構築の面でも漸進的に推進していく方針を掲げていた。例えば、「一九九四年一月一日から分税制を導入するが、組織が整わないうちは、現行の組織のまま業務を続ける。急にすべてを改変するわけではないので安心してよい[61]」、「まずは、現行の税務組織を国家税務局にして、別途、地方税務局を作っていく[62]」との方針を示していた。

分税制の最大の眼目の一つは、税種を中央税、地方税、共享税（中央と地方の間で配分する税）に分けるとともに、新たに構築される国家税務局と地方税務局がそれぞれ徴収するというものであった。その点に関して朱鎔基は広東省での説得工作の際に、国家税務局は中央の管轄下にあるので、中央が指導するとともに給与も支給し、各局長の任命も行う一方で、地方税務局は、中央と地方による二元指導の下で地方が主管するという方針を示していた[63]。以下、広東省を事例として、税種を中央税、地方税、共享税に分け、国家税務局と地方税務局がそれぞれ徴収するという分税制の基本的枠組が構築されていった過程について見ていきたい。

（1） 広東省における分税制体制構築

一九九四年七月二八日に、広東省国家税務局と広東省地方税務局が成立して、双方で業務が開始され、広東省における分税制の施行が始まった[64]。その際に、もとの省税務局職員二九六名から一六〇名が省国家税務局に、一三〇名が省地方税務局に配属となった[65]。

以上のように、省級での国家税務局と地方税務局からなる税務体制は、一九九四年七月から開始されたが、広東省の地・県級で国家税務局と地方税務局による税務体制が構築されたのは、一九九五年一月からであった。まず一九九四年一〇月に、広東省中央・地方両税務機構設置準備組によって地・県級の中央・地方税務機構設置に関する方針が下達され、それを受けて各地級市および県で税務局が順次国家税務局と地方税務局に分設されていき、一九九五年一月から、地級市と県において国家税務局と地方税務局の運用が開始された[66]。

こうして広東省では一九九五年までに、省級から地・県級に至るまでの国家税務局と地方税務局による税務体制が整えられたが、実際に省全体で分税制が施行されたのは、一九九五年一二月一八日に、広東省人民政府が「広東省分税制財政管理体制実施方案」を公布した後の一九九六年一月一日からであった[67]。すなわち、一九九四年一月一日から分税制を全国的に施行することが決定されたものの、それはあくまでも中央と省レベルの間の話であり、広東省内において分税制は一九九四年から一九九五年までが試行期間で、ようやく一九九六年から本格的に施行されたのであった。

（2）広東省における分税制運用面での混乱

以上のように、一九九六年一月一日から広東省内で分税制の施行が本格的に開始されたが、その当初から様々な問題に直面した。例えば、広東省において国家税務局と地方税務局の関係が混乱していた問題について、一九九六年一月一日に謝非党省委書記は、広東省内の国家税務局と地方税務局がそれぞれの業務範囲を恣意的に逸脱している問題に関する緊急報告を受けた。その際に謝非は、国家税務局と地方税務局は双方の役割分担に関する国務院の規定を守らなければならず、現場の恣意的判断に基づき運用してはならないと批判した[68]。こうした問題を受けて、一九九六年四月一二日、省国家税務局は、国家税務局と地方税務局の徴税範囲の詳細に関する国家税務総局による通知を周知徹底させることで、広東省内における国家税務局と地方税務局の関係の調整を図った[69]。

こうして、分税制は国家税務局と地方税務局により運営されていくことになっていたものの、中央と地方による二元指導という扱いになっていた地方税務局にとって、実際の業務に際し、地方側の要求に従うか上級主管部門からの指示に従うか難しい判断を迫られていたことが推察される。例えば、分税制の全国的施行から三年近くが経った時点における朱鎔基の以下の発言からも、国家税務局と地方税務局による税務体制は混乱していたことがうかがわれる。朱鎔基によれば、「個人所得税や市場交易税の徴収の仕方に関して、国家税務局と地方税務局の間で対立があった。国家税務局は規定に従い厳密に徴収しようとする一方で、地方税務局はなるべく柔軟に対応して、地方経済の活性化に役立てようとしている」と指摘された[70]。また朱は、地方における徴税の実態が不透明であるため、分税制の全国的施行後もなお、地方に裏帳簿や「予算外資金」がいったいどれくらいあるのか実際のところ見当もつかないと述べている[71]。

（3） 分税制をめぐる組織改革の試み

国家税務局と地方税務局の関係をめぐる前記のような問題を解決するために、地方とりわけ地・県級の地方税務局による徴税体制の整備強化が図られることになった[72]。具体的には、地方税務局に対する上級主管部門からの垂直指導を強化することによって、税務体制の強化が図られたのであった。

さて、話を広東省に戻すと、分税制施行後、広東省内では地域間経済格差が広がり、地方債務問題も深刻化していた[73]。このような問題について対策を講じるべく、広東省において財政移転は一九九六年から始められることになった。例えば、一九九六年四月五日に広東省財政庁は、「広東省財政移転給付実施方案」を制定して、省級から地・県級に対する財政移転制度を作り、最終的には省内すべての地・県級における公共サービスの均等化と県域経済の発展を促進することを目指すとの方針を打ち出した[74]。

2 分税制運用面での諸問題

ここまで広東省における分税制構築にかかわる諸問題を見てきたが、一九九四年からの全国的施行後、分税制は運用面で様々な問題に直面し、試行錯誤を余儀なくされた。以下では、それらの問題を考察することを通じて、分税制による財政面での再集権の実態を検証したい。

（1） 中央財政の困難

分税制は中央財政強化のための切り札として導入されたわけであるが、施行後も依然として中央財政の赤字問題は解消せず、基層財政も苦しい状態が続いていた[75]。また、一九九六年三月に開催された全国人民代表大会における財政部による報告では、「ここ数年、中央財政の赤字が増え、債務も年ごとに大きくなっているため、経済のマクロコントロールが弱まり、経済の持続的で健全な成長に悪影響を及ぼしている」[76]との懸念が表明された。

以上のような一九九五年度における財政赤字を踏まえ、一九九六年度予算では、極力赤字幅を減らす方針が示された[77]。ところが結果的に、一九九六年度も支出超過の状況は変わらなかった[78]。同じく一九九六年から開始された第九次五か年計画では、財政赤字を解消し、債務を圧縮するとの目標が掲げられてはいたものの、一九九七年度も政治的・経済的理由から赤字を圧縮するのは難しいとの見通しが示された[79]。

こうした状況を踏まえ、中央財政を強化するために、一九九七年一月一日から、証券交易印紙税を、現行の中央五〇%、地方五〇%から、中央八〇%、地方二〇%の配分比率に変更するという分税制の調整に踏み切ることになった[80]。

(2) 財政面での再集権の限界

分税制導入後も続く厳しい財政状況に関連して、一九九七年三月に開催された全国人民代表大会における報告の中で劉仲藜財政部部長は、中央財政赤字の大きさ、中央財政の債務依存度の高さ、脱税や恣意的な減免措置による税収の流出、浪費現象、基金の乱立と「乱収費」、「予算外資金」による税収の減少、国有企業の不振による収入減と補助金の増加傾向に対して懸念を表明した[81]。

分税制導入後も続くこのような混乱現象について朱鎔基は、早くも一九九五年一二月に開催された中央経済工作会議において以下のように憂慮を示していた。「経済秩序の混乱は目に余るものがある。ある地級市では一〇〇億元を使って輸出を装い、一七億元の輸出還付金給付を受けている。多くの地方で密輸は公然と行われ、しかも武装して密輸が行われている[82]」、また「裏帳簿が一般化していて、予算内資金を『予算外資金』に付け替え、監査逃れをしている。ある市の銀行は表面上八〇〇〇万元を貸し出したことにしているが、実際には市長の命令で、三六億元も貸し出して不動産開発に使われた結果、未だに資金が回収できていない[83]」などの問題が指摘された。一九九六年一一月に開催された中央経済工作会議においても朱鎔基は、分税制導入後、地方も中央も収入は増えたが、中央税が滞納されているために、地方への税の返還が既定方針通りに実施できていないと指摘した[84]。

このように、分税制の全国的施行から三年近くが経過した時点においても、地方における税をめぐる混乱は続いており、中央税の滞納も深刻化していた。それゆえ、一九九四年一月から分税制が全国的に施行されることになったことで、財政面での再集権が実現し、「中央が強くなった」と見なすのは早計であろう。

(3) 分税制の機能不全

こうした状況を踏まえ、地方とりわけ地・県級の地方税務局による徴税体制の整備強化を図るために、一九九七年一〇月には、地方内の税務機関の中でも特に地方税務局への管理体制強化のための指示が下達された[85]。

しかしながら、分税制の全国的施行から四年以上が過ぎた一九九八年になっても、分税制の核となる税種を中央税、地方税、共享税に分け、国家税務局と地方税務局がそれぞれ徴収するということすら満足に行えておらず、分税制導入後も各地方や関連部門では規定に違反して税の減免を行っていたり、中央税を地方税に付け替えていた。このような状況に対して国務院は、現在一部の地方や部門において、国家の政策を恣意的に運用して、越権で税の減免、滞納、請負などをしているとして懸念を表明した[86]。さらには、あらためて、地方税以外の管轄権はすべて中央にあるので、地方は越権行為をしてはならないと警告を発するとともに[87]、「地方税も中央が認めた範囲でしか処理してはならず、越権で新しい規定を作ってはならないし、中央税を地方税に付け替えてもならない[88]」などとする通達を出さざるを得ない状況に直面していた[89]。しかも、このような税に関する不正には基層政府や税務部門も深く関与していたのであった[90]。

(4) 財政再配分の困難

前述したような分税制の根幹にかかわる徴税面での問題も一因となり、財政赤字が解消されていなかったことから、自ずと地域間経済格差是正のための財政再配分も十分に機能しないままになっていた。一九九六年三月に開催された全国人民代表大会において劉仲藜財政部部長は、以上の点も含めた分税制施行上の問題を以下のように指摘した。「分税制を二年実施してきた結果、初歩的な財政補助、特定補助、税収返還を内容とする財政移転は実現できたが、まだまだ改善の余地がある。第一に、中央と地方の職務権限明確化や統計の信頼性担保などが依然として実現できていない。第二に、中央財政自体の赤字が大きく、債務負担が重いため、財政移転を増やすのは難しい。そのため、少数民族地区や財政が著しく困難な地方に対しての限定的な財政移転を試みることしか実現できていない[91]」として、分税制による財政再配分機能が十分に発揮できていない現状を憂いた[92]。

以上のように、分税制を主管する財政部部長自身、分税制は見切り発車で施行され、省以下では十分に機能しておらず、しかも基層財政の困難は深刻で、財政移転も過渡的方法を模索している状態であることを認めざるを得なかったのである。

(5) 地方からの不満と中央政府各部門による抵抗

①中央への上納をめぐる地方の不満

既述したように、分税制による財政再配分が十分に機能せず、所期の目標である地域間経済格差の是正に見通しが立たない中、分税制導入以降も、依然として財政請負制下で強いられていた上納分を中央に取られることへの不満が地方の側では高まっていた[93]。こうした点を踏まえて劉仲藜財政部部長は、分税制の改善点として一九九五年は「第一に、上納逓増を改め、一九九四年の額で固定することにした。第二に、少数民族地区の財政困難を解決するために、補助を増やした。第三に、中央と地方の職務権限区分を適正化するための方策を引き続き検討する。第四に、省以下でも分税制を試行して、県級財政困難の問題を解決する」[94]と表明した。

②中央政府各部門の既得権益に対する懸念

分税制をめぐっては、地方からの前記のような不満ばかりでなく、中央政府各部門の既得権益との調整についても懸案となっていた[95]。例えば、分税制施行後も地方に対して三〇〇億元あまりが中央政府各部門を通じて返還されることになり、それらの部門の影響力が温存されたが[96]、このような状況を改めるべく朱鎔基は、中央政府各部門を通じて地方に資金を返還する方式の是非を検討するよう指示した[97]。このように、分税制導入後も、地方と中央政府各部門の利害調整は大きな課題として残っていたのである。すなわち、分税制導入による財政面での再集権により「中央が強くなった」というイメージとは裏腹に、現実には依然として、朱鎔基をはじめとする中央指導部は、地方や中央政府各部門との利害調整に苦慮していたのであった。

3　分税制の現実と効果

分税制はそもそも導入の経緯からして、漸進的に推し進め、二〇〇〇年を目途に所期の目標を達成するとの想定があっただけに、一九九四年の導入以降、一九九〇年代を通じての試行錯誤はある程度見込まれていたことと思われる。それでは分税制導入により二〇〇〇年以降、中央財政の強化や地域間経済格差の是正といったような所期の目的は達成されたと言えるのであろうか。以下では、分税制をめぐる二〇〇〇年代以降の状況を大まかに見ていきたい。

まず二〇〇〇年一月に、江沢民は分税制をめぐる状況について、依然として財政資金は分散しており、中央への財力集中も不十分なままであるとの懸念を表明し、国家の重点建設のためにも、中央の財力を高める必要があるとの認識を示した[98]。このような江沢民の発言からは、二〇〇〇年に至っても、分税制により中央財政が強化されたと言えるほどの成果を達成できていなかったことがうかがわれる。

さらに江沢民は以下のように、分税制の全国的施行から六年を経ても、未だに分税制導入の所期の目標の一つであった経済のマクロコントロールが十分に機能していない状況に懸念を表明した。「未だに、財政秩序は混乱し、『予算外資金』があふれ、『乱収費』、『乱罰款』、『攤派』、『小金庫』が各地で横行し、各地では税の減免が恣意的に行われ、それが財政収入に影響を及ぼし、経済のマクロコントロールや各種の政策執行を妨げているばかりでなく、汚職腐敗をも助長している[99]」との危機感を示した。

また当初、分税制の導入により地域間経済格差の是正が期待されていたが、張忠任の研究によれば、財政請負制の下で、地域間経済格差は縮小傾向にあったにもかかわらず、分税制の導入後は逆に広がってしまったとも言われる。例えば張によると、「一人当たり省内GDPの変動変数を考慮すると、財政請負制の下で省間経済格差は縮小してきたことが指摘できる。逆に、財政請負制の弊害を克服するために導入された分税制の下で、省間経済格差の拡大が見られる[100]」とのことである。

このように、二〇〇〇年代初頭の時点に至っても、分税制は所期の目標を達成するには依然として道半ばであったことがうかがえる。実際のところ、このような状況にはそれ以降も大きな改善は見られなかった。そのため、分税制の導入から二〇年ほどが経過した時点においても、依然として中央の財政収入は伸び悩む一方で、地方の財政収入はますます増加していると財政部は総括した。例えば、二〇一四年の九月までの財政収入の総額は、一〇兆六三六二億元で八・一％の伸びを示しているが、そのうち中央財政収入は四兆九五九九億元で六％の伸びであったが、地方財政収入は五兆六七六三億元で一〇・一％の伸びであったとのことである[101]。

また、分税制を導入しても、中央の収入割合は大きくならない一方で、地方における支出の伸びは大きく、財政移転の問題も改善されていないとの認識が示された。例えば、二〇一三年の財政収入のうち、中央財政収入の割合は四六・六%で、政府性基金、社会保険基金等の収入も含めると、中央財政の収入割合は二九・三%に過ぎないとのことである。(102)

以上のように、分税制導入から二〇年近くが経過した時点においても、所期の目標であった中央財政の強化や地域間経済格差是正という課題の解決は、道半ばの状況なのであった。

おわりに

本章では、財政面での再集権の象徴とされる分税制の導入過程および施行後の実態を考察することを通じて、分税制導入による財政面での再集権により「中央が強くなり、地方が弱くなった」とする説を検証してきた。以下では、本章における考察を通じて得られた知見を総括したい。

まず第一に、分税制の導入過程をめぐっては、抵抗する地方の反対を押し切って、中央が分税制の導入を強行したのであろうかという問題を検証した。その結果、中央は分税制導入の決定権を有していたとはいえ、地方に対する一方的な強制は現実的ではなく、政策の実効性を担保するためにも、地方からの要望を受け入れざるを得なかった実態が明らかとなった。そのため、朱鎔基らは一九九四年からの分税制導入を地方に受け入れさせるための説得工作に注力したと言えよう。

第二に、分税制施行後の実態に関して、果たして分税制の導入は「中央が強くなった」と言えるほどの効果をもたらしたのであろうかという問題を考察した。その結果、以下のことが明らかになった。まず、一九九四年一月一日から分税制を中国全土で施行することは決定されたものの、それはあくまでも中央と省レベルの間の財政関係を改変するという決定に過ぎず、一九九四年の時点で地方各レベルにおいて分税制が施行されていたわけではなかった。また、分税制の全国的施行から二〇年ほどが経過した時点においてさえ、中央財政や経済のマクロコントロールの強化、地域間経済格差の是正といった分税制導入時の所期の目標は、必ずしも達成されたとは言い難く、分税制の導入により「中央が強くなった」と言えるほどの効果をもたらしたわけではなかった。

さて、従来の多くの研究では、一九九四年の分税制導入を以ってして、「中央が強くなった」証左とされ、分税制施行後の実態に対する検証が軽んじられてきたばかりでなく、分税制導入過程についての中央と地方の対立ばかりに焦点が当てられてきたきらいが強かった[103]。それゆえ、本章における考察を通じて、従来の研究において等閑視されていた点を補う役割を果たせたものと考えられる。

(1) 例えば、天児慧は分税制導入の意義を以下のように総括している。「中央の財政力、指導力の回復に本格的に乗り出したのは九四年あたりからであろう。この時期は『放権譲利』を推進した鄧小平の引退、そして死去、第一五回党大会を経て江沢民・朱鎔基体制が確立していく過程でもあった。第一弾が財政請負制から分税制の切り替え、強行実施である」(前掲、天児慧「中央と地方の政治動態」、二九頁)と天児は主張した。

また楊中美によれば、以下のように、地方の経済力増大が中央に対する発言力増大をもたらしたとされる。「沿海各地の諸侯が経済力を背景に中央指導部にも発言力を持つようになった意味は最も重要であろう。これは建国以来の政治のかつてない大きな変化であり、鄧小平の改革・開放時代における中央と地方の関係を読み取る重要な手がかりもここにある」(前掲、楊中美「地方指導者と地方政治」、一八〇頁)と楊によって強調された。

(2) 朱鎔基「整頓財税秩序，加快財税改革」(一九九三年七月二三日)、『朱鎔基講話実録』編輯組編『朱鎔基講話実録』第一巻、人民出版社、二〇一一年、三三六頁)。

（3）分税制導入までの過程について、朱鎔基は以下のように述べている（朱鎔基「精心組織実施分税制改革」（一九九三年一一月二五日）、同右、三九九頁）。「分税制は一九九二年夏から案を作って、中国共産党第一四期中央委員会第三回全体会議（以下、一四期三中全会と略称）で採択された。こうして、これまで実現できなかったことが実現できたのは特筆すべきことである。中国共産党第一四回全国代表大会（以下、第一四回党大会と略称）で江沢民同志が社会主義市場経済を謳ってから、ようやく策定に着手できるようになった」として、第一四回党大会で社会主義市場経済が提起されたことが大きな転機になったとの認識を朱は示した。さらに、「鄧小平同志が提起した中国的特色のある社会主義理論がなければ、分税制のように大きな改革は実現できなかった」と朱が述べているように、一九九二年に社会主義市場経済を目指すことが決定されたことも、分税制導入に踏み切る契機となったことがうかがわれる。

また分税制導入は、鄧小平はもとより江沢民や李鵬の支持があって初めて実現できたということは、当時の朱鎔基による以下の発言からも裏づけられる。「鄧小平同志による中国的特色のある社会主義理論と思想が、分税制の基礎であるとともに、旗手であり、総設計師でもある。江沢民同志も自ら方案作成を主導してくれた上に、李鵬同志からも指示を仰いだ」（同、四〇一頁）。さらには「江沢民同志が言うように、財政請負制は市場経済に合わない遅れたものである」（前掲、朱鎔基「整頓財税秩序，加快財税改革」（一九九三年七月二三日）、三二六頁）として朱は分税制導入を正当化した。

（4）同右、三二六頁。

（5）国務院「実施分税制財政管理体制的決定」（一九九三年一二月一五日）、『国務院公報』一九九三年第三〇号、一四六二頁。その他、「分税制改革の原則と主要な内容は、中央と地方の職責と任務を区分して、合理的に財政支出範囲を確定することである。すなわち、職責と任務を財政と結びつけて、税種を中央税、地方税、中央と地方で担う共享税に分け、中央税収と地方税収の体制を作り、中央と地方のそれぞれの税務機関が徴収する。また、科学的に地方の収支を決め、徐々に中央から地方への税の返還や財政移転を規範化する」ことであるとされた。

（6）例えば楊中美は、当時の状況を以下のように記している。「東部地域の経済発展は、現地に財政力を背景にした政治的発言力の増大をもたらした。それと対照的に、中央政府は、権力の地方への譲渡および財政・税収請負制度の実施により、権限と財力は減る一方で、ひいては地方に頭を下げて借金して、中央政府の年々拡大する財政赤字を補うはめにもなった。例えば、八九年春、鄧小平が上海で現地トップの江沢民、朱鎔基と相談して、二五億元を借りて中央政府の財政危機の焦眉の急を救った」(前掲、楊中美「地方指導者と地方政治」、一七八―一七九頁)とされた。

(7) 後年に著者自ら、『国家能力報告』が分税制に理論的根拠を与えたと称している(胡鞍鋼・平新喬・王紹光「財税改革和公共品提供」、『大部門制與政府管理体制改革』課題組編『大部門制與政府改革』下冊、出版社名の記載なし、二〇〇八年、三三一頁)。

(8) 彼らによれば、当時の中央財政の危機的状況に関して、「一九九二年の時点で、財政総収入のGDP比は一九八〇年代の二四%から一二%まで下がっており」(同右、三三四頁)、「とりわけ、中央財政収入の割合が下がり続けていたので、『国家能力報告』を執筆した際、胡自身はこのままでは、ソ連やユーゴスラビアの二の舞になる可能性があり、これでは分権の行き過ぎであると懸念していた」(同、三四二頁)ということである。

また、分税制導入が既定路線とされた一九九三年当時の状況を、以下のように述懐している。「一九九三年当時、国務院総理や財政部が機動的に使える資金は少なく、分権の行き過ぎによって、ユーゴスラビアの二の舞になるとの懸念があった」、「一九九三年に、胡と王が財政部の幹部に報告を行った際、当時、国務院総理が機動費として使えるのはたったの十数億元あるいは二十数億元程度しかなく、大災害が起こった場合、どこから資金を調達すればよいかと財政部は途方に暮れていた。そのため王は当時、すでに分権が度を越していて限界に達していると思い、改革の必要性を痛感していた」(同、三四三頁)とのことである。

(9) 同右、三四七頁。

(10) 同右、三四八頁。

(11) 朱鎔基「分税制改革有利於中西部地区発展」(一九九三年九月二五日)、前掲、『朱鎔基講話実録』編輯組編『朱鎔基講話実録』第一巻、三七三頁。

(12) 同右、三七三頁。

(13) 朱鎔基「防止通貨膨張要始於〝青蘋之末〟」(一九九三年四月一日)、前掲、『朱鎔基講話実録』編輯組編『朱鎔基講話実録』第一巻、二八四頁。

(14)　前述したように一九九三年七月までには、一九九四年一月一日から分税制を中国全土で実施することが既定路線となっていたことは、朱の以下の発言からもうかがえる（前掲、朱鎔基「整頓財税秩序，加快財税改革」（一九九三年七月二三日）、三二五頁および三二六頁）。「財政体制改革は、もはや試点（全面的施行に先がけて、一部地域において限定的に試行すること）を行っている場合ではなく、直ちに始めなければならない。中央はすでに一九九四年一月一日から全国で財政体制改革を始めることを決定している」、「一九九三年のうちに財政体制改革に目途をつけなければ、一九九四年はさらに深刻な事態に直面することになる。今や試点をどこかの省で行っている場合ではなく、直ちに全国で実施しなければならないのである」と朱は強調した。

(15)　同右、三二六頁。

(16)　そのことは、朱による以下の発言からもうかがえる（同右、三二七頁）。「中央の収入を六〇％、地方の収入を四〇％とする一方で、中央の支出を四〇％そして地方の支出を六〇％にすれば、経済のマクロコントロール、地域間経済格差是正、物価安定、国防・外交などの役割を中央が担うことができる。とりわけ中央による経済のマクロコントロールとして有効なのが、財政移転制度である」、「ただし、一九九四年は地方の既得利益に配慮して、中央の各収入は以後少しずつ上げていく」として、地方の利益への配慮が示された。

(17)　同右、三二七頁。

(18)　同右、三二七頁。

(19)　前掲、朱鎔基「精心組織実施分税制改革」（一九九三年一一月二五日）、三九九頁。

(20)　大橋英夫「中央・地方関係の経済的側面─財政・金融を中心に」、前掲、天児慧編『現代中国の構造変動4　政治─中央と地方の構図』、七〇頁。

(21)　同右、七〇頁。

(22)　『広東省志』編纂委員会編『広東省志』（一九七九─二〇〇〇）8（財政税務巻）、方志出版社、二〇一四年、二〇頁。

(23) 朱鎔基「関於実行分税制問題致江澤民、李鵬同志並中共中央政治局常委的信」(一九九三年九月一八日)、前掲、『朱鎔基講話実録』編輯組編『朱鎔基講話実録』第一巻、三六八頁。

(24) 朱鎔基「分税制将会促進広東的発展」(一九九三年九月一六日)、同右、三五七頁。

(25) 同右、三六六頁。

(26) 同右、三五七頁。

(27) 同右、三六六頁。

(28) 同右、三六六頁。

(29) 前掲、朱鎔基「関於実行分税制問題致江澤民、李鵬同志並中共中央政治局常委的信」(一九九三年九月一八日)、三六九頁。

(30) 例えば、「広東省はもともと二〇〇〇年まで財政請負制を実施することになっていた。一九九二年の広東省の財政収入は二二三億元で、中央に二三億元を上納した後、二〇〇億元が手元に残った。一方、分税制の実施により、一九九四年から二〇〇〇年までに広東省から中央に二四〇億元が入るものの、それは広東省の財政収入の五%に過ぎない。一九九二年に一〇・三%の割合だったものが、二〇〇〇年になっても割合としては九・二%に過ぎないので、一九九二年と比べても、広東省の負担割合は必ずしも増えるわけではない」(同右、三六八頁)として朱鎔基は説得を試みた。

(31) また朱鎔基は、分税制を実施しても、広東省の取り分はそれほど少なくならないと理解を求めた。例えば、「分税制の導入により、一九九四年から一九九七年までは、広東省の財政収入の四%、二〇〇〇年までは五%多く取られることにしかならない。広東省が発展すれば財政収入自体が増えるので、その影響は大きくないはずである」(前掲、朱鎔基「分税制将会促進広東的発展」(一九九三年九月一六日)、三六一頁)、「一九九二年、広東省の財政収入は二二三億元で、中央への上納額は二三億元なので割合としては、およそ一〇%である。一九九三年には、広東省の発展により、上納比率は七%あるいは八%に下がる。しかも、一九九四年には四%に下がるので、一九九二年よりも割合は低くなる。二〇〇〇年の時点でも、中央は一〇九億元しか広東省から取らず、比率は九%程度に過ぎないので、分税制を実施しても、決して広東省にとって不利にはならない」(同、三六一頁)と朱は強調した。

(32) 同右、三六一頁。
(33) 同右、三六二頁。
(34) こうした一連の説得工作を経て朱鎔基は、「謝非や朱森林は、広東省の利益のために寸分も譲らず、少しでも利益を増やそうと必死に交渉してきた。それは広東省のみならず、すべての地方のための頑張りであったと思う」と評し、「広東省側との協議からは、分税制を実施する際に直面する困難を知る上で大変得るものがあった」と総括した(同右、三五八頁)。
さらには、「中央政府各部門の九六〇名あまりの担当者を引き連れて、広東省に分税制導入に向けての説得に来たが、安心してもらえたであろうか。まだ不安もあるであろうから、今後いっそう時間をかけ、すり合わせる必要がある」との認識を示すとともに、「広東省側が何を懸念し、何が大変で、何が問題なのかを身を以って理解でき、それに基づき分税制実施案の修正や補足を行った」のであった(同、三五七頁)。最後に、一連の説得工作を通じて朱鎔基は、「広東省に来て、分税制を実施する上での困難を実感できた」ことが収穫であったと締めくくった(同、三五八頁)。
(35) 同右、三五九頁。
(36) 同右、三六一頁。
(37) 同右、三六三頁。
(38) 同右、三六四頁。
(39) 同右、三六二頁。
(40) 同右、三六三頁。
(41) 広東省の経済を全国に先駆けて活性化させるために、一九七〇年代末に定められた方針を指す。その導入過程と実施過程については、以下の文献を参照されたい。前掲、磯部靖『現代中国の中央・地方関係』。
(42) 前掲、朱鎔基「分税制将会促進広東的発展」(一九九三年九月一六日)、三五九頁。
(43) 同右、三六六頁。
(44) 前掲、朱鎔基「関於実行分税制問題致江澤民、李鵬同志並中共中央政治局常委的信」(一九九三年九月一八日)、三六七頁。
(45) 同右、三七〇頁。
(46) 同右、三七〇頁。
(47) 同右、三六七頁。
(48) 同右、三七〇頁。
(49) 同右、三七〇頁。
(50) シンガポール、香港、台湾、韓国を指す。
(51) そのことは、分税制導入に向けた中西部地区への説得工作の際に、朱鎔基が示した以下の見解からもうかがわれる。「中央は地方から税を多く取って、地域間経済格差是正や重点建設に使う必要があるが、決して取り過ぎてはならない。そのようなことをしたら、分税制導入方案自体が通らなくなってしまう。そのため、まず最初に広東省に行って説得をした。もし、広東省が反対したら方案が通らないからである。また、広東省には今後とも貢献してもらわなければならないし、鄧小平同志も広東省に対して二〇〇〇年までに『アジア四小龍』に追いつく目標を課しているからでもある」、「広東省からは分税制導入により財政請負制の時よりも五％多く取ることになるが、かと言って、あまり多く取り過ぎてはならない。広東省とて困難を抱えているのであり、無理強いをすれば反発されて協力が得られなくなってしまうからである」と朱は強調した（前掲、朱鎔基「分税制改革有利於中西部地区発展」（一九九三年九月二五日）、三七四頁）。
一方、広東省に対する以上のような配慮に対して、中西部地区からは不満が表明されたようであるが、朱は以下のように述べ理解を求めた（同、三七四頁）。「分税制で中央財政を強めて、中西部地区を支援したいが、焦ってはならない。一九九四年は、地方の既得権益を温存して、一九九五年から少しずつ中央の取り分を増やしていく。そうしなければ、広東省から反対されて分税制導入は頓挫し、その責任を取らされて自分は罷免されてしまう」、それゆえ「分税制導入後も、地方の従来の利益を温存しつつ、少しずつ中央の財力を高めていく方針である」と朱は釈明した。
(52) 朱鎔基「会見美国財政部部長本特森時的講話」（一九九四年一月二〇日）、前掲、『朱鎔基講話実録』編輯組編『朱鎔基講話実録』第一巻、四七一頁。

また朱鎔基は以下のように付け加えた。「一九九三年に財政収入は二三％増えたが、そのうち地方が三五％増え、中央は逆に六・三％減った。それゆえ、分税制を導入しないわけにはいかなかったのである」（同、四七一頁）。

(53) 同右、四七〇頁。

(54) 同右、四七〇頁。

(55) 前掲、朱鎔基「精心組織実施分税制改革」（一九九三年一一月二五日）、四〇四頁。

(56) また朱鎔基によれば、「それだからこそ、地方に配慮しながら、慎重に進めていかなければならない。まさにそのようにしたからこそ、地方の支持を得ることができた」（同右、四〇二頁）との認識が示されている。

(57) そのことは一九九四年一月一日からの分税制の全国的施行を公布した文書からもうかがい知れる。例えば当該文書では以下のように、分税制施行の漸進的手法が表明されている。「地方の利益に配慮し、地方経済の発展や増収の積極性を高めるとともに、中央財政の比重を高め、経済のマクロコントロールを強める。発展した地方の勢いを維持するとともに、発展の遅れた地方や旧来からの工業地帯を支援する。共享税の地方への割り当て分は、中央の税務機関が徴収し国庫に入れる。まずは、主要な税を分け、その他の税は後から規範化していく。過渡的に現行の補助や上納は維持していく。このような方針の下で、分税制の基本的枠組を作り、実施の過程で徐々に改善していく」（前掲、国務院「実行分税制財政管理体制的決定」（一九九三年一二月一五日）、一四六三頁）とされ、分税制の実施を順調に推し進めるために、現行の基本的枠組は変えず、ある程度の時間を経てから徐々に規範化していくとされた（同、一四六五頁）。

(58) 同右、一四六六頁および一四六七頁。

(59) そのことは、朱鎔基の以下の発言からも裏づけられる。「分税制は、中央が地方から税を取り上げるが、そのほとんどは再び地方に返還されることになる。中央の収入で増えるのは、増値税の増加分がほとんどで、地方の既得権益はほぼ維持されるため、地方は支持してくれた。ともかく制度を刷新して、中央財政収入の割合をいずれ六〇％くらいにまで高めることが重要なのであって、決して地方を抑え込むことが目的ではない」（前掲、朱鎔基「精心組織実施分税制改革」（一九九三年一一月二五日）、四〇三頁）。

(60) 朱鎔基「深化改革，完善税制，強化征管」（一九九四年一二月一七日）、前掲、『朱鎔基講話実録』編輯組編『朱鎔基講話実録』第二巻、八二頁。
(61) 前掲、朱鎔基「整頓財税秩序，加快財税改革」(一九九三年七月二三日)、三二七頁。
(62) 同右、三二七頁。
(63) 前掲、朱鎔基「分税制将会促進広東的発展」(一九九三年九月一六日)、三六三頁。
(64) 前掲、広東省地方史志編纂委員会編『広東省志』(大事記)、八三二頁。
(65) 前掲、『広東省志』編纂委員会編『広東省志』(一九七九—二〇〇〇) 8 (財政税務巻)、二一頁。なお、残る六名は、他部門への異動ないしは退職したものと推察される。
(66) 同右、四七頁。
(67) 同右、二二頁。
(68) 同右、二二頁。
(69) 同右、二二頁。
(70) 朱鎔基「関於宏観経済工作和財税工作的幾個問題」(一九九六年一二月二〇日)、前掲、『朱鎔基講話実録』編輯組編『朱鎔基講話実録』第二巻、三八二頁。
(71) 同右、三八二頁。
それとともに税務機関に対する地方の影響力の大きさについて、朱鎔基は以下のように苦言を呈している(同、三八〇頁)。「地方政府は、地方税務局をわが子とし、国家税務局を他人の子として扱っている。省財政庁は地方政府の一部門であるため省指導者の指示に従うのは当然であるが、それと同時に国務院や財政部の方針や政策も実行しなければならない。それゆえ地方税務局は、国務院や財政部の政策に抵触することを地方政府から要求されても拒否しなければならない」。また、「地方税務局はあくまでも中央の政策を守らないといけない。たとえ地方指導者から報復を受け、左遷されたとしても、中央は決して見放さないので、過《あやま》たず正しいことを行え」と税務担当者に対して発破をかけているところからも、税務機関に対する地方の影響力の大きさがうかがわれる。
(72) 例えば、一九九七年一〇月には、地方内の税務機関とりわけ地方税務局への指導をめぐり、以下の通達が出された。

「省より下の地方税務局は上級税務機関と同級政府の二元指導を受けるが、上級税務機関による垂直指導を主とする。すなわち、地・県級の地方税務局の機構設置、幹部管理、人員編制、経費管理は、省級の地方税務局による垂直管理とする。また、地方税務機関による独立した業務執行を実現するために、地方財政機関との合併は解消する」（国務院「地方税務局管理体制問題的通知」（一九九七年一〇月二一日）、『国務院公報』一九九七年第三四号、一五〇六頁）。

(73) 例えば、一九九六年から広東省では省以下でも分税制が始められたものの（『広東省志』編纂委員会編『広東省志』（一九七九―二〇〇〇）6（経済体制改革巻・経済特区與開発区巻）方志出版社、二〇一四年、一五二頁）、「第一に、税源の大きいものは、中央と省に配分され、地・県級には細かくて額の小さいものしか割り当てられなかった。第二に、省内各地の間での経済格差が広がり、例えば、二〇〇〇年に収入が増えた地区の内訳は、珠江デルタ地区の八市が総額の九〇・九％を占めた一方で、後進地区は財政が逼迫するとともに、債務が増加したため、財政移転による支援を必要とした地級市と県は七七に達した。第三に、各級の権限と職責と財源が一致していない状況の下で、地方税の立法権は中央に握られているため、地方財政は硬直的な運営を余儀なくされ、中央が負担すべき支出まで強いられているとともに、地・県級で負担すべき支出を省が強いられている」（同、一五四頁）というような問題が深刻化していた。

(74) 前掲、『広東省志』編纂委員会編『広東省志』（一九七九―二〇〇〇）8（財政税務巻）、二二頁。

(75) 例えば一九九五年の財政工作が残した課題としては、「第一に、中央財政の赤字が大きく、債務負担も重い。第二に、県・郷鎮級財政がかなり厳しく、企業の効率も悪いことが足かせとなっている。第三に、脱税や予算内資金から「予算外資金」への付け替えなどの問題が横行し解決できていない。第四に、支出の伸びが大きく、一部の地方では、自前の基本建設が過剰であったり、行政職員の給与が未払いであったり、公的機関による食糧買い付け費用が未払いのまま残っている」（劉仲藜「関於一九九五年中央和地方預算執行情況及一九九六年中央和地方預算草案的報告―一九九六年三月五日在第八届全国人民代表大会第四次会議上」（一九九六年三月五日）、『国務院公報』一九九六年第八号、二九六頁）などの問題が指摘された。

(76) 同右、三〇一頁。

その他、以下の問題等も指摘された。「一四期五中全会において、二〇世紀末までに財政赤字を解消するとの方針が打ち出されたのは、経済の総量を規制し、マクロコントロールを強化するためであったが、分税制はまだ制度の改善を模索する段階なので、各種の優遇税制を廃止するにもまだ時間がかかる。とりわけ関税が削減されるなど、中央財政収入を減少させる要因が多い中で、赤字を圧縮するのは極めて難しいが、一九九六年は一九九五年よりも五〇億元赤字を減らす努力をした」（同、三〇一頁）。

(77) 例えば、「各地区と関係部門は、今後二か月で収入を積極的に増やすとともに、支出を厳格に抑え、災害支援以外は新規の支出を認めず、重点プロジェクトへの支出を加速させる。収入が予算を上回れば、これまで未解決であった問題解決のために使う。一九九六年の中央財政の赤字は予算で計上された額を突破させてはならず、地方財政も予算均衡を保つことを目指す」（国務院「関於編制一九九七年中央預算和地方預算的通知（摘要）」（一九九六年一一月一四日）、『国務院公報』一九九六年第三五号、一四〇〇頁）。

(78) その点について、一九九七年三月に開催された全国人民代表大会における財政部による報告では以下のように説明された。「一九九六年に支出が予算で計上された額を上回ったのは、地方を支援するための支出が増えたからである。例えば、地方での食糧買い付けのために一四億元、綿花備蓄のために四・二億元、開発区への還付金が二五億元、少数民族地区や貧困地区への支援に一四億元、被災地や財政が困難な省への補助などにより、中央財政からの支出が増えることになった」（劉仲藜「関於一九九六年中央和地方預算執行情況及一九九七年中央和地方預算草案的報告―一九九七年三月二日在第八届全国人民代表大会第五次会議上」（一九九七年三月二日）、『国務院公報』一九九七年第九号、三九六頁）と釈明された。

(79) 例えば、「農民の生産意欲を維持するために、一九九七年は食糧買い付けや綿花の備蓄のために支出を四〇億元増やす。貧困対策や少数民族地区、財政が困難な地方のために、財政移転を二五億元増やす」（同右、三九九頁）、また「一九九七年は政府機関や事業単位の職員の給与増額さらには香港返還のために支出が増えることから、中央財政の赤字は一九九六年度より四〇億元減らすのがやっと」（同、四〇〇頁）であるとの見方が示された。

(80) 国務院「関於調整証券交易印花税中央與地方分享比例的通知」（一九九六年一二月一六日）、『国務院公報』一九九六年第三八号、一五五八頁。

(81) 前掲、劉仲藜「関於一九九六年中央和地方預算執行情況及一九九七年中央和地方預算草案的報告」(一九九七年三月二日)、三九六頁。

また劉仲藜財政部部長からは以下のような問題提起もなされた。「財政収入は伸びていない。経済成長に比べて、税収の伸びが少ない。GNP(原文ママ)に占める財政収入の割合は下がり、とりわけ経済の発展している省は、財政収入の伸びが経済成長よりも著しく低い」(前掲、劉仲藜「関於一九九五年中央和地方預算執行情況及一九九六年中央和地方預算草案的報告」(一九九六年三月五日)、三〇二頁)として、その背景には、地方における以下のような問題があると指摘された。「一部の地方政府は、予算内資金を『予算外資金』に付け替え、予算管理や監査の目を逃れて、『小金庫』を作り、それらが賞与の乱発や浪費の温床となるとともに、税収や国有資産を流出させ、経済のマクロコントロールを弱め、汚職の温床になっている。これらの問題に対処するため、一九九六年度中に、脱税、『小金庫』、『予算外資金』について全面的に検査を行う」(同、三〇三頁)との対策が示された。

(82) 朱鎔基「在一九九五年中央経済工作会議上的総結講話」(一九九五年一二月七日)、前掲、『朱鎔基講話実録』編輯組編『朱鎔基講話実録』第二巻、二二九頁。

(83) 同右、二二九頁。

(84) また朱鎔基は、以下のような問題を提起した。「一九九六年は一九九五年より、財政収入が一〇〇億元増えたが、その多くは地方の収入である。中央も収入は増えたが、支出の伸びに追いついていない。そのため財政赤字は、一九九六年初めに百数十億元だったのが、同一一月末には三八〇億元にまで膨れ上がった。しかも、未納になっているのは大部分が中央税であり、このまま徴収できないでいると地方への税の返還もできないことになる」(朱鎔基「在一九九六年中央経済工作会議上的総結講話」(一九九六年一一月二四日)、前掲、『朱鎔基講話実録』編輯組編『朱鎔基講話実録』第二巻、三五八頁)との懸念を朱は表明した。

(85) 国務院「地方税務局管理体制問題的通知」(一九九七年一〇月二一日)、『国務院公報』一九九七年第三四号、一五〇六頁。

(86) 国務院「関於加強依法治税,厳格税収管理権限的通知」(一九九八年三月一二日)、『国務院公報』一九九八年第七号、三一二頁。
(87) 同右、三一三頁。
(88) 同右、三一三頁。
(89) また、国務院の以下の通達によれば、分税制導入後も地方では税の徴収が広範囲にわたって恣意的に行われていたことがうかがわれる。「屠殺税、牧業税などの管理権限を地方に下放した以外、その他の税種の管轄権はすべて中央にあるので、地方政府は恣意的に変更して、減免などをしてはならない。民族自治地区においても許可されているもの以外は不可である。地方税の減免も中央が定めた範囲でしか行ってはならず、各級税務機関は、期限通りに徴税して入庫しなければならない。人頭税を徴収したり土地の広さに応じて『攤派』することも禁止する。中央税を地方税に付け替えて入庫することも禁止である。各地区や関係部門は、一九九八年九月末までに、これらの問題への取り組み状況を国務院に報告することとする」(同右、三一三頁)との指示が出された。
(90) そのことは、朱鎔基の以下の指摘からもうかがえる。「輸出還付金に関する不正は、基層政府関係者がかかわっている。例えば普寧市の検察院は、人員が一人しかいない二七のペーパーカンパニーを設立するとともに、二九四の印章を作り、上海などに一六の拠点を設けて、偽の領収書四・九五億元分を作成し、八四二五万元相当の不正にかかわった。潮陽市と普寧市の国家税務局長は直接不正にかかわっていたが、税務部門全体にも不正が横行しており、犯罪集団に便宜を図っていた」(前掲、朱鎔基「深入開展打撃騙取出口退税的専項闘争」(二〇〇〇年一一月一七日)、五二頁)のであった。このように、分税制の適正な運用を担うべき税務部門関係者でさえもが、各地で不正に関与していたのである。
(91) 前掲、劉仲藜「関於一九九五年中央和地方預算執行情況及一九九六年中央和地方預算草案的報告」(一九九六年三月五日)、三〇〇頁。
(92) 以上の点を踏まえて、劉仲藜財政部部長は今後の目標について以下のように表明した。「一九九六年の任務は、分税制を改善することであり、現時点では、過渡的な仕方で財政移転を行っているが、さらに規範化に努めなければならない。具体的には第一に、各級政府間の職務権限の区分を適正化するために、関連する各種データを収集、整理、分析して研究を進める。第二に、省以下での分税制試行上の問題を解決する。第三に、地方税の体系をさらに改善する。第四に、基層レベルにおける財政面での困難に対処する」（同右、三〇一頁）。

(93) そのような不満に対して、朱鎔基は以下のように釈明した。「（財政請負制の下で）上納分が多かった省が、分税制導入以降も、かつての上納分と同じように資金を取り上げられると不満を表明している。しかし、分税制導入後は地方へ税の返還が行われているので、実際には中央の収入はそれほど増えていない。分税制は漸進的な進め方で地方の利益を保護する代わりに、暫定的に、かつての上納分に相当する資金を従来通りに取らざるを得ない。なぜならば、そうしなければ、中央財政の赤字が増えるばかりだからである」（前掲、朱鎔基「深化改革，完善税制，強化征管」（一九九四年一二月一七日）、八〇頁）。

さらには以下のように、分税制導入後も中央財政が厳しいことを理由に理解を求めた。「もともと財政請負制の下では、一九九四年の上納増加分は取らない予定であった。例えば、江蘇省は一九九三年に八〇億元を上納していて、財政請負制の下では毎年五%ずつ上納額を増やすことになっていたので、一九九四年の上納額は八四億元となるものの、当初、増加分の四億元は取らない予定であった。しかし、一九九四年は中央財政が厳しいので、増加分も含めた八四億元を取ることにした。一九九五年はできれば取らないことにしたい」（同、八〇頁）と釈明に追われた。

また、地方からの不満を踏まえて、中央は以下のように歩み寄りの姿勢を示した。「一九九五年から、これまで上納してきた地方に対して、毎年上納額を増やす方法を改め、一九九四年の金額で今後毎年上納していくように固定した。一方、定額で上納や補助をしてきた地方に関しては、変更はない。一九九四年の上納額の合計は六〇八・五四億元であったが、今後も変わることはない」（劉仲藜「関於一九九四年国家預算執行情況和一九九五年中央及地方預算草案的報告──一九九五年三月六日在第八届全国人民代表大会第三次会議上」（一九九五年三月六日）、『国務院公報』一九九五年第九号、三五三頁）。

(94) 同右、三五五頁。

(95) そのことは、分税制策定をめぐる朱鎔基の以下の発言からもうかがえる。「財政部から中央政府各部門に支出し、さらに各部門から地方に給付される資金は三〇〇億元あまりある。そこには計画出産経費、小中学教師資格訓練補助など一〇〇項目あまりが含まれている。これらの資金はもともと地方から徴収して、それが中央政府各部門を通じて地方に配分されるものであるが、使途に関して制限が厳しいため、機動的に使用することができない。このような資金を分税制導入後は廃止しようとしたが、そうすると中央政府各部門から地方に配分する資金がなくなるとの異論が強かったため、党中央政治局常務委員会で保留することに決められた」（前掲、朱鎔基「分税制将会促進広東的発展」（一九九三年九月一六日）、三六五頁）。

(96) このような状況について、朱鎔基は以下のように懸念を表明した。「現状では、中央の支出責任が大きいため、中央政府各部門を通じて地方のために多額の支出をしているが、これは減らせないものなのか。現在、中央は地方から五〇〇億元以上を上納されているが、その後、中央政府各部門を通じて、三〇〇億元あまりを返還しているので、中央は実質上二〇〇億元あまりを取っているに過ぎないではないか」（前掲、朱鎔基「深化改革，完善税制，強化征管」（一九九四年一二月一七日）、八三頁）。

(97) 具体的には、以下のような指示が行われた。「沿海地区の豊かな省には、もう補助を行わなくてもよいのではないか。中央の取り分は二〇〇億元で、それは中央のために使うのはもとより、地域間経済格差是正や社会保障のために使うのはどうであろうか。是非、この問題について財政部と国家税務総局で鋭意検討をして欲しい」（同右、八三頁）。

(98) 江澤民「建立穏固、平衡、強大的財政」（二〇〇〇年一月一九日）、前掲、中共中央文献研究室編『江澤民文選』第二巻、五一四頁および五一五頁。

(99) 同右、五一六頁。

(100) 張忠任『現代中国の政府間財政関係』御茶の水書房、二〇〇一年、二〇七頁。

(101) 楼継偉主編『深化財税体制改革』人民出版社、二〇一五年、五二頁。

(102) 同右、五一頁。

その一方で、「中央財政支出は財政支出全体の一四・六％に過ぎないが、地方の支出割合は八五・四％であるので、実際は中央が財政移転を通じて地方に支出させていることになっている。そのため、中央が地方に過度に干渉することになる一方で、基層財政支出の負担が重くなっている」（同、五二頁）との問題が指摘されている。

(103) 従来の研究のほとんどにおいては、一九九四年の分税制導入までしか分析対象にしておらず、その後の実態についての研究が不足しているとの任哲による以下の指摘は的を射ている。

「多くの研究は、分税制改革に至るまでの中央政府と地方政府間の内部力学について研究するか、あるいは分税制改革前後の比較を通じて財政関係の変化に注目しただけで、その後の変化を追っていない」、また「分税制改革という『一回限り』の出来事あるいは統計分析に表れた特徴を示す段階で終止し、分税制改革以降の中央・地方関係にどのような変化が生じたのかについては、それほど関心が持たれてこなかった」（前掲、任哲『中国の土地政治』、八頁）。

第三章　未完の再集権

はじめに

これまで繰り返し紹介してきたように呉国光は、一九九〇年代半ば以降の再集権により「中央が強くなり、地方が弱くなった」との説を唱えた。この説に関して、第一章では組織・人事面での再集権、第二章では財政面での再集権という観点から検証を行ってきた。そこで本章では、一九九〇年代半ば以降に推し進められた再集権の試みにもかかわらず、「乱収費」や「地方保護主義」などの問題が深刻化した実態を考察することを通じて、呉による前記の説の前提となっている、肝心の再集権自体が、そもそも実現できていたのかという問題を検証していきたい。具体的には第一節で、「乱収費」問題の深刻化、不動産開発ブーム、「地方保護主義」の蔓延を事例として再集権の実態を検証し、第二節で、分税制導入と「予算外資金」問題の関連を明らかにし、第三節で、再集権と軌を一にして行われた財政再配分と農民負担軽減の試みとその限界について考察したい。

第一節　再集権にもかかわらず顕在化した諸問題

以下では、度重なる取り締まりにもかかわらず、一九九〇年代半ば以降、深刻化していった「乱収費」、不動産開発ブーム、「地方保護主義」の問題を考察することを通じて、再集権の実態について検証したい。

1　「乱収費」問題の深刻化

分税制導入以降も中央財政の厳しい状況は変わらず、財政再配分による地域間経済格差解消実現にはほど遠かった。とりわけ基層レベルの財政が厳しかった状況については、一九九五年三月に開催された全国人民代表大会において劉仲藜財政部部長が行った報告からもうかがえる(1)。このような厳しい財政状況の中で、基層レベルにおいては税収不足を補うための「乱収費」が蔓延していった。

(1)「乱収費」の蔓延

こうした事態を受け、李鵬総理は次のように、「乱収費」の深刻化に対して懸念を示すとともに厳しく対処していく姿勢を示した。「現在、最も深刻な問題は『乱収費』である。とりわけ、公道、小中学校、農民、企業への『乱収費』、『乱攤派』は深刻である。例えば、ある都市の重点中学への入学には十数万元もの収費（公的サービスの受益者から徴収する費用や料金）を要求されるばかりか、それ以外にもあまりの資金集めの多さに対して、多くの生徒たちが集団で抗議をしている。また、農民への収費に関連して死傷者まで出た。実際のところ、それらの収費は、各地方、関係部門、各種団体の利益のためのものである。今後これらの収費は、どの地方あるいは関係部門の文書が裏づけとなり、どの幹部が許可したものなのか、集められた資金は何に使われたのかを追及していく」[2]。その他、「中央の規定に反する収費はすべて禁止する。収費で集められた資金は、返還するか国庫に入れることとする。さらには、収費の裏づけとなる文書の責任者を追及する」[3]として、李は「乱収費」問題に対して厳しく対処していく姿勢を示した。

ところが「乱収費」問題は収束するどころか、一九九〇年代末の時点に至っても深刻さの度合いを増していたことが、一九九九年三月に開催された全国人民代表大会における財政部による以下の報告からうかがい知れる。それによると、「地方政府や関係部門がかかわった『乱収費』は深刻で、収費が税収を圧迫し、国家の財源の大流出へとつながっている。GDPに占める財政収入の割合は依然として小さく、大量の資金が予算の管理監督を受けていないままになっている」[4]と指摘された。

「乱収費」問題の中でも、とりわけ深刻であったのが農民負担問題である。実際のところ農民負担は多岐にわたっており、一九九六年末、党中央と国務院は共同で、農民負担問題への懸念を表明した[5]。こうしたことから、農村での経費不足を補うために、農民負担が深刻化していた状況がうかがえる。

その他、農村では教育資金の不当な徴収や教育資金の流用も問題化していた。例えば、農村での義務教育の九年制を実現したり、青壮年から文盲をなくすことを名目に、一部の地方では高過ぎる目標を掲げ、過大に資金集めをするために「乱集資」や「乱収費」が激しくなっている一方で、集められた資金が流用されていると国家教育委員会等から指摘された[6]。

一九九九年になると、一向に収束の目途が立たない農民負担問題の解決に向けて、農村部等の関係部門が対策に乗り出した。例えば、農民負担の軽減は農民の増収と農村の安定にとって重要であり、とりわけ一九九九年か

表3－1

・結婚登記、小中学校入学、住宅建設、計画出産に際しての便乗収費を禁ずる。
・1999年のうちは、農村における小中学校の「危険校舎」改築以外での資金集めを禁止とする。
・保険加入や雑誌定期購入などの強制は禁止とする。
・郷鎮級機関の定員は凍結し、村幹部は兼職にして人員を減らす。

ら農産物の価格が下がり農民の収入が減少している状況下、農村の安定と内需の拡大のためにも、農民の負担を軽減させることは重要であるとの認識に基づき、表3－1のような対策が打ち出された(7)。

(2) 中央政府各部門による収費の正当化

以上のように一九九〇年代後半以降、「乱収費」は大きな社会問題となっていたが、いくら禁止し取り締まりを行ったとしても、収束の兆しを見せなかった。その一因として、どんなに党中央と国務院が「乱収費」を禁止する通達を出したところで、中央政府各部門が各々の権限に基づき依然として収費を正当化していたことが考えられる。

実際のところ一九九〇年代前半にも、同様の問題が深刻化しており、江沢民や李鵬が取り締まりを指示したものの、中央政府各部門や省級政府各部門は独自に文書を下達して抵抗したために、農民負担が解消されないという問題がクローズアップされていた(8)。

すなわち、農民負担の根拠となっていたのは中央政府各部門や省級政府各部門による文書であり、収費は各部門の資金源ともなっていたため、取り締まるのが容易ではなかったのである。そこで、党中央辦公庁と国務院辦公庁は、中央政府各部門がかかわる収費項目を廃止することを決定した。具体的には、「農民負担問題は経済問題であるばかりでなく政治問題でもあり、経済発展のみならず、農村ひいては国家の安定にも関係するものである。そこでまず、中央政府各部門が主管する三七の収費を廃止する」[9]との方針が示された[10]。

しかしながら、それらの収費項目が廃止されたとしても、時が経つと、また別の名目で同様の収費項目が復活していた。こうしたことから一九九九年になると、「乱収費」問題の元凶であるとされる、中央政府各部門が主管する収費に再度目が向けられるようになり、財政部は中央政府各部門による「乱収費」問題を批判したのであった[11]。

2 不動産開発ブーム

一九九〇年代半ば以降に再集権が推し進められた時期に、なぜ不動産開発ブームが起こったのであろうか。以下では、この問題を考察することを通じて、再集権の実態を検証したい。

(1) 不動産開発ブームの出現と取り締まり

一九九〇年代後半には不動産開発が過熱し、党中央や国務院による度重なる抑制措置にもかかわらず、さながら不動産開発ブームの様相を呈するようにさえなった。そのため国務院は、まず高級不動産建設ラッシュへの規制に乗り出した[12]。それと同時に、沿海地区の大中型都市は不動産関連収入の五〇%を、それ以外の地区は同収入の三〇%を農業や重点建設に使用するようにとの通達も出された[13]。そのことからも、この時期の不動産開発ブームの背景には不動産絡みの収益が関連していたことがうかがわれる。また以上の通達からちょうど一年後の一九九六年五月にも同様の通達が出されており、後者の通達からは依然として不動産開発ブームが収束しておらず、地方政府が乱開発を助長している様子が垣間見られる[14]。

翌一九九七年になっても不動産開発ブームは収束せず、同年四月に党中央と国務院の共同で出された通達では、近年、一部の地方では、耕地の乱開発により耕地面積が減少して、そのことが農業生産に影響し、社会の安定に悪影響を及ぼしているとして[15]、耕地の乱開発への警戒が示された。こうした懸念を背景に、各省に対しては厳格に耕地の総量を監督しなければならないとの指示が出された[16]。

それと同時に、耕地保護のための対策が打ち出された。それによると、「一九九七年は、非農業建設プロジェクトによる耕地占有を禁ずる[17]」とともに、「耕地をゴルフ場、歴史地区再現、遊園地、高級別荘などの高級不動産に転用したり、教会や廟にすることを禁ずる[18]」こととされた。

ところが、以上のような党中央と国務院による通達にもかかわらず、一九九九年に至っても農村での不動産開発ブームは収束の気配を見せなかった。例えば、同年五月、国務院辦公庁は農村で依然として横行する違法な土地取引について、以下のように懸念を示した。「一部の地方では、現在も土地使用権の違法な取り引きが続いている。とりわけ、農村における集団所有の土地に関する違法取り引きが深刻で、果樹園や荘園の名目で土地転がしを行い、違法に資金集めが行われている[19]」。

こうした実情を踏まえて、土地バブル出現を抑え農村を安定させ、農民の利益を守らなければならないとの認識の下に、国務院辦公庁は以下の対策を打ち出した[20]。

・農村の集団所有地は、非農業目的の建設に転用してはならない。
・農村住宅を都市住民が借りたり、都市住民が農村の集団所有地に住宅を建ててはならない。
・農業用地で別荘、休暇村、娯楽施設などの不動産開発をしてはならない。

さらには、以上の問題への対応に関して各省級政府に対し、一九九九年末までに国務院に取り組み状況を報告するようにとの指示も出された[21]。

(2) 中央政府各部門の既得権益としての土地関連収費

以上のように一九九〇年代後半以降、党中央や国務院が中心となり様々な対策を打ち出したにもかかわらず、不動産開発に関連する問題は、一九九九年に至っても収束の気配を見せていなかった。その背景には、不動産開発による収入が中央政府各部門の資金源でもあるため、抵抗が強かった事情もあったものと思われる。

例えば、国家計画委員会と財政部による以下の通達からも、不動産関連の収費が中央政府各部門の資金源となっていたため、取り締まりを実施する上での障害となっていたことがうかがわれる。「近年、不動産業の発展にともない、建設プロジェクトへの『乱収費』が問題化している。それにより住宅価格が跳ね上がり、不動産業の健全な発展を阻害しているばかりでなく、汚職の温床ともなっている。不動産価格の不当な高騰を抑え不動産業者と購入者の負担を減らすとともに、住宅建設の持続的発展を促進して経済成長に資するべく、一部の建設プロジェクトに関する収費を廃止する。内訳は、合計一四部門が主管する四八の収費が対象となる[22]」とした上で、すでに廃止している収費も含めて、いかなる理由があろうとも復活させてはならず、国務院からの具体的な指示がないなどの口実で、中央政府各部門が収費の廃止に抵抗しても無効であるとの見解が示された[23]。

このように、度重なる規制にもかかわらず、不動産開発ブームが収束しなかった背景には、地方政府の経費不足のみならず中央政府各部門の既得権益にかかわる問題があったことがうかがわれる。

表3－2

・湖北省宜城市龍頭郷と同市鄭集鎮は無許可で工場を作り、当地の工商部門と綿花市場管理小組と結託して綿花の加工販売を行い検査も拒否した。
・安徽省渦陽県曹市鎮政府は無許可で工場を作り、綿花を同鎮政府以外に売ることを禁じた。
・江西省万年県珠山郷政府は無許可で工場を作り綿花を供銷社に売ることを禁じたばかりか、もともと供銷社にあった綿花を運び去り同社に綿花を売った農民に罰金を科した。
・河南省光軍県太陽郷の綿紡工場は高値で綿花を買い取る一方で、検査を拒否した。
・河南省慮城県供銷社所属の綿紡工場は同県政府による支持の下で、他の郷鎮の供銷社からも綿花を買い入れて使用した。

3 「地方保護主義」の蔓延

一九九〇年代半ば以降には、各種「地方保護主義」[24]の問題も深刻化した。呉国光によって「中央が強くなり、地方が弱くなった」と主張された一九九〇年代半ば以降になっても、なぜ「地方保護主義」の問題は猖獗を極めたのであろうか。この問題を考察するために以下では、一九九〇年代半ば以降、国務院から問題視された「地方保護主義」の様々な形態を考察していきたい。

(1) 綿花に関する違法行為

まずは、綿花に関する「地方保護主義」を見ていきたい。国務院辦公庁が一九九四年一〇月に発した文書によれば、国家の規定に反して、綿花を買い占めて資金を稼ぐという形態の「地方保護主義」が表3－2のように各地で蔓延していたことがうかがえる[25]。

その他にも表3－3のように、国営農場や基層政府が結託した綿花に関する「地方保護主義」の事例が紹介された[26]。

また、これだけ多くの違法行為が発覚した後も依然として、一部の地・県級政府は対応や処分をしていないと国務院辦公

表3－3

・湖北省武穴市万丈湖農場は公然と文書で綿花を供銷社に売ることを禁じ、市場に流して売った農民に罰金を科した。
・湖北省嘉魚県興敦農場は非綿花経営単位に綿花を買い取らせ横流しすることで、供銷社の業務を妨害した上に抵抗した職員を殴打した。
・江蘇省阜守県の支持の下で、同県の陳良村と溝敦鎮農業科学ステーションは綿花工場を名乗り、綿花を違法に買い取った。

庁が批判しているように[27]、綿花に関する「地方保護主義」は、基層政府の保護の下に横行していたのである。

（2）　知的所有権侵害問題

次に、一九九〇年代半ばに米国との大きな外交問題にも発展した、知的所有権保護をめぐる「地方保護主義」について見ていきたい。この問題は、一九九〇年代半ば以降に深刻化した「地方保護主義」の問題を考察する上で極めて重要ではあるが、知的所有権保護に関する問題が最も深刻であった広東省を事例とした詳細な事例研究を別稿にてすでに行っているため[28]、ここでは一九九五年三月に発せられた文書を基に、中国政府による対応の概要のみを見ておきたい[29]。

知的所有権保護を徹底させるために、中国政府は一九九五年三月一日から六か月間を特別執行期間とする一方で、八月三一日になっても被害の減少が見られなければ、さらに期間を延長するとの対策を打ち出した。その際、七月一日までは、とりわけ問題が深刻であった音響・映像製品やコンピュータソフトに力を入れることとされ、一九九五年一〇月一日までに、各地での取り締まり状況を国務院に報告するようにとの指示が出された。

それと同時に報道機関に対しても、「地方保護主義」のために知的所有権が侵害されている問題を広く知らしめることが求められた。また同文書では、「地方保護主義」の影響を排除して知的所有権を守ることの重要性が強調されていることからも、「地方保護主義」と知的所有権侵害の問題が関連していることが、中国政府に強く認識されていたことがうかがわれる。

しかしながら、こうした取り組みにもかかわらず、知的所有権侵害の問題は根絶できず、「米中貿易戦争」とも称される現在の状況と同様に、当時においても米国との外交関係に少なからぬ影響を及ぼしていったのであった。

（3）偽物劣悪製品の蔓延

次に、一九九〇年代後半以降、大きな社会問題となった偽物劣悪製品の蔓延と「地方保護主義」の関連について見ていきたい。一九九六年一月に発せられた国務院辦公庁の文書によれば、一九九二年から各地で偽物劣悪製品に対する取り締まりが行われてきたにもかかわらず、一部の地方では問題が依然として深刻で、国家や人民の利益、社会の安定に悪影響を及ぼしているとの認識が示された[30]。

偽物劣悪製品の中でも、とりわけ問題になっていたのは違法薬品の製造販売であった。以下では、この問題と「地方保護主義」の関連を中心に見ていきたい。一九九六年四月に発せられた国務院辦公庁の文書によれば、無許可あるいは許可証のまた貸しなどによる違法な薬品販売をはじめとして、違法な薬品市場が取り締まられても再開していたり、一部の地方では地元政府の責任者からの支持と保護を受けて、違法な偽物劣悪薬品が作られているにもかかわらず、取り締まりがきちんと行われていないなどとの問題が指摘され[31]、「地方保護主義」と違法薬品の製造販売は密接に関連しているとの認識が示された[32]。

以上のように、国務院が中心となり再三にわたり取り締まりに乗り出しても、ほとぼりがさめると同様の問題が繰り返されるのであった。例えば、一九九八年一一月に国家薬品監督管理局から発せられた以下の文書は、いくら取り締まりを行っても、繰り返し違法薬品市場が再開されている問題を指摘している。「最近、一部の地方では国家の規定に反し、無許可で各種の薬品市場を開き、違法に薬品取引を行っている。しかも、かつて取り締まられた違法薬品市場も再び営業している。それらは犯罪集団に違法薬品を販売する場を提供することで、違法薬品を氾濫させ人民に被害を与えている[33]」。また、この問題は「地方保護主義」が深く関連しているとされ、「各級政府は大局的観点から断固として『地方保護主義』を克服し、各種の違法薬品市場を取り締まらなければならない。あわせて、地方各級政府の指導者による薬品販売に対する管理状況を考課の対象にすることとする[34]」との対策も示された。

こうして、様々な対策が講じられてきたものの、一九九九年に至っても薬品取り引きにかかわる不正は依然として後を絶たなかったため、党中央と国務院もこの問題への対策を重要視していた[35]。しかしながら同時に、薬品取り引きにかかわる不正は複雑で広範囲にわたっているため、解決の難しい問題であるとも認識されていた[36]。そのため、地方各級政府指導部は大局的観点から地方ないしは関係部門による保護主義を克服し、国家の法律や政令の実施を保証しなければならないと、あらためて呼びかけられた[37]。しかし「地方保護主義」と違法薬品取り引きは関連していることから、国務院が中心となって再三にわたり対策に乗り出したにもかかわらず、取り締まりは困難を極めたのであった。

第二節　分税制導入と「予算外資金」問題

第一節では一九九〇年代半ば以降に深刻化した「乱収費」、不動産開発ブーム、「地方保護主義」の問題を見てきたが、それらはいずれも地方の利益と密接に関連していたと言えよう。そこで、これらの問題を考える上で重要なのは「予算外資金」の存在である。なぜならば、予算内資金については分税制導入後、中央による統制が一定程度強化されたと見られるものの、「予算外資金」に関しては中央が関与することが困難であったからである。そのため、分税制により予算内資金への統制が強められた地方の側は、「予算外資金」を活用することによって必要経費の不足を補っていたものと考えられる。したがって、先に見たような「乱収費」、不動産開発ブーム、「地方保護主義」の背景を理解する上で、「予算外資金」についての考察は不可欠であると思われる。そこで以下では、一九九〇年代半ば以降の「予算外資金」に関する諸問題とそれへの対策を見ていくことで、組織・人事面および財政面での再集権が試みられたにもかかわらず、「乱収費」、不動産開発ブーム、「地方保護主義」の問題が深刻化した背景を明らかにしたい。

1 「予算外資金」の定義と関連する諸問題

そもそも「予算外資金」とは何なのであろうか。分税制に関して論じられる際は往々にして予算内の資金についてしか考察が及んでいない場合がほとんどであるが、それだけでは中央と地方の間の利害関係の全体像を論じたことにはならない。なぜならば、中国において極めて重要な役割を果たしている「予算外資金」への考察が欠如しているからである。

ことほど左様に、「予算外資金」は重要であるにもかかわらず、これまで深い考察がなされてこなかったのには理由がある。それは「予算外資金」とは極めて多岐にわたるとともに、非制度的側面が少なからずあるため、体系的かつ深い考察を行うことが困難だからである。しかしながら、一九九〇年代半ば以降、中央指導部が「予算外資金」の問題への対策を強化する方針を打ち出したこともあり、そのほんの一端が一定程度明らかになってきている。そこで以下では、「予算外資金」に関連した諸問題を考察してみたい。

国務院は一九九六年七月に、「予算外資金」とは、国家機関、事業単位、社会団体が公的業務を履行ないしは代行するために、法や規定に基づき徴収して使用する、国家の予算管理に入らない各種の財政性資金のことを指すとの定義を行った。具体的には、法や規定に基づく行政事業性収費、基金、付加収入等、国務院や省級政府をはじめとする各級政府部門が定めた行政事業性収費、国務院や財政部が認可した基金や付加収入、各主管部門の所属単位から上納された資金、郷鎮級政府が独自に調達した資金、その他の予算管理に入っていない資金などが「予算外資金」に含まれるとの考えが示された(38)。

その一方で国務院は、「予算外資金」の存在意義を認めつつも管理強化の必要性を説き、以下のような問題を指摘した。「『予算外資金』は、経済建設や社会事業の発展に一定の積極的役割を果たしてきたが、恣意的に予算内資金を『予算外資金』に付け替えたり、無闇に基金や収費項目を作って、国家の財政収入を流出させることで、『予算外資金』が膨張している。また、『予算外資金』は財政管理や人民代表大会の監督から逃れて、乱用が深刻化している。それによって、国家の財政資金が分散して固定資産投資や消費基金が膨張するとともに、汚職の温床となっている(39)。

同様に財政部も以下のように、「予算外資金」は各地の経済発展や社会事業に貢献してきたものの、問題が少なからずあると指摘した。「近年、行政事業性収費、基金、罰金収入による『予算外資金』が大幅に増加した。それにより、経済建設や社会事業の発展に対して一定の積極的役割もあったが、統一的管理や監督の欠如により、『予算外資金』の設立、使用、管理に関連した問題が、ますます深刻になってきている。一部の地方や関係部門は財政収入を大量に隠蔽するために、予算内資金を『予算外資金』に付け替えたり、無闇に基金や行政事業性収費を作って、その範囲や金額を際限なく拡大させている。その結果、給与や賞与の乱発、浪費、投機、計画外の投資が増えるとともに、『小金庫』が作られて汚職の温床となっている(40)」。

2 「予算外資金」取り締まりの試み

「予算外資金」に関する以上のような問題に対処するために、財政部を中心に様々な対策が試みられた。

(1) 「小金庫」の取り締まり

一九九五年には、「予算外資金」として得た資金を隠匿するために設けられている「小金庫」への一斉摘発が行われ[41]、一九九六年三月には李鵬総理も、予算内資金を「予算外資金」に付け替えて財政収入を誤魔化したり「小金庫」を設けることを禁止すると述べ[42]、「小金庫」の取り締まりが「予算外資金」に関連した問題を解決する上で重要であるとの認識を示した。

こうして一九九五年から展開された「小金庫」への摘発に引き続き、一九九六年からは「予算外資金」への取り締まりが本格化した。例えば、財政部等は「予算外資金」についての全国的調査を一九九六年五月から同年九月にかけて実施することを決定した。この決定に基づき、地方各級政府による直接指導の下、財政、計画、物価、監査、人民銀行、監察などの部門が共同で調査を実施することになった[43]。

以上の調査と合わせて一九九六年七月に国務院は、「予算外資金」の管理を強化することを決定し、それまでほぼ野放しとなっていた収費による収入を予算に組み込むことによって、「予算外資金」に対する管理を強化するとの方針を示したのであった[44]。

(2) 「収支両条線」の試み

一九九九年には「予算外資金」問題解決の切り札として、「収支両条線」と呼ばれる管理方式の徹底が推進されることになった[45]。「収支両条線」とは、「予算外資金」の大きな資金源となっている収費や罰金を徴収する部門と、それらによる収入を支出する部門を分けて管理する方式のことである。審計署によれば、行政事業性収費と罰金収入を「収支両条線」によって管理することは、汚職を根本から防ぐための重要な措置であるとして[46]、その意義が強調された[47]。

一方、このように「予算外資金」問題解決の切り札として「収支両条線」による管理を実施させるとの方針が示されたが、その方針が徹底されるか否かは未知数であった。実際のところ、中央政府各部門では一九九八年から「収支両条線」の試点を行ってきたものの、抵抗が極めて強く困難に直面し、二〇〇〇年代に入っても試点の段階に止まっていた[48]。例えば二〇〇二年末の時点においても、依然として三四の中央政府部門で試点を行っている段階に止まったままであった[49]。

ここまで、「予算外資金」に関する問題および対策を見てきたが、「予算外資金」とはまさに「必要悪」であるということが浮き彫りとなった。なぜならば「予算外資金」の存在は、「乱収費」等の問題の温床となってきたものの、その一方で前述したように、「予算外資金」は経費不足を補うための貴重な資金源でもあったからである。すなわち、中国は国土が広く各地の状況も極めて多様であるため、すべての経費を予算に組み込んで管理するのは現実的ではなく、「予算外資金」という形で必要経費の不足を補わざるを得ず、現在に至っても「必要悪」として存続し続けていると言えよう。そのことは、一九九八年に財政部が制定した「行政単位財務規則」からも裏づけることができる。例えば同規則の第一〇条において、「行政単位の『予算外資金』収入は、経常性収入の不足や必要とされる特定の事業に使うものとする[50]」と規定されており、「予算外資金」は経費不足を補うためのものとして容認されていたのである。

こうした背景の下、度重なる取り締まりにもかかわらず、「予算外資金」を獲得すべく、各地において「乱収費」、不動産開発ブーム、「地方保護主義」の問題が後を絶たなかったと考えられる。

第三節　財政再配分と農民負担軽減の試み

ここまで見てきたように、度重なる取り締まりにもかかわらず、「乱収費」、不動産開発ブーム、「地方保護主義」の問題は根絶できなかったわけであるが、以下では、それらの背景にある各地における経費不足の問題を解決すべく、一九九〇年代後半に打ち出された財政再配分や農民負担軽減の試みを考察したい。

1　財政移転拡充の試み

第二節で既述したように、「予算外資金」はまさに「必要悪」としてその存在を容認せざるを得ないものであったが、「予算外資金」にまつわる問題を逓減させるためにも、各地における経費不足の状況を改善する必要があった。そこで一九九八年以降、中央から地方への財政移転を拡大させるとともに、省級から県級への財政移転もあわせて促進するとの対策が打ち出された。例えば、一九九八年三月に開催された全国人民代表大会において劉仲藜財政部部長は、一九九八年は中央財政による財政移転の規模を拡大させるとともに、各省においても省内での財政移転を拡大させるために、移転方法を規範化して県級財政の改善を図ることとするとの方針を示した[51]。

引き続き一九九九年にも、地方への財政移転をさらに拡大させる方針が示された。例えば、一九九九年三月に開催された全国人民代表大会において項懐誠財政部部長は、「一九九九年は財政移転を拡大させ、各地域経済の協調的発展を図る。地方に対する税の返還を五六億元増やして、少数民族地区や経済後進地区への貧困対策のための資金を二二億元増加させる。国有企業改革にともなう従業員の生活保障や再就職支援のために、とりわけ中西部地区や旧来からの工業地帯には、地方財政だけでは賄いきれない分を特定項目財政移転資金給付として補助する[52]」など、財政移転を拡充させる方策を示した。

2 農民負担軽減のための試み

また一九九〇年代半ば以降、大きな社会問題となっていた農民負担についても、対症療法的な取り締まりばかりでなく、抜本的な対策が試行され始めていた。まず第一に挙げられるのは、農民負担軽減への取り組みを地方幹部に対する人事考課の基準とすることで、事態を改善させようという取り組みである。早くも一九九六年末には党中央と国務院が共同で、この方針を示していた(53)。一九九九年にも、あらためて農民負担問題と基層幹部に対する人事考課を連動させる方針が示された(54)。

第二に重要なのは、二〇〇〇年代以降に本格化する、農民負担軽減のための税費改革の試みを一部の地方で先行して推進していく方針が示されたことである。一九九六年末に発せられた党中央と国務院による共同文書によれば、例えば「農民負担軽減は切迫した政治課題であり、長期的に取り組むべき問題でもある。抜本的解決を図るためには、改革を深化させるしかない。一部の地方で行われている農民負担の分散化や食糧生産地区で行われている税費改革の模索は継続させるとともに、今後、様々な試みを行っていく(55)」との目論見が示された。さらに一九九九年になると、税費改革は重点政策の一つとして掲げられるようになった。例えば、一九九九年三月に開催された全国人民代表大会において項懐誠財政部部長は、任期中の重点目標として税費改革の実施を掲げた(56)。

以上のように一九九〇年代半ば以降、再集権の推進と時を同じくして深刻化した「乱収費」や「予算外資金」などの問題に対処するために様々な対策が打ち出されていったものの、第一節や第二節において見てきたように抜本的解決には至らず、それらの問題を解決するという課題は二〇〇〇年代以降に持ち越されることになったのであった。

おわりに

本章では、一九九〇年代半ば以降に深刻化した「乱収費」、不動産開発ブーム、「地方保護主義」そして「予算外資金」の問題などを事例として、一九九〇年代半ば以降の再集権により「中央が強くなり、地方が弱くなった」とする、呉国光が唱えた説の前提となっている再集権自体が、そもそも実現できていたのかという問題を検証してきた。本章における考察を通じて、一九九〇年代半ば以降に推し進められた再集権の試みにもかかわらず、「乱収費」、不動産開発ブーム、「地方保護主義」の問題が深刻化した背景や、それらの温床となっている「予算外資金」に対する取り締まりの限界を明らかにしてきたが、そのことにより、呉が唱えた説の問題を浮き彫りにできたものと思われる。すなわち、一九九〇年代半ば以降に推し進められた再集権により「中央が強くなり、地方が弱くなった」との説の前提となっている再集権自体が、そもそも中央指導部が意図した通りには実現できていなかったというのが本章における考察を通じて得られた結論である。

さて、本章で考察してきた「乱収費」、不動産開発ブーム、「地方保護主義」そして「予算外資金」の問題について、従来の研究では「地方悪玉論」[57]の観点に基づき、中央対地方の利害対立、地方の既得権益への固執という側面から、「地方のエゴ」として批判されることがほとんどであった[58]。そこで以下では、本章における考察の補足として、中央政府各部門の不作為や抵抗そして既得権益が、中央指導部により打ち出された方針や政策の阻害要因となっていた点についても若干言及しておきたい。

中央・地方関係を論じる際には、とかく中央対地方という対立構図を念頭に置きがちであるが、現実には、中央にも多様な利害関係があるため、中央と言っても決して一枚岩ではない。一方、地方内にも多様な利害関係があるため、地方も同様に一枚岩ではない。それゆえに、中央対地方という対立構図は正確には実態を反映しておらず、ややもすると問題の元凶を地方のみに帰する「地方悪玉論」的発想を助長しがちである[59]。しかしながら実際には、本章における考察を通じて明らかとなったように、「乱収費」、不動産開発ブーム、「地方保護主義」、さらにはその背景にある「予算外資金」の問題には、「地方のエゴ」ばかりでなく、中央政府各部門の既得権益も関係していたのである。それゆえ、再集権により中央の権限を強めたとしても、前記の問題を解決するには限界があったのである。

（1）例えば、「中央財政は厳しく、債務依存度も高く、経済のマクロコントロールは依然として弱い。地方財政収入は増えたものの地域差が大きく、一部の県では非常に苦しい状況にある。ある県では、調整により引き上げられた分の給与どころか、通常の給与すらまともに支出できていない」（前掲、劉仲藜「関於一九九四年国家預算執行情況和一九九五年中央及地方預算草案的報告」（一九九五年三月六日）、三四九頁）との状況が指摘された。

（2）李鵬「反腐敗闘争是国家政権建設的一項基本任務」（一九九六年三月一二日）、中共中央文献研究室編『十四大以来重要文献選編』（中）人民出版社、一九九七年、一八〇二頁。

（3）同右、一八〇三頁。

（4）項懐誠「関於一九九八年中央和地方預算執行情況及一九九九年中央和地方預算草案的報告―一九九九年三月六日在第九届全国人民代表大会第二次会議上」（一九九九年三月六日）、『国務院公報』一九九九年第一〇号、三七七頁。

（5）例えば、以下のような懸念が示された。「近年、一部の地方や関係部門では中央からの指示を顧みず、様々な名目で農民に『乱収費』、『乱集資』、『乱攤派』、『乱罰款』、『乱漲価』を行っている。また、基準を超える村提留や郷鎮籌費を徴収するとともに、労務の代わりに資金を供出させている。しかも一部の基層幹部は資金を私物化したことで、農民との衝突事件まで引き起こしている始末である。それらの問題は、地方が盲目的に開発を急いでいることや、機構が肥大化しているために経費が不足していること、そして民主監督や財務制度が未整備であることなどに起因している」（中共中央・国務院「切実做好減軽農民負担工作的決定」（一九九六年一二月三〇日）、『国務院公報』一九九七年第一二号、五六三頁)。

(6) 国家教育委員会等「関於印発『農村教育集資管理辦法』的通知」(一九九七年三月三日)、『国務院公報』一九九七年第九号、四〇八頁。

こうした事態を受けて、国家教育委員会等は農村の教育資金に関する問題を是正するために、以下のような通達を行った。「資金集めの認可は県級政府が行うこととする。とりわけ教育に関連した資金集めは、当地の義務教育および『危険校舎』の改築ないしは校舎の新築に関するもの以外は許可してはならず、集めた資金は流用してはならない。すでに『危険校舎』の改修や校舎の新築が実現しているところでは、資金集めをしてはならない。義務教育のレベルや校舎の基準についても無理なノルマを課してはならない」(同、四〇九頁)。

(7) 農村部等「関於做好当前減軽農民負担工作的意見」(一九九九年七月一四日)、『国務院公報』一九九九年第二七号、一一六八―一一七一頁。このような対策からは、農村側の問題のみならず、上級主管部門による無理な要求の押し付けも農民負担につながっていたことがうかがわれる。

なお、このような農民負担の問題以外に、「乱収費」は企業に関連するものも問題となっていた。そのため、党中央と国務院は共同で、以下のように企業への「乱収費」を禁止する旨の通達を行った(中共中央・国務院「関於治理向企業乱収費、乱罰款和各種攤派等問題的決定」(一九九七年七月七日)、『国務院公報』一九九七年第二四号、一〇八〇頁)。

・企業へ不要不急の検査や保険加入などを強制してはならない。
・会議、研修、学術討論会、技術認証、検査、学会、協会、研究会などに関連した費用負担を強制してはならない。
・定期刊行物や音響製品などの購入を強制してはならない。

(8) 例えば、「一九九二年一二月に、江沢民主席と李鵬総理が農村工作座談会と全国農村工作テレビ会議で重要講話を行った際に、農民負担を軽減する必要性が提起されたものの、多くの省や部門では反応が鈍く、中央の指示をないがしろにして抵抗し、禁止されている不合理な負担を農民に強いている状況は改善されていない。このままでは農業生産のみならず、農村や社会の安定にも影響を及ぼすことになる。そこで、法規ないしは国務院が定めた負担以外は禁止する。『攤派』や収費の根拠には、中央政府各部門や省政府各部門が発した文書があるので、それらも無効にしなければならない」（中共中央辦公庁・国務院辦公庁「関於切実減軽農民負担的緊急通知」（一九九三年三月一九日）、『国務院公報』一九九三年第七号、二八七頁）との指示が出されていた。

（9）中共中央辦公庁・国務院辦公庁「関於渉及農民負担項目審核処理意見的通知」（一九九三年七月二二日）、『国務院公報』一九九三年第一八号、八五〇―八五一頁。

（10）例えば、以下のような収費項目が廃止されることになった。

・国家土地管理局：農村宅地有償使用費、農村宅地占有費、農村土地登記費
・公安部：治安聯防費
・全国婦女連合会：中華女子学院集資
・放送映画テレビ部：農民映画鑑賞集資
・農業部：農機具管理費、農村水路改良集資
・衛生部：郷村医療衛生機関建設集資
・水利部：農村電気事業集資、農村水力発電建設基金
・建設部：村鎮規画建設管理費

（11）例えば、以下の指示を出して、あらためて対策に乗り出さざるを得なかった（財政部「加大規範収費管理力度，促進国民経済持続快速健康発展的通知」（一九九九年八月一二日）、『国務院公報』一九九九年第三五号、一六一三頁および一六一四頁）。

・法律や規定あるいは国務院、財政部、国家計画委員会が認めたもの以外、中央政府各部門が恣意的に文書を発して地方に要求した収費はすべて無効である。
・国務院や財政部による認可がなければ、いかなる地方や部門も、各種基金の設立を一切認めてはならない。
・行政職権や業務を主管する立場を利用して、強制的に研修や認証の名目で収費してはならない。
・許認可や行政管理を実施する際に、定期刊行物の購読を求めてはならない。
・各省は収費管理の状況を一九九九年一二月末までに財政部に報告することとする。

(12) 例えば、以下のような措置が採られた。「不動産開発の規模が大き過ぎ、一部の地方では、高級なオフィスビル、庭園式別荘、休暇村、高級マンションが需要を上回って供給され資金供給を圧迫する一方で、一般向け住宅建設のための資金が不足して社会問題となっている。それらのことを踏まえ一九九五年のうちは、別荘式高級住宅、休暇村、高級なマンションやオフィスビル、四つ星以上のホテルの建設を禁止する。一〇万平米を上回る二億元以上の物件および中央政府部門関連の不動産は、国家計画委員会が審査する。二万平米以上一〇万平米以下で三〇〇〇万元以上二億元以下の不動産は、各省級計画委員会が審査する」(国務院「関於厳格控制高檔房地産開発項目的通知(摘要)」(一九九五年五月二六日)、『国務院公報』一九九五年第一六号、六三一頁)。

(13) 同右、六三一頁。

(14) 例えば、以下のような問題が指摘された。「一部の地方では、『都市計画法』を順守せず、恣意的に都市の規模を拡大したり開発区を作っている。さらには都市計画の管轄権を下放して都市の配置や環境を破壊し、貴重な土地資源を浪費するとともに、不正を助長させている」(国務院「関於加強城市規劃工作的通知」(一九九六年五月八日)、『国務院公報』一九九六年第一五号、五五〇頁)。

(15) 中共中央・国務院「関於進一歩加強土地管理,切実保護耕地的通知」(一九九七年四月一五日)、『国務院公報』一九九七年第一六号、七〇一—七〇二頁。

(16) 同右、七〇二—七〇三頁。

(17) 同右、七〇四—七〇五頁。

(18) 同右、七〇五頁。

(19) 国務院辦公庁「関於加強土地轉讓管理,厳禁炒売土地的通知」(一九九九年五月六日)、『国務院公報』一九九九年第一七号、六八〇頁。

(20) 同右、六八〇—六八三頁。

(21) 同右、六八三頁。

(22) 国家計劃委員会・財政部「関於取消部分建設項目収費,進一歩加強建設項目収費管理的通知」(一九九六年一二月一二三日)、『国務院公報』一九九七年第一号、一〇頁。
(23) 同右、一一頁。
(24) 「地方保護主義」には様々な形態があるが、ここでは便宜上差し当たり、中央の法規や規定に反した地方の局部利益を優先する行為と総称したい。
(25) 以下、国務院辦公庁「関於部分地区違反国家綿花購銷政策的通報」(一九九四年一〇月二三日)、『国務院公報』一九九四年第二六号、一〇四九―一〇五〇頁を参照。
(26) 同右、一〇五〇頁。
(27) 同右、一〇五一頁。
(28) 一九九〇年代半ばの広東省における知的所有権侵害問題に関する事例研究としては、以下のものを参照されたい。磯部靖「根をはる地方保護主義―知的所有権をめぐる実態」、天児慧・菱田雅晴編著『深層の中国社会―農村と地方の構造的変動』勁草書房、二〇〇〇年。
(29) 以下、「有効保護及実施知識産権的行動計劃」(一九九五年三月一一日)、『国務院公報』一九九五年第一九号、七七一―七八四頁を参照。
(30) 国家経済貿易委員会・国家工商局・国家技術監督局「関於深入開展打撃生産和経銷假冒偽劣商品違法行為的意見」(一九九六年一月八日)、『国務院公報』一九九六年第一一号、四二四頁。
(31) 国務院辦公庁「関於継続整頓和規範薬品生産経営秩序,加強薬品管理工作的通知」(一九九六年四月一六日)、『国務院公報』一九九六年第一三号、四八四頁。
(32) 例えば、「地方各級政府は大局的観点から薬品生産を健全化し、『地方保護主義』に断固反対しなければならない。上級政府は下級政府の指導者による薬品管理状況も考課の対象にするべきである」(同右、四八五頁)との指摘が行われた。
(33) 国家薬品監督管理局等「関於厳禁開辦或変相開辦各種薬品集貿市場的緊急通知」(一九九八年一一月一六日)、『国務院公報』一九九八年第三二号、一二三〇頁。
(34) 同右、一二三一頁。

(35) 国務院糾正行業不正之風辦公室等「関於糾正医薬購銷中不正之風工作実施意見的通知」(一九九九年七月二九日)、『国務院公報』一九九九年第三一号、一三七〇頁。
(36) 同右、一三七二頁。
(37) 同右、一三七三頁。
(38) 国務院「関於加強預算外資金管理的決定」(一九九六年七月六日)、『国務院公報』一九九六年第二一号、八二〇頁。また、「社会保障基金は現時点では、予算外資金として見なすが、国有企業の納税後留用資金は今後『予算外資金』とはしない。その他、事業単位や社会団体の経費、サービスも『予算外資金』の範疇には入らない」(同、八二一頁)とされた。
(39) 同右、八一九頁。
(40) 財政部等「関於清理検査預算外資金的意見」(一九九六年三月一一日)、『国務院公報』一九九六年第一二号、四六一頁。
(41) 例えば、一九九五年三月に財政部等から発せられた文書では、以下のように、「小金庫」取り締まりの必要性が強調された。「近年、『小金庫』によって、国家や単位の収入が流出してインフレが進み、汚職の温床となっている。そこで一九九五年五月から八月にかけて、『小金庫』について検査を行い清算する。とりわけ、本来は国家や単位の収入である資金を、会計管理や予算に組み込まないで隠匿するために設けられた『小金庫』を清算の対象とする」(財政部・審計署・中国人民銀行「関於清理検査小金庫的意見」(一九九五年三月二九日)、『国務院公報』一九九五年第一二号、四五三頁)。また、「行政機関、事業単位、企業、社会団体の中でも、とりわけ行政性収費や処罰没収による収入のある単位に対しては重点的に検査する。不正に隠匿されていた資金は、中央あるいは地方の財政に組み入れ、今後、『小金庫』は一切禁止とする。一九九五年八月末までに取り締まり状況について、財政部、審計署、中国人民銀行、国務院に報告することとする」(同、四五三頁)と指示された。
(42) 前掲、李鵬「反腐敗闘争是国家政権建設的一項基本任務」(一九九六年三月一二日)、一八〇三頁。
(43) 前掲、財政部等「関於清理検査預算外資金的意見」(一九九六年三月一一日)、四六三頁。
同調査の概要は以下の通りとされた。「反腐敗闘争や経済のマクロコントロール強化の一環として、全国で『予算外資金』についての一斉調査と清算を行う。一九九六年五月から九月中旬まで、財政収入の隠蔽、予算内資金から『予算外資金』への付け替え、行政事業性収費や罰金没収による収入および『予算外資金』の管理、各種基金や行政事業性収費の設置管理状況、『予算外資金』流用の有無などを調査する」（同、四六二頁）。

(44) 具体的には、国務院から以下の方針が示された。「財政部が規定した八三の行政性収費項目を財政予算に組み入れる。一九九六年からまず道路修繕費、車両購入付加費、鉄道建設基金、電力事業建設基金、三峡プロジェクト建設基金、道路建設基金、航空インフラ建設基金、市内電話開設基金、飛行場管理建設基金等、一三の比較的額の大きい政府性基金や収費を財政予算管理に組み入れる。それらの基金による収費は随時、中央ないしは地方に設置された国庫に入れ、使用に際しては主管部門が計画を提出し、財政部門が支給することとする。また、これらの基金や収費の収支は、予算の中に単独で編成して、流用を禁じ、収支を均衡させることとする。各種の税費付加も地方予算に組み込み、『予算外資金』扱いとはしない」（前掲、国務院「関於加強預算外資金管理的決定」（一九九六年七月六日）、八二〇頁）。

さらに一九九六年一一月には国務院から以下のように、追加で予算管理に組み入れられる収費項目についての方針が示された。「一九九六年から道路修繕費等一三の基金や収費を財政予算管理に組み入れる。これらの基金や収費は、随時、中央ないしは地方に設置された国庫に入れることとし、その支出に関しては主管部門が計画を提出し、財政部門が規定に則り支給する。これら一三の基金や収費は、予算の中で単独に編成する。地方財政部門が国家の規定に則り徴収する各種の税費付加は、統一して地方財政予算に組み入れ、『予算外資金』とはしない」（国務院「関於編制一九九七年中央予算和地方予算的通知（摘要）」（一九九六年一一月一四日）、『国務院公報』一九九六年第三五号、一四〇〇頁）。

(45) 一方、それに先立つ一九九七年には、罰金の決定と徴収を分けて「乱罰款」を抑制するための規則も以下のように示されていた（国務院「罰款決定與罰款収繳分離実施辦法」（一九九七年一一月一七日）、『国務院公報』一九九七年第三五号、一五二四頁）。

・罰金の決定と罰金の徴収を分離することで、罰金徴収への監督を強め、罰金の国庫への入金を促進するために、この規則を定める。

・罰金を決定する行政機関と罰金を徴収する行政機関を分離しなければならない。

・罰金はすべて国庫に入れなければならない。いかなる行政機関、組織、個人も、いかなる形式によっても私物化してはならない。

(46) 審計署「関於進一歩落実〝収支両条線〟規定的通知」(一九九九年六月二三日)、『国務院公報』一九九九年第二八号、一二一六頁。

(47) さらには以下のように、一九九九年末までに「収支両条線」による管理を徹底させるための対策が示された。「党中央紀律検査委員会の方針に従い、一九九九年末までに、『収支両条線』による管理を基本的に実現させる。党中央紀律検査委員会と監察部は、一九九九年八月と九月に、財政部等と協同で『収支両条線』による管理の実施状況を調査することになっているので、その前に審計署としては自己点検と重点点検を行っておくこととする。様々な口実で、点検の実施を拒む者に対しては責任を追及する。点検の重点は、恣意的に収費項目を設けたり範囲を拡大していないか、中央や省級財政部門が設定した統一基準を守っているか、罰金の決定と徴収を分離しているか、『収支両条線』専用の口座を独自に開設しているか、国庫や『予算外資金』用の口座に随時入金しているか、収費による収入が所定の関連業務のために支出されているかなどを点検する」(同右、一二一七頁)。

(48) 朱鎔基によれば二〇〇二年末の時点においても、以下のように初歩的なレベルに止まっていた。「一九九八年から財政部門で、財政法制建設、部門予算、国庫集中収支制度や『収支両条線』管理などの改革を進めており、現在、中央と省レベルでは全面的に部門予算改革を行い、予算内資金と『予算外資金』を一体化して予算を編成している。国庫集中収支制度も三八の中央政府部門で試点をしている」(朱鎔基「努力做好新形勢下的財政工作」(二〇〇二年一二月二五日)、前掲、『朱鎔基講話実録』編輯組編『朱鎔基講話実録』第四巻、四六〇頁)。

(49) 同右、四六〇頁。

それと同時に、「収支両条線」の導入に際し、従来、収費によって経費の不足を補っていた部門の問題も明らかになった。例えば、財政部は「収支両条線」の導入にともなう経費不足の問題について、以下のように対策を指示した(財政部「関於工商行政管理部門実行収支両条線管理後経費保障的意見(摘要)」(一九九九年六月三日)、『国務院公報』一九九九年第二二号、九二二―九二三頁)。「『収支両条線』の導入にともなう省級以下の経費不足の問題、とりわけ工商行政管理部門の経費不足への対策のために、予算内資金と『予算外資金』を総動員して経費を確保し、人件費、行政事務費、業務費、立案費、装備費、基礎施設費を適正に配分する」。また、「省級以下の各級工商行政管理部門が徴収した行政性収費は、省級工商行政管理部門が省級の『予算外資金』用の口座に入れ、罰金収入は省級財政に組み入れる」との指示が出された。こうしたことから、「収支両条線」の導入により、工商行政管理部門が経費不足に陥る一方で、収費は省級で管理することに定められたため、省級に資金が集中することになったと思われる。

(50) 財政部「行政単位財務規則」(一九九八年一月一九日)、『国務院公報』一九九八年第四号、一七九頁。

(51) 劉仲藜「関於一九九七年中央和地方預算執行情況及一九九八年中央和地方預算草案的報告―一九九八年三月六日在第八届全国人民代表大会第一次会議上」(一九九八年三月六日)、『国務院公報』一九九八年第八号、三九七頁。

(52) 前掲、項懐誠「関於一九九八年中央和地方預算執行情況及一九九九年中央和地方預算草案的報告」(一九九九年三月六日)、三七九頁。

(53) 例えば、以下のような方針が示されていた。「農民負担軽減を各級指導部、とりわけ県級と郷鎮級の指導幹部に対する考課と任用に際しての重要な指標の一つとする。具体的には、県級指導幹部は赴任地において、村提留や郷統籌費が前年の農民一人当たり平均純収入の五%を超えないようにすること、恣意的に農民負担の項目を作らないこと、農民負担に起因する重大事件を起こさないことなどの評価基準を設ける。今後、農民負担の重い地方や関係部門の指導幹部に対しては責任を追及し、農民負担に関連して処分を受けた幹部には抜擢や重用をしない」(前掲、中共中央・国務院「切実做好減軽農民負担工作的決定」(一九九六年一二月三〇日)、五六七頁)。

(54) その他、以下のような指針が示された。「一九九九年のうちはビルやホールの建設、車の購入を禁止する。農民負担問題が解決しなければ、それは党県委書記や県長の責任である。上級機関は下級機関に対して無理なノルマを押し付けてはならない。基層幹部に対する考課基準の中に、農民負担問題への取り組み状況を設ける」(農村部等「関於做好当前減軽農民負担工作的意見」(一九九九年七月一四日)、『国務院公報』一九九九年第二七号、一一七一―一一七二頁)。

(55) 前掲、中共中央・国務院「切実做好減軽農民負担工作的決定」(一九九六年一二月三〇日)、五六八頁。

(56) その際に、「税費改革は任期中の施政目標の一つで、財税体制改革の重点でもある。現在の各種収費や基金はあまりにも多過ぎるため、社会各方面の負担を強め、人民の怒りを買い、資金の適正な分配を歪め、財政収入を圧迫し、各種『小金庫』の温床となっている。まずは各種の管理費にかかわる収費を廃止するとともに、各機関の必要経費は予算から支給する体制に改める」（前掲、項懐誠「関於一九九八年中央和地方預算執行情況及一九九九年中央和地方預算草案的報告」（一九九九年三月六日）、三八一頁）。さらには、「一九九九年は公道と車両にかかわる収費を改革の突破口として、不合理な収費は廃止して、合理的に必要であると認められたものは法定の税収に改める。農村税費改革の立案と試点に着手して、農民負担の軽減に取り組む。また、都市建設、社会保障、環境保護などの領域における税費改革にも取りかかる」（同、三八二頁）との方針が示された。

(57)「地方悪玉論」の問題については、以下の文献を参照されたい。前掲、磯部靖『現代中国の中央・地方関係』、一四一一六頁。

(58) 例えば、天児慧「地域主義をめぐる政治力学」（丸山伸郎編『華南経済圏—開かれた地域主義』アジア経済研究所、一九九二年、第一章第三節）においても、「地方のエゴ」に関する言及が見受けられる。

(59) とは言え、地方が一枚岩でないことは、地域による差異や行政区の階層性ゆえに比較的容易に想定し得るものの、中央に関してはその利害の多様性を理解することは必ずしも容易ではない。これらの問題に関しては終章において再論したい。

第二部　再集権の諸問題と「再分権」の推進

第四章　再集権の矛盾

はじめに

二〇〇〇年に呉国光は、一九九〇年代半ば以降の再集権により「中央が強くなり、地方が弱くなった」という説を唱えた。ところが呉がこの説を唱えた二〇〇〇年以降も、農民負担、不動産バブル、地方債務など、中央・地方関係にかかわる問題が後を絶たなかった。果たして、一九九〇年代半ば以降の再集権により、本当に「中央が強くなり、地方が弱くなった」のであろうか。そこで本章では、農民負担、不動産バブル、地方債務などにかかわる問題を考察することを通じて、呉が二〇〇〇年に唱えた、再集権により「中央が強くなり、地方が弱くなった」とする説を検証していきたい。

なお、二〇〇〇年代以降の農民負担や不動産バブルの問題に関しては、武内宏樹や任哲による優れた研究がある。彼らの研究では、それらの問題は分税制に起因しているとして、いわば「分税制元凶説」が展開されている。例えば、武内は「分税制の導入は、結果として、地方政府と農民の関係を悪化させた」[1]と主張し、任哲も「分税制により、地方政府の収入が減少する一方で、支出は減らないため、地方政府は『土地経営』により、財源を確保せざるを得なくなった」[2]との「分税制元凶説」を唱えた。彼らの研究は、分税制による再集権に起因する矛盾についての事例研究として大変興味深く、問題の元凶を分税制に帰する視点からは、啓発を受ける点も多々ある。

その一方で、分税制が問題の元凶であるとの点を強調するあまり、中央が問題解決のために試みた様々な施策への考察がいささか軽視されているのではないかとのきらいもある。確かに、武内や任が取り組んだような個別の問題についての究明は不可欠であり重要であるが、本章では農民負担や不動産バブル等の問題を、再集権の導入から現在「再分権」が取り組まれるに至るまでの通過点であるという視点に基づき、それらの問題が有する意義を中央・地方関係の全体像の中で捉え直したい。

ところで一九九〇年代半ば以降、省指導者への統制を強化し、組織や財政の面からも再集権を推進したとされるにもかかわらず、なぜ二〇〇〇年代以降になっても、中央から地方に対する指示が徹底されないのであろうか。なぜ基層レベルでは、一定のリスクがともなうにもかかわらず、中央からの指示を棚上げにすることができるのであろうか。一定のリスク、すなわち考課の際に、昇進はおろか地位保全さえも危うくなる可能性があるにもかかわらず、基層幹部が中央からの指示をないがしろにすることを促すインセンティブとは何であろうか。

以上の問題に関しては、分税制による基層財政の困窮、取り締まりの物理的限界などと、武内や任も仮説を提起しているが、それらが論証されているとは言い難い。そこで本章では以上の問題を、一九九〇年代半ば以降に試みられた再集権から現在取り組まれている「再分権」に至る過程の一環として位置づけ、中央による統制や関与を強めることによって問題を解決しようとすることで、むしろ新たな問題が連鎖的に生じてしまうという矛盾を明らかにしていきたい。具体的には、第一節で農村税費改革の試みとその限界、第二節で農村税費改革と不動産バブルの関係、第三節で地方債務問題を事例として、再集権の矛盾と中央による地方に対する統制の限界を明らかにしたい。

第一節　農民負担問題と農村税費改革

第三章で見てきたように、「乱収費」問題の深刻化により、農民負担が増え基層幹部との衝突事件も起き、社会不安が広がったという危機感が高まっていた。そこで中央は再三にわたり地方に対して指示や命令を発したものの、「乱収費」問題は収まる気配を見せず、一九九〇年代末には問題解決の突破口として、税費改革が重要な政策課題として取り組まれることになった。税費改革の内容は多岐にわたるが、本章では農民負担問題との関連から、主として農村税費改革の試みに焦点を当てたい。そこで以下では、まず農村税費改革の過程と直面した課題について見ていきたい。

1　農村税費改革の展開

農村税費改革の目的は大まかに言えば、農村における「乱収費」問題を解決して農民負担を減らし、農民の収入を向上させることによって、農村の安定を実現することである。農村税費改革は一九九〇年代後半から検討が始められ、二〇〇〇年代に入ってからは安徽省を皮切りに試点工作が展開され、収費の段階的廃止とともに農民負担の軽減が進められ、二〇〇六年には農業税廃止が実現した。

（1）農村税費改革の本格化

前述のように、一九九〇年代後半から農村税費改革の必要は認識されていたものの、その具体化は難航した。しかしながら二〇〇〇年代に入ると、いよいよ農村税費改革が本格的に着手されることとなった。以下では、二〇〇〇年代以降の農村税費改革の展開過程を見ていきたい。

二〇〇〇年三月には、農村税費改革についての綱領的文書が公布され、本格的な取り組みが始められることになった。同文書は農村税費改革の根幹にかかわる重要なものであるため、若干詳しく見ていきたい。同文書の概要は以下の通りである。

まずは、国家の規定や指示を無視して、各地方や関係部門では農民に対して、各種の収費、集資、罰金、「攤派（寄付金や無償労働などの割り当て）」が数多く行われた結果、基層幹部と農民の間で衝突が起こり、農村社会の不安定化にもつながっているとして、農民負担を抜本的に軽減するため、農村税費改革の試点工作を実施するとの主旨が示された[3]。以上の目的を達成するために、農村税費改革試点工作では、郷鎮統籌費、農村教育集資、屠殺税、農業特産税、無償労働などを廃止することにして、それによる収入の減少分は各級財政から補塡することとされた[4]。また農村税費改革は、農民の税費負担を削減するとともに、村民民主と機構改革が三位一体のものであるとの概要も明らかにされた。具体的には、まず安徽省で先行的に試点を行うことになり[5]、二〇〇〇年四月には、安徽省が省単位での農村税費改革試点として正式に認定された[6]。

こうして、まずは安徽省において農村税費改革の試点が行われることになったことを受け、二〇〇〇年七月には、財政部、国家計画委員会、農業部によって、農村税費改革試点工作の具体的内容が決定された。例えば、農村税費改革の試点地区での禁止事項として表４－１の項目が示された[7]。それらに加えて、田畑の面積や世帯人数に応じた水利費の強制徴収を禁止し、実際の使用量に基づく徴収に切り替えることも要求された。

表4－1

・郷統籌費（郷村学校事業、計画出産、社会的弱者救済、郷村道路建設、民兵訓練などに関するいわゆる「郷鎮五統籌」）
・農村教育集資などの各種集資
・農民への金銭、物資、労働力の供出要求
・村提留（公的積立金、公益金、管理費などに関するいわゆる「村級三提留」）に関する農民一人当たりの収入に基づく徴収

その後、二〇〇三年までに多くの省が新たに農村税費改革の試点工作を推進することになったが、一部の省では進展が緩慢で、政策が基層にまで浸透しておらず、違法な収費が時として発生しており、基層幹部や住民の改革に対する理解も不十分なままであるとの問題も指摘された(8)。

（2） 農業税廃止への取り組み

二〇〇四年三月に開催された第一〇期全国人民代表大会第二回会議で、五年以内に農業税を廃止するとの方針が発表され、それを受けて黒龍江省と吉林省では、農業税全廃に関する試点が始められることになった(9)。二〇〇五年六月には、温家宝総理が農業税廃止の見通しについて言及し、当初は二〇〇八年の予定であったが二〇〇六年に前倒しされる見込みであるとの認識を示した(10)。

以上の過程を経て二〇〇五年末には、一九五八年六月三日に定められた「中華人民共和国農業税条例」を二〇〇六年一月一日に廃止することが、全国人民代表大会常務委員会において正式に決定された(11)。こうして農業税は全廃され、それによって農村税費改革の目標は基本的に達成されたことになり、国務院農村税費改革工作小組は国務院農村総合改革工作小組に、国務院農村税費改革工作小組辦公室は国務院農業総合改革工作小組辦公室に、それぞれ改名されることになった(12)。

（3） 農村税費改革の進展と残された課題

以上のように、「中華人民共和国農業税条例」は二〇〇六年一月一日に廃止され[13]、農村税費改革の目標は基本的に達成されたわけであるが[14]、実際のところ、農業税を廃止しても、再び「乱収費」が復活しており、温家宝は次のような懸念を表明した。「新たな『乱収費』は基層政府から各主管部門へと主体が変化した。名目は、行政事業性収費から経営サービス性収費に変わり、対象は農民から小中学生にまで及ぶとともに、項目も住宅建設、外地への出稼ぎ、計画出産、葬式など多岐にわたり、村級各組織が農民に『乱収費』や『乱集資』をしている[15]」。

こうした状況を踏まえて温家宝は、郷鎮級機構、農村義務教育、県・郷鎮級財政管理体制についての改革を主な内容とする農村総合改革の段階に入ったとの認識を示すとともに[16]、「乱収費」の再来を防ぐためにも、郷鎮級機構改革や県・郷鎮級財政改革に取り組むことが必要不可欠であるとの見解を示した[17]。

2 農村税費改革の試みが困難に直面した要因

（1） 農民負担問題と「分税制元凶説」

ここまで見てきたように、なぜ農村税費改革の推進には困難がともない、農業税廃止後も「乱収費」問題が再発しているのであろうか。農民負担問題に関して武内宏樹は、「分税制が地方政府の財政を急激に悪化させた。それが住民へのしわ寄せとなって矛盾を大きくしている[18]」と主張し、「分税制元凶説」を唱えている。その根拠として武内は、分税制によって、「税収の取り分が大幅に減らされて、補助金も十分に回ってこない地方政府は、予算外資金の獲得にいっそう力を入れざるを得なくなった[19]」との理由を挙げている。

確かに、農村における「乱収費」問題の一因としては、以下のように、分税制導入以降、基層レベルに対する財政負担のしわ寄せが強くなっているという武内の説を裏づけることもできよう。例えば省以下の財政管理体制の問題について財政部は二〇〇二年一二月に、分税制導入以降、基層レベルとりわけ郷鎮級への財政支出転嫁が横行しており、基層レベルでの経費不足が深刻化していると総括した[20]。

（2） 慢性的経費不足と農民負担問題

その一方で、なぜ中央には地方に対する人事権があるにもかかわらず「乱収費」による農民負担がなくならないのかという問題については、前出の武内や任が主張するような、分税制による基層レベルへの負担増という観点からのみの分析では不十分であるように思われる。確かに、分税制は事態を悪化させた要因の一つとして考えられるが、より本質的には農村固有の問題がかかわっているのではなかろうか。

まず第一に、そもそも農村税費改革とは、農民負担総額一二〇〇億元をいかにして賄うかという問題に集約できる。そのためには、中央からの資金的支援を行うとともに、基層レベルの経費自体を削減する必要があった[21]。

第二に、「乱収費」問題の解決は、基層幹部の削減にかかわることであるため[22]、抵抗が大きい点を指摘できよう。すなわち、中央はいくら人事権を有していたとしても、幹部たちの生活が懸かっているゆえに、対応を誤れば社会不安を惹起するため、農村税費改革は慎重に進めざるを得なかったのである。例えば前述したように、農村税費改革は機構の簡素化や人員削減と連動して進められることになっていたので、当初、安徽省以外からは敬遠された[23]。

（3） 分税制の機能不全と基層幹部の自衛策

このように機構改革に対する抵抗は大きかったため、以下のように、職を追われた人々への対応を慎重に行わなければならないとされた。「機構改革への抵抗を抑えスムーズに実行するため、第一に、新しい職が見つかるまで三年間は元の給与を全額支払うこととする。そうすれば、社会不安や抵抗を和らげることができる。しかも、それにより少なくとも、事務経費、各種手当、出張費などは節約できることになる。第二に、再就職先には、在職年数を引き継ぎ、勤続年数に加算する。そうすれば、人員削減への抵抗も減る。また、郷鎮を合併して機構や人員を削減することも、農民負担を減らし業務効率を上げるための重要な手段である。しかし現場の状況に合わせて、一歩一歩、慎重に行うよう説得も丁寧に行わなければならない」[24]。このことからも、機構改革による人員削減には抵抗が強く実施が困難であったことがうかがわれる。そのため、人員削減を一気に進めることは現実的ではなく、経費不足を補うために中央は資金的援助を行う必要があった[25]ものの、それにも自ずと限界があった。

以上のように、農村における「乱収費」の根本原因には経費不足の問題があり、そもそもの経費を減らすためには人員削減が必要であった。しかし、この問題は、基層幹部の生活保障の問題とも関連していたことから、有形無形の抵抗が大きく実現は困難であった。そのため、中央からの資金的支援が不可欠であったが、第五章において詳述するように、財政再配分の効果は限定的であった。このようなことからも、前出の武内宏樹が主張するように、農民負担の問題は分税制導入後の負担増により悪化したとの側面も否定できないが、より根源的には農村における慢性的経費不足の問題があり、むしろ分税制により期待されていた財政再配分による地域間経済格差是正が十分に実現していないこと、すなわち分税制が十分に機能していないことによって、農民負担の問題が深刻化した側面も重要であると思われる。

第二節　不動産バブル問題

本節では、二〇〇〇年代以降に深刻化した不動産バブルを事例として、再集権の矛盾と中央による地方に対する統制の限界について考察したい。

1　不動産バブルをめぐる議論「分税制元凶説」

（1）不動産バブル問題と「分税制元凶説」

二〇〇〇年代以降に起こった不動産バブルの問題については、いわば「分税制元凶説」の観点から分析されることがほとんどであった。例えば任哲は、分税制による基層財政の逼迫が、不動産バブルの根源にあるとの「分税制元凶説」を唱えている[26]。同様に陶勇も、分税制導入により県級財政が逼迫したため、「乱収費」、農民負担、土地収用、地方債務の問題が深刻化したとの「分税制元凶説」を主張している[27]。

任や陶が指摘するように、分税制の導入により基層財政が悪化した結果、不動産関連の収入により経費の不足を補わざるを得なかったために、違法な土地収用をはじめとする不動産バブルの問題が引き起こされたという「分税制元凶説」には一理あるように思われる。

（2）農村税費改革の進展と不動産バブル

二〇〇〇年代以降の不動産バブルの問題を考える上で、確かに、任哲や陶勇が唱えるような「分税制元凶説」には傾聴に値するものがあるものの、こうした問題自体は、分税制が導入される前からも起こっていたため[28]、二〇〇〇年代以降の不動産バブルの原因を「分税制元凶説」のみに帰してしまうわけにはいかないであろう。

その一方で、二〇〇〇年代以降に深刻化した不動産バブルの問題は、先に取り上げた農村税費改革の進展と軌を一にしている点にも着目すべきではなかろうか。例えば武内宏樹は、農村税費改革による収入減のために、地方政府は機能不全に陥り、農村統治は悪化したとして[29]、農村税費改革は新たな矛盾を農村にもたらしたとの見方を提起した。さらに武内は、「（農村）税費改革によって生じた財政危機に対応するため、地方政府は農地の収用と高値での業者への転売を加速させた。その結果、土地をめぐる農民の抗議行動が頻発した[30]」と主張し、農村税費改革による収入減を補うために、土地収用問題が深刻化したと強調した。時系列的にも、農村税費改革の試点が多くの省に拡大された二〇〇二年以降に不動産バブルの問題が大きくなっていることから、農村税費改革の進展と不動産バブルの問題深刻化との間には何らかの関連があると考えられよう。

2　不動産バブルの深刻化

(1)　不動産バブルへの対策

二〇〇二年には不動産バブルが問題化し始め[31]、二〇〇三年以降、不動産バブルは大きな社会問題と化した[32]。その後、不動産バブルは一挙に深刻化し、問題解決のために次々と対策が打ち出された。まず二〇〇三年二月に国土資源部は、各省の国土資源庁などに対し、様々な名目での土地の囲い込み、土地に関する許認可権の違法な下放、農村集団所有の土地での商品住宅開発を厳禁し、土地供給とりわけ住宅やオフィス向け用地の総量規制を厳格化するよう緊急通知を行った[33]。その後も引き続き国土資源部は、土地管理厳格化のための通知を矢継ぎ早に発した[34]。

二〇〇三年七月には、各地で起こっている開発区乱立問題に関して、国務院辦公庁は通達を発し、各地方や関係部門が様々な名目を設けて恣意的に開発区の設立を許可し、無闇に大量の耕地を違法に売り出したり、越権で優遇措置を講ずることによって、農民と国家の利益を大きく毀損している事態を踏まえ、違法な土地取り引きや開発区の乱立を禁止し、土地を奪われた農民への適切な補償を行うよう要請した[35]。

二〇〇三年八月には、国務院が不動産バブルに対して懸念を表明するとともに[36]、耕地の違法な収用、土地規画権限の違法な下放を是正するよう指示を出した[37]。それと同時に、国務院は各省や関係部門に対して、住宅価格急騰問題を是正するために、投資向けの高級不動産の開発を抑えるとともに、一般向け住宅の供給を増やすなどの対策を講じるよう促した[38]。それ以降も、**表4-2**のように次々と対策が打ち出されていった。

以上のように、不動産バブルに対しては二〇〇三年から二〇〇四年にかけて様々な対策が打ち出されていったが、それを踏まえて温家宝総理は、二〇〇三年から二〇〇四年にかけての経済過熱は多くの場合、大量に土地を収用して資金を集めたことによるものであると総括した[39]。さらには、「土地管理を強化し、開発区を清算する。今後半年間は、土地取引の認可を停止する」[40]と強調し、取り締まりを強化する方針を示した。

(2) 不動産バブルへの取り締まり強化

ところが、それからほぼ半年後の二〇〇四年一〇月、国務院は二〇〇三年から各種開発区の清算や農地転用の一時停止を目指してきたが、それらの効果は未だに限定的で、盲目的な開発、非効率な重複建設、耕地の違法収用も後を絶たないとの認識が示された[41]。このような現状認識に基づき、さらに以下の対策が打ち出された[42]。

・土地管理権限の違法な下放、不当な安値での土地取引、農地の転用を厳格に禁止する。
・土地を収用された農民への補償を適切に行う。
・二〇〇四年末までに省級以下の国土資源管理体制の改変を終え、基層レベルでの土地管理に対する地・県級政府による指導を強化する。

こうした度重なる取り締まりにもかかわらず一向に収束の気配を見せない不動産バブル問題に対して、さらな

表4-2

①耕地保護問題
2003年8月21日： ・国務院の「指導的同志」から、食糧安全保障の観点からも「基本農地」を保護することが、「決して超えてはならないレッドライン」であるとの重要指示が出された[43]。それを受けて、国土資源部は各省と関係部門に対して、「基本農地の」転用を厳禁するよう通知を出した[44]。
2003年11月17日： ・国土資源部は各省の関係部門に対して、食糧生産能力の保護と向上のために、耕地保護の措置をさらに厳格に実行しなければならないとの通知を発した。同通知の中では、食糧安全保障と社会の安定の観点から、よりいっそう緊迫感と責任感を強めて、最も厳格な耕地保護制度を実施していかなければならないと強調するとともに、良田の盲目的な転用を断固として阻止することを要求し、違法な土地案件についての対応状況を、年次業績評価や昇進のための考課材料ともするとした[45]。
2004年4月21日： ・国土資源に対するマクロコントロールを強めるとともに、最も厳格な耕地保護制度を実施するために、地方内の国土資源管理体制が改変されることになった[46]。
②一般向け住宅供給問題
2003年9月24日： ・国土資源部は各省の関係部門に対し、不動産バブルを抑制することを目指して、土地供給管理をさらに強化するための通知を発した。それによると、地・県級が土地管理の責任を第一義的に負い、一般向け住宅の供給を最優先に行うとともに、郷鎮・村級において農村集団所有の土地を収用し不動産開発に転用することを厳禁した[47]。
③土地収用問題
2004年4月7日： ・監察部、国土資源部、農業部、審計署は、土地収用に関連した農民への補償が適切に行われているかを全国的に調査するとの決定を行った。調査対象は、1999年1月1日以降、各省で行われた農村集団所有の土地に対する収用についての補償状況で、7月末までに開始し、11月までに調査結果を国務院に報告することとされた[48]。

ち出された。

る対策の強化が図られた。とりわけ二〇〇五年以降、耕地保護に関しては、表4-3のような徹底した対策が打

（3） 不動産バブルの再来と不動産関連収入に対する管理強化

以上のように不動産バブル問題に対しては、二〇〇四年以来、国務院が中心となり取り締まりが強化されてきたものの、二〇〇六年に入ってからは再び、建設用地の急激な拡大、違法な土地収用などが、いくら禁止しても次々と起こっているとの危機感が示された[49]。そのため、「土地に関する規定に違反した地方の責任者を処罰する」[50]、「農地の建設用地への違法な転用を禁ずる」[51]などの通達をあらためて発することを余儀なくされた。

土地を収用された農民の元の生活水準を保障する。土地取引からの収入は、すべて『収支両条線』での管理とする

二〇〇六年一二月には、度重なる対策にもかかわらず一向に収束の気配を見せない不動産バブル問題を抜本的に解決するために、国務院辦公庁は各省級政府および中央政府各部門に対して、二〇〇七年一月一日から、土地使用権譲渡にともなう収支を全額地方予算に組み込み、「収支両条線」での管理を徹底するよう通知した[52]。さらには、「土地使用権譲渡にともなう収入によって、まず土地を収用された農民の生活を補償するための資金を十分に確保し、農業開発と農村インフラ施設建設のために重点的に使用することとする。とりわけ、農村の飲料水、道路、環境、公衆衛生、教育、文化などに関連するインフラ建設を進め、農村の生活環境向上を図る」[53]などの対策も打ち出されることになった。

（4） 慢性化する不動産バブル

ところが、これまで見てきたような度重なる対策強化にもかかわらず、とりわけ二〇一〇年以降、不動産バブ

表4-3

①「省級政府耕地保護責任目標考課辦法」（2005年10月28日）[54] ・省級政府指導者の耕地保護に対する責任を明確化し、2006年から5年単位で、国務院が各省に対して考課を行う。 ・その間、国土資源部は農業部や国家統計局などの部門と共同で、毎年、各省における耕地保護目標の達成状況を調査し、国務院に報告する。 ・耕地保護の達成状況を省指導者の業績を評価する際の重要な材料とする。 ・県級以上の政府にも、下級政府に対する耕地保護責任目標考課制度の構築を求める。
②「国家土地督察制度を設立する問題に関する通知」（2006年7月13日）[55] ・国務院は国土資源部に権限を与え、同部が国務院を代表して、各省の土地利用や管理状況を監督検査することとする。 ・国家土地総督察を一名設け国土資源部部長の兼任とする。同副督察一名は国土資源部副部長一名の兼任とする。その他、専業副督察（副部長級）を一名設ける。 ・各地方には国家土地督察局を以下のように9つ設ける。 北京局：北京市、天津市、山西省、内蒙古自治区 瀋陽局：遼寧省、吉林省、黒龍江省、大連市 上海局：上海市、浙江省、福建省、寧波市、厦門市 南京局：江蘇省、安徽省、江西省 済南局：山東省、河南省、青島市 広州局：広東省、広西壮族自治区、海南省、深圳市 武漢局：湖北省、湖南省、貴州省 成都局：重慶市、四川省、雲南省、西蔵自治区 西安局：陝西省、甘粛省、青海省、寧夏回族自治区、新疆ウイグル自治区、新疆生産建設兵団 ・各地方国家土地督察局は正局級で、それぞれ局長一名、副局長二名、国家土地督察専員（司局級）若干名を配置する。同局の人員は、出身地での任用を回避し、定期的な異動を行う。経費は中央財政予算から支給する。 ・必要に応じて、管轄内の各省級政府に、上記の国家土地督察専員や職員を派遣して巡視や監督検査を行う。各省の土地利用や管理状況とりわけ耕地保護責任目標の達成状況を監督するとともに検査する。 ・違法ないしは規定違反の問題を発見した際には、是正勧告を行うとともに、直ちに国家土地総督察に報告する。 ・直接案件の処理には関与しない。

ルによる住宅価格の急騰が大きな社会問題となり、あらためて取り締まりのための様々な対策が打ち出された。例えば二〇一〇年九月には、都市部の住宅価格急騰を受けて、国土資源部と住宅および都市農村建設部は、各地方の関係部門とりわけ地・県級の国土資源主管部門に対して、土地利用に関する管理を強化し、一般向け住宅への需要を満たすよう通知した(56)。

しかし、以上のような対策を打ち出したものの、住宅価格の高騰は依然として収束の気配を見せなかった(57)。そのため、再三にわたる規制強化にもかかわらず、依然として住宅価格高騰の動きが強まっているとの認識の下に、二〇一三年二月、国務院辦公庁はさらに徹底した対策を打ち出さざるを得なかった(58)。

3　人事権行使や取り締まりによる統制の限界

前述のように呉国光は、一九九〇年代半ば以降の再集権により「中央が強くなり、地方が弱くなった」との説を唱えたが、二〇〇〇年代以降、中央は再三にわたり対策を講じてきたにもかかわらず、なぜ不動産バブルの問題は紆余曲折を経ながらも収束しなかったのであろうか。

この問題について任哲は、「上から公布された政策を受けた基層政府は、部分的に実行するか、あるいは政策を棚上げ状態にしておく場合が多く見られる(59)」として、中央が政策を決定しても、それが基層レベルで実行されるとは限らないという背景があることを指摘している。また、「国務院は多くの土地関連政策を公布したが、時間が経ってもそれらを公布していない地方が多くあり、さらに公布したとしても実行されない地域も多い。政策実行過程を監視するには膨大なコストがかかるので、中央政府も政策実行の徹底化をはかることができない(60)」がゆえに、不動産バブルの問題は繰り返されたとの見方を任哲は提起している。

任哲による以上の指摘は、中央は人事権と監視システムを活用することで地方をコントロールすることができるとするヤーシャン・ホワンが唱えた説[61]に修正を迫る大変興味深いものである。ホワンはもとより呉国光など多くの研究者は、中央は人事権を有しているがゆえに地方をコントロールできるとする前提に基づき議論を展開しているものの、それらは現代中国における政治体制の制度的側面に関する静態的観点に偏り過ぎており、中央・地方関係の実態を捉えているとは言い難い。

確かに、人事権は中央が地方をコントロールするための重要な手段の一つではある。しかしながら、中央が省指導者をはじめとする地方幹部の人事権を究極的には有しているがゆえに、むしろ不動産バブルの問題を悪化させたという側面にも留意する必要があるであろう。例えば、地方幹部が昇進や出世のために、国際的都市を建設するとの名目で一平米あたり一万元のマンションや高層ビルを次々と建てる一方で、公務員への給与未払いや農民の収入が上がっていないというような問題を解決するには、都市開発への規制が必要であると朱鎔基が指摘しているように[62]、地方幹部は昇進のための業績づくりを目指して、闇雲に都市開発に励む一方で、職員の給与未払いや農民負担問題は置き去りにされてきた現実もある[63]。

このような公務員の給与未払いに起因して、基層レベルにおいては不正をしてでも金儲けを図ることが正当化されていると思われる。その他にも、本来給与として支給されるべき資金は、建設などに流用されてしまい、「イメージ向上プロジェクト」や「業績アップ・プロジェクト」等のために資金が浪費されているなどの問題が横行していると指摘されている[64]。

ヤーシャン・ホワンが主張するように、中央は人事権を行使したり監視システムを活用することで、確かに見せしめ的に個別の地方幹部を更迭したり、抜き打ち的に地方への査察を実施するというような対症療法的手法により、問題を一時的かつ局所的に解決することはできよう。しかしながら、中央が地方幹部に対する人事権を有しているがゆえに、各地では昇進のための実績作りに邁進した結果、不動産バブルが悪化したという側面がある。

しかも、物理的制約からすべての地方を完全に監視することは不可能であるため、いくら中央が地方に対する人事権と監視システムを有していようとも、取り締まりには自ずと限界があるのである。

それゆえに、中央には人事権と監視システムがあるため地方をコントロールできるとするホワンの説はあまりにも表面的な分析に終始していると言えよう。また、二〇〇〇年代以降の不動産バブルについての本章における考察からも、一九九〇年代半ば以降の再集権により「中央が強くなり、地方が弱くなった」とする呉国光が唱えた説が表層的なものに過ぎず、中央・地方関係の現実を捉えきれていなかったことは明らかであろう。

第三節　地方債務問題

本節では引き続き、一九九〇年代半ば以降の再集権により「中央が強くなり、地方が弱くなった」とする呉国光が唱えた説を検証するために、二〇〇〇年代以降の地方債務問題を取り上げたい。なぜならば、地方債務問題は、地方政府が関連した「融資プラットフォーム」やいわゆる「シャドーバンキング」の問題とともに是正すべき課題として、中央が各種の対策を打ち出したにもかかわらず、現在に至るまで未解決の問題となっているからである。呉国光が主張したように、一九九〇年代半ば以降の再集権により「中央が強くなり、地方が弱くなった」のであれば、なぜ現在まで地方債務問題は解決に至っていないのであろうか。以下では、この問題を考察していきたい。

1　地方債務問題への取り組み

（1）農村税費改革と地方債務問題

さて、地方債務問題は、二〇〇八年に起こった「リーマンショック」にともなう景気刺激策をきっかけにクローズアップされることになったが、実際には農村税費改革の過程でも、地方債務問題は取り組むべき課題として捉えられていた。[65]二〇〇六年一月に農業税が廃止され農村税費改革が終結すると、国務院辦公庁は地方債務問題解決に向けた対策に乗り出すことになった。[66]こうしたことから、地方債務問題は農村税費改革の際に解決しきれなかった問題と通底していたことが見て取れる。

（2）「リーマンショック」と地方債務問題

二〇〇八年に「リーマンショック」が発生して以降、中国では大々的な景気刺激策が展開されたが、その過程で地方における「融資プラットフォーム」や「シャドーバンキング」の問題が大きく取り沙汰されることになった。これらの経緯について梶谷懐は、以下のように総括した。「リーマンショックを受けての景気刺激のうち、四兆元の投入の中で、中央の支出は一兆一八〇〇億元で、残りの二兆八二〇〇億元は地方財政による支出、政策性融資、銀行からの借り入れに頼るとされた。それをきっかけに、地方債の発行も大々的に認められた。また、不動産開発への規制も緩和された」。[67]それを受けて、「省級から県級に至るまで、地方政府は『融資プラットフォーム』という手法で資金を調達した」。[68]このような経緯を経て、地方では数多くの「融資プラットフォーム」が設立され、二〇一〇年代以降になると、地方債務問題とも関連して大きな問題となっていった。[69]

表4－4

・地方政府に合法的な適度の起債権限を認め、規範化された地方政府起債融資システムを構築させる一方で、地方政府による違法な起債を断固として禁じる。
・国務院の批准を経た上で、各省級政府に適度な起債を認める。地・県級政府で起債の必要がある場合は、省級政府が起債を代行する。政府による起債は政府内部で完結するものであり、企業や事業単位を通じて起債してはならない。
・「融資プラットフォーム」公司の融資機能を剝奪し、政府による新しい債務にも関与させてはならない。
・地方政府の起債規模は、国務院が全国人民代表大会あるいはその常務委員会に申請し批准された範囲に限定され、その割当額は各地の債務状況や財力などを鑑みて決められる。
・地方政府とその所属部門は、予算外の違法な起債を行ったり、公益事業の名目での起債により得た資金を経常経費やハコモノ建設に流用してはならない。

2 地方債務への管理強化

前記のような過程を経て、二〇一〇年代以降、地方債務問題の解決は重要な政策課題であるとの認識が強まり、二〇一四年以降次々と対策が打ち出されていった。例えば、二〇一四年九月、国務院は地方債務問題解決のための方策を表4－4のようにまとめた(70)。

その後も二〇一五年末にかけて、地方債務問題解決を実現するための対策が次々と打ち出されていった(71)。一方で、いわゆる「経済減速」傾向を受けた景気刺激策の必要性から、地方政府による起債を容認せざるを得ない矛盾も抱えていた(72)。

こうした経緯を経て、二〇一五年一二月二四日には、第一二期全国人民代表大会常務委員会第一八回会議において、地方債務管理の状況について集中的に審議が行われ、各委員は様々な観点から指摘を行い、地方債務問題解決が喫緊の課題であるとの認識が示されるに至った(73)。

以上のように、二〇一五年末には全国人民代表大会常務委員会の場においても地方債務問題が議題として大きく取り上げられることになり、その後も、地方政府関連の債務を管理するための方策が次々と打ち出されていくことになったが(74)、依然として地方債務問題を根絶するまでには至っていない。

おわりに

本章では、二〇〇〇年代以降に深刻化した農民負担、不動産バブル、地方債務などの問題について考察を行ってきた。武内宏樹や任哲が指摘したように、それらの背景には確かに分税制に起因する経費不足の問題もあったと思われる。しかしながら、農民負担、不動産バブル、地方債務などの問題を、彼らが唱えた「分税制元凶説」のみに帰することはできないであろう。周知のように、経費不足そのものは一九九四年に分税制が全国的に導入される以前からの慢性的問題であり、財政請負制の下で繰り返された経済過熱の要因の一つも経費不足であったと考えられる。とは言うものの、確かに分税制により経費不足が悪化した側面もあったとの指摘は傾聴に値する。

一方、本章では個別の問題の原因を特定することよりも、むしろ、それらの問題が連鎖的に引き起こされていった点に着目した。それゆえ本章では、それらの問題が連動して引き起こされていった実態を、現代中国の中央・地方関係の全体像を捉えるために、いかに解釈すべきかという点に重きを置いて考察を行ってきた。すなわち、一九九〇年代半ば以降の再集権により「中央が強くなった」にもかかわらず、農民負担、不動産バブル、地方債務の問題は解決できず、中央が打ち出した対症療法的な対策の結果、次々と新たな矛盾が生み出されてしまったのである。こうして中央が地方への統制や関与を強めて問題を解決しようとすると、むしろ新たな問題が連鎖的に生じてしまうという、現代中国の中央・地方関係における矛盾が、本章における考察を通じて浮き彫りになったと言えよう。

本章の冒頭で触れたように、呉国光は再集権により「中央が強くなり、地方が弱くなった」と主張し、前出のヤーシャン・ホワンは、人事権の行使により中央は地方をコントロールできるとの説を提起した。確かに呉やホワンが主張するように、中央は省指導者をはじめとする地方幹部に対する人事権を有している。しかし現実には、それにもかかわらず、農民負担、不動産バブル、地方債務の問題は、現在に至るまで抜本的には解決されていない。このことからも、呉やホワンが唱えた説の限界は明らかである。

確かにホワンや呉が指摘するように、中央は人事権を行使して、省指導者をはじめとする地方幹部を個別に更迭することは可能である。しかしながら、それを理由として、中央は地方を完全にコントロールできるとまでは必ずしも言えない。人事権は中央が地方をコントロールするための重要な手段の一つであることは間違いないものの、それと同時に、人事権による地方へのコントロールの限界にも留意すべきである。例えば、中央による人事権の行使は、政策の短期化を促進し、それが不動産バブルの要因ともなったとする任哲の指摘は的を射ている(75)。こうした任哲の指摘からは、一九九〇年代半ば以降の再集権により、むしろ不動産バブルが促進されたとの見方もできる。

これらのことを勘案すると、再集権により「中央が強くなり、地方が弱くなった」という呉の説や、中央は人事権を用いて地方をコントロールできるとするホワンの説は、現代中国の政治体制に関する静態的側面からの考察に偏っており、中央・地方関係の現実を捉えきれない表層的な分析に終始していたと言えるであろう。

(1) 武内宏樹「党国体制と農村問題―税費改革を事例に」、加茂具樹他編著『党国体制の現在―変容する社会と中国共産党の適応』慶應義塾大学出版会、二〇一二年、一〇六頁。

（2）前掲、任哲『中国の土地政治』、五二頁。
（3）中共中央・国務院「関於進行農村税費改革試点工作的通知」（二〇〇〇年三月二日）、中共中央文献研究室編『十五大以来重要文献選編』（中）人民出版社、二〇〇一年、一一四四頁および一一四五頁。
（4）同右、一一四八頁。その他にも、以下の指針が示された（同、一一四九頁、一一五〇頁、一一五二頁を参照）。
・農業税は、一九九八年以前の五年間の金額を基準として税率七％を超えないこととする。
・農業税付加は、農業税の二〇％を超えないこととする。
・農民への負担増につながる事業については、村民大会での民主討議を経て決めることとする。
・機構改革により経費を減らす。
・政務公開を通じて村民による監督を強める。
（5）同右、一一五三頁。
（6）国務院「関於同意安徽省農村税費改革試点方案的批復」国函［二〇〇〇］三五号（二〇〇〇年四月二三日）、『国務院公報』二〇〇〇年第一九号（二〇〇〇年以降に刊行された『国務院公報』については、『中央人民政府門戸網站』〈http://www.gov.cn/〉に掲載されたものを参照したため、頁数の表記は省略する代わりに確認可能な限り、文書番号を記載したい）。
（7）以下、財政部・国家計劃委員会・農業部「関於取消農村税費改革試点地区有関渉及農民負担的収費項目的通知」財規［二〇〇〇］一〇号（二〇〇〇年七月四日）、『国務院公報』二〇〇〇年第九号を参照。
（8）国務院辦公庁「関於進一歩加強農村税費改革試点工作的通知」国辦発［二〇〇三］（二〇〇三年九月三〇日）、『国務院公報』二〇〇三年第三三号。
（9）それと同時に各地では、農民への各種補助が始められた。これによって農民は四五〇億元の恩恵を受けることになり、そのために中央は五二四億元を捻出した（前掲、温家宝「全面推進以税費改革為重点的農村総合改革」（二〇〇五年六月六日）、中共中央文献研究室編『十六大以来重要文献選編』（中）中央文献出版社、二〇〇六年、九一八頁）。
二〇〇四年七月には、農業税廃止の指針についての綱領的文書が公布された。同文書は農村税費改革の最終目標実現にもかかわる重要なものであるため、以下、若干詳しく概要を見ていきたい（国務院「関於做好二〇〇四年深化農村税費改革試点工作的通知」国発［二〇〇四］二一号（二〇〇四年七月二一日）、『国務院公報』二〇〇四年第二六号を参照）。

・五年以内に農業税を廃止する方針の下、二〇〇四年は、黒龍江省と吉林省で農業税廃止に関する試点を行う。それと同時に、河北、内蒙古、遼寧、江蘇、安徽、江西、山東、河南、湖北、湖南、四川などの食糧生産高が多い一一の省の農業税の税率を三％引き下げ、その他の省でも一％引き下げる。農業税付加も同様に引き下げるか廃止する。その他、現地の財力を踏まえ、自主的に税率をさらに下げるか廃止することに関する試点を行ってもよい。

・中央財政は、農業特産税や農業税の廃止、あるいは農業税の引き下げによって減少した収入を補うために支援を行う。とりわけ、食糧生産高の多い省や中西部地区に対し重点的に支援を行う。経済的に発展した省の収入減少分は、地方財政から自前で解決することとする。

・農業税の減免とともに経費節減を進めるため、郷鎮級での機構改革を一層推進する。郷鎮級行政機関や事業単位の定員は、省の責任で厳格に抑制し、向こう五年は増員しない。いかなる地方や部門も、規定に違反して郷鎮級機構の設置や定員に干渉してはならない。郷鎮級機構の編制管理状況は、県級指導幹部に対する考課の対象とし、機構の新設や指導幹部の増員、定員超過などの規定違反が発覚した際には厳正に処分する。

・省内各級政府の支出責任を明確化する。省や地級市が負担すべき支出は各々全額を支給し、いかなる形においても下級政府に転嫁してはならない。省や地級市が県や郷鎮に委託する業務には、必ず必要な経費を過不足なく支給しなければならない。

・条件が整った地方では、「省管県」の試点を行ってもよい。

・経済が立ち遅れ財政規模の小さい郷鎮の財政支出は、県級財政による管理に委ねてもよい。

・県・郷鎮級財政の役割を明確化して支出構造を改善する。農村義務教育、計画出産、社会的弱者救済、郷鎮級道路建設などに関する経費は、県・郷鎮級財政支出の範疇に入れるとともに、農村教育、衛生、文化、水利、農業技術などへの資金投入を増やす。

・農業税の減免や付加収入の減少を受けて、村級組織に対しては郷鎮級以上の財政から補助を増やし、社会的弱者救済、村幹部への報酬や事務経費の正常な支出を支えなければならない。
・二〇〇四年から全国規模で、郷村債務清算工作を展開する。現地の状況に合わせて、段階的に郷村債務を解消していく目標や手順を定めて、一部の県で試点を行う。
・農民負担削減への取り組みを、地方党政幹部とりわけ県・郷鎮級党政幹部の考課と任用に関する重要な判断材料とする。農村税費改革の政策に違反し、農民の利益に損害を与える行為に対しては、厳正に対処し決して見逃すことはない。
以上のように、農業税廃止に向けた指針が示されたわけであるが、それに先立ち広東省では、党中央と国務院による「農民の収入増加を促進する政策に関する方針」（中発［二〇〇四］一号）と財政部、農業部、国家税務総局による「二〇〇四年に農業税率を引き下げるとともに一部の食糧生産地区において農業税を廃止する試点を行うことに関する問題についての通知」（財税［二〇〇四］七七号）を踏まえ、二〇〇四年一月一日から、珠江デルタ地区において、原則として自前で農業税免除のための試点を行い、それ以外の地区では、食糧生産農家の農業税の税率を三％引き下げ、減少した税収は、省からの財政移転により解決することが決定された（広東省人民政府「関於深化農業税改革的決定」粤府［二〇〇四］七六号（二〇〇四年七月二六日）、『広東省人民政府門戸網站』〈http://www.gd.gov.cn/〉（以下、URLの表記は省略）。
(10) 例えば、以下のような認識が示された。「二〇〇五年には、牧業税や農業税を段階的に廃止する試点を一部の省で始め、中央は六六四億元を、地方は一八五億元を出し、合計で八四九億元を捻出して、農村税費改革試点工作を支援している。すでに二七省では農業税を全廃しており、残り四省でも、省内の多くの地級市と県において全廃されている。二〇〇六年には九〇〇億元以上を捻出して農村税費改革試点工作を支援することで、もともと農業税全廃は二〇〇八年を予定していたが、二〇〇六年には実現できる見込みである」（前掲、温家宝「全面推進以税費改革為重点的農村総合改革」（二〇〇五年六月六日）、九一八頁）。
以上の見通しを実現すべく二〇〇五年七月には、農業税の全面廃止に向けた取り組みが以下のように示された（国務院「関於二〇〇五年深化農村税費改革試点工作的通知」国発［二〇〇五］二四号（二〇〇五年七月一一日）、『国務院公報』二〇〇五年第二四号)。
・二〇〇五年は、農業税減免の試みをさらに推し進める。脱貧困支援工作重点県では農業税を廃止し、その他の地区でも農業税をさらに引き下げる。二〇〇四年に農業税を一%引き下げた省はさらに四%引き下げる。二〇〇四年に農業税を三%引き下げた省は、さらに二%引き下げる。それと同時に農業税付加も引き下げ、牧業税は全面的に廃止する。
・農業税と牧業税の廃止や減免により減少した地方の収入に対しては、中央が財政移転を通じて適切に補助する。
・省級財政および条件の整った地級市と県の財政から、基層レベルでの改革に対する支援を継続し、農業税減免による収入減のしわ寄せを基層レベルに負わせてはならない。
・今後は各地方の財力に応じて、農業税減免の範囲をさらに広げ、それにより減少した収入は財政移転により補う。

(11) 全国人民代表大会常務委員会「関於廃止『中華人民共和国農業税条例』的決定」(二〇〇五年一二月二九日第十届全国人民代表大会常務委員会第十九次会議通過)、『国務院公報』二〇〇六年第六号。

(12) 国務院辦公庁「関於同意国務院農村税費改革工作小組及其辦公室更名的復函」国辦函［二〇〇六］六三号(二〇〇六年八月二四日)、『国務院公報』二〇〇六年第二九号。

(13) 前掲、全国人民代表大会常務委員会「関於廃止『中華人民共和国農業税条例』的決定」。

(14) 温家宝は農業税廃止の意義を強調するとともに、その後の課題についても以下のような認識を示した。「一九九九年から二〇〇四年にかけて、農民負担全体では八一五億元減らすことができ、一人当たりでおよそ九一元減り、さらには農業税も廃止されることになった。これからは、郷鎮級機構、農村義務教育、県・郷鎮級財政についての総合的改革が必要である」(前掲、温家宝「全面推進以税費改革為重点的農村総合改革」(二〇〇五年六月六日)、九一九頁)。このように、温家宝は農業税廃止の意義を強調するとともに、その成果を守るために今後は前記のような総合的改革が必要であるとの認識を示した。

(15) 温家宝「不失時機推進農村総合改革, 為社会主義新農村建設提供体制保障」(二〇〇六年九月一日)、中共中央文献研究室編『十六大以来重要文献選編』(下)中央文献出版社、二〇〇八年、六三〇頁。

(16) 同右、六二六頁。

(17) 具体的には、以下のような見解が示された。「農業税を廃止しても、県・郷鎮級財政には依然として困難があるため、公益事業の資金が不足している。そのため二〇〇六年には、中央、省、地級市それぞれから一〇三億元の財政移転を行うとともに、中央財政からは財政が困難な県と郷鎮に二一〇億元の補助をした。しかし、依然として基層財政は厳しい。それは、取り組むべき事業が増えたことと人員の肥大化が主な原因である。しかも、また新たに『乱収費』が見受けられる」(同右、六二九頁)。

(18) 前掲、武内宏樹「党国体制と農村問題」、一一三頁。

(19) 同右、一〇五頁。

(20) 具体的には以下のように総括した(国務院「批轉財政部『関於完善省以下財政管理体制有関問題意見』的通知」国発〔二〇〇二〕二六号(二〇〇二年一二月二六日)、『国務院公報』二〇〇三年第四号)。

・一九九四年に分税制が導入されて以来、中央と地方の間で行われているように、省内でも財政管理体制の改革を進め、財政移転制度を構築してきた。しかしながら、企業の所属関係に基づく収入配分という仕組みが原因で企業の公平な競争が阻害され、その結果、地域間の経済格差は拡大し、一部の基層財政は困難に陥っている。

・まずは、各級政府の業務管轄範囲と財政支出責任を明確化する必要がある。すなわち、省や地級市が受け持つことになっている財政支出は各々が自ら負担し、いかなる形式においても決して県や郷鎮に付け回してはならない。

・省や地級市が、県や郷鎮に委託して実施させる業務に関しては、県や郷鎮に対して十分な資金を支給しなければならず、県や郷鎮の財政から資金を支出することを強いてはならない。

・省、地級市、県、郷鎮の間の共同で行う業務に関しては、受益割合や県・郷鎮級の財政能力に配慮して、合理的な負担割合を決めなければならない。県も郷鎮級財政に支出を転嫁してはならない。

・経済的に困難な郷鎮に対しては、県が資金を工面して郷鎮級の財政支出を支援しなければならない。

・郷鎮級財政は中央からの借り入れ以外には、起債したり、企業や建設プロジェクトに担保を提供して資金を調達するようなことをしてはならない。

(21) 朱鎔基が以下に述べているように、「現在の農業税は三〇〇億元で、郷統籌と村提留は六〇〇億元である」、それに

「『乱収費』や無償労働などに相当する金額を加えた一二〇〇億元が、すべて農民負担になっている。そこで、農業税とその付加を五〇〇億元まで増やし、中央は二〇〇億元、地方は一〇〇億元を出しても、八〇〇億元にしかならないので、機構の簡素化、郷鎮の合併、定員超過の地級市・県・郷鎮級幹部の削減、さらには全人員の二〇％削減で、なんとか四〇〇億元を捻出して、一二〇〇億元の農民負担を賄うのが、農村税費改革である」とされる（朱鎔基「農民問題的関鍵是増収減負」（二〇〇一年三月七日）、前掲、『朱鎔基講話実録』編輯組編『朱鎔基講話実録』第四巻、一三二―一三三頁）。

(22) 農村税費改革を実現するためには機構改革とも連動させて、農民負担を減らさなければならなかった。そこで以下のように、人員削減が計画されることになった。「二〇〇一年は、地級・県級・郷鎮級それぞれにおいて機構改革を行い、経費と人員を二〇％削減する。現在、地・県・郷鎮級幹部は、総計四六七・七万人となっていて、定員を四三・四万人超過している。そのため、二〇％の削減を実現することで、一二〇万人あまりを減らす目標である」（前掲、朱鎔基「在二〇〇〇年中央経済工作会議上的総結講話」（二〇〇〇年一一月三〇日）、同右、一七八頁）。

(23) このような経緯について朱鎔基は、以下のように語っている。「現在、農民負担を減らし、収入を増やすことが重要である。多くの地方では様々な収費があり、しかもそれらは二〇〇あまりもある。かつてそれらを廃止させたことがあったが、地方はまた別の名目で三〇〇近くの収費を作って対抗したので、効果がなかった。まずは、各級幹部を削減し、企業に天下りさせるか教師にさせる。根本的には、『費改税』を実現させることで収費を廃止し、農業税とその付加のみにすることで解決する」（朱鎔基「搞好農村〝費改税〟試点工作」（二〇〇〇年三月一三日）、前掲、『朱鎔基講話実録』編輯組編『朱鎔基講話実録』第三巻、四六五頁）とした。こうしたことから、「もともと四省で試点を行うつもりであったが、安徽省以外は怖気づいて脱落してしまい、結局、安徽省のみで試点を行うことになったのであった」（同、四六六頁）。

(24) 前掲、朱鎔基「在二〇〇〇年中央経済工作会議上的総結講話」（二〇〇〇年一一月三〇日）、八〇頁。

(25) 例えば、以下のような方針が示された。「税費改革は二〇〇一年の重点政策で、中央財政から二〇〇億元を支援する。しかし、二〇〇一年にすぐに強制するのではなく、各地の状況に合わせて無理なく進めればよい。試点を行うのであれば、中央から資金を援助する」（同右、一七八頁）。

（26）任哲によれば、「基層財政における『不動産依存症』を作り出したのは、他でもない中央政府である。財政権限の『上収』とともに、仕事権限を『下放』した中央政府の分税制改革により、基層政府における財政のアンバランスが生まれた」（前掲、任哲『中国の土地政治』、八二頁）とされ、その結果、地方の中で財政支出の責任は、基層レベルに集中しているとして以下の例を挙げている。「地方政府の中で、財政支出の責任は、地級、県級、郷鎮級に集中している。例えば、甘粛省では農業支出の七五・四％、教育支出の八〇・九％、医療衛生支出の八三・三％、年金支出の八〇％、行政管理費の八六・七％を、地・県・郷鎮各級の政府が負担することになっているが、支出の責任に見合う財政収入がない矛盾」（同、七九頁）に直面しているとのことである。そして「この収支の不均衡が、政府の独占資源である土地を運営する意欲をもたらしたのである。それによって、予算内収入、予算外収入ともに土地と不動産に依存する地方財政という畸形を作り出した」（同、八二頁）と主張している。

（27）例えば、陶勇は以下のように指摘している。「分税制により、県級財政は逼迫し、上級政府への依存が強まるとともに、地域間経済格差も広まった。また、財政支出は県に押し付けられる一方で、財政移転の実施も上級政府の都合を最優先にして決められてしまうため、県級財政の厳しさが深刻化した」（陶勇『中国県級財政圧力研究』復旦大学出版社、二〇一四年、二頁）、「その結果、県級財政は『予算外資金』および非制度的収費に活路を見出さざるを得なくなった。こうして、『乱収費』、農民負担、土地収用、地方債務への依存が強まったのである」（同、三頁）。

（28）例えば、分税制導入前の一九九三年に起こった不動産開発ブームの問題について、朱鎔基は以下のように述べている。「一九九三年の経済過熱は一九九二年から始まっており、一九九三年一月には手に負えない状況になっていた。一九九三年一月一日に、江沢民同志は一八省の党委書記と省長を順次北京に召喚して、インフレ懸念が高まっているため、春節前に大盤振る舞いしないよう要請していた。最近も不動産業が過熱していて、二〇〇二年一月から九月までの広東省における固定資産投資の六〇％は不動産業向けのものとなっていた。それらはみな投資目的の高級不動産で、もし不動産バブルがはじけたら返済できなくなってしまう。実際のところ海南省では、一九九三年当時の負債を未だに返済し終えていない」（朱鎔基「統計工作応把〝準〟字放在首位」（二〇〇二年一〇月二八日）、前掲、『朱鎔基講話実録』編輯組編『朱鎔基講話実録』第四巻、四三六―四三七頁）。このように、分税制の全国的施行前の一九九三年に起こった不動産開発ブームの影響は二〇〇〇年代以降にまで残っていたことがうかがわれる。

（29）前掲、武内宏樹「党国体制と農村問題」、一二二頁。

（30）同右、一一五頁。

（31）例えば二〇〇二年初頭には、三階建てなのに一面にしか壁のない家が建てられていたり、小さな街に十数万平米もの巨大広場が作られたり、違法な観光施設が建設されているなどの都市建設に関連する諸問題に朱鎔基は懸念を表明し、それらの問題をテレビ番組を通じて広く知らしめるようにと指示した（朱鎔基「制止城市規模盲目拡大的勢頭」（二〇〇二年一月九日）、前掲、『朱鎔基講話実録』編輯組編『朱鎔基講話実録』第四巻、三一〇頁）。

（32）二〇〇三年初頭、朱鎔基は以下のように、各地に広がりつつある不動産バブルに懸念を表明した。「不動産バブルの原資は銀行からのものであるが、融資の責任者は数年すれば異動になるので、債務の責任を後任の担当者に押し付けることができるため逃げ得になる。都市化の名目で、乱開発が正当化され不動産バブルになっている。農地を安価で収用して、外国人や富裕層による投機に手を貸している。県級政府も郷鎮級政府も資金繰りが厳しいにもかかわらず、銀行の資金や教育資金を不動産関連事業に流用している。果ては、テーマパーク建設ブームまで起こっている始末である」（朱鎔基「値得紀念的五年」（二〇〇三年一月二七日）、同右、四八六頁）として、テーマパーク建設ブームを以下のように批判した。「満足に食事もできない農民が多数いるにもかかわらず、各地でテーマパーク建設が花盛りになっている。北京も天津もテーマパークを作っているが、本場アメリカでさえロサンゼルスとフロリダくらい離れた所に作っているのに、なぜこんなにも近くに同じようなものを作る必要があるのであろうか。その他、林業部関連部門が四川省に作った恐竜公園など誰にも知られていないが、そのような代物に九平方キロもの土地を無駄に使い、オーストラリアの銀行との合弁で五つ星ホテルまで建設している」（同、四八七頁）。

（33）国土資源部「関於清理各類園区用地，加強土地供応調控的緊急通知」国土資発［二〇〇三］四五号（二〇〇三年二月一八日）、『国務院公報』二〇〇三年第二〇号。

（34）国土資源部「関於印発『省級土地開発整理規劃審批暫行辦法』的通知」国土資発［二〇〇三］一〇八号（二〇〇三

年四月一〇日)、『国務院公報』二〇〇三年第二六号：国土資源部「関於印発『国家投資土地開発整理項目実施管理暫行辦法』的通知」国土資発〔二〇〇三〕一二二号(二〇〇三年四月一六日)、『国務院公報』二〇〇三年第二六号。
(35) 国務院辦公庁「関於清理整頓各類開発区，加強建設用地管理的通知」国辦発〔二〇〇三〕七〇号(二〇〇三年七月三〇日)、『国務院公報』二〇〇三年第二五号。
(36) 国務院「関於促進房地産市場持続健康発展的通知」(二〇〇三年八月一二日)、中共中央文献研究室編『十六大以来重要文献選編』(上)中央文献出版社、二〇〇五年、四二一頁。
(37) 同右、四二六頁。
(38) 国務院「関於促進房地産市場持続健康発展的通知」国発〔二〇〇三〕一八号(二〇〇三年八月一二日)、『国務院公報』二〇〇三年第二七号。
(39) 温家宝「当前経済形勢和宏観調控問題」(二〇〇四年五月三一日)、前掲、中共中央文献研究室編『十六大以来重要文献選編』(中)、一〇六頁。
(40) 同右、一〇七頁。
(41) 国務院「関於深化改革，厳格土地管理的決定」(二〇〇四年一〇月二一日)、『国務院公報』二〇〇四年第三五号。
(42) 同右。
(43) 食糧生産の核となる農地を指す。
(44) 国土資源部「関於厳禁非農業建設違法占用基本農田的通知」国土資発〔二〇〇三〕三三六号(二〇〇三年八月二一日)、『国務院公報』二〇〇四年第四号。
(45) 国土資源部「関於進一歩採取措置落実厳格保護耕地制度的通知」国土資発〔二〇〇三〕三八八号(二〇〇三年一一月一七日)、『国務院公報』二〇〇四年第二四号。
(46) 例えば、以下のような改変が行われた(国務院「関於做好省級以下国土資源管理体制改革有関問題的通知」国発〔二〇〇四〕一二号(二〇〇四年四月二一日)、『国務院公報』二〇〇四年第一七号。
・市轄区の国土資源主管部門の機構編制権限は、地級政府の管轄に引き上げられ、市轄区の国土資源主管部門は、地級国土資源主管部門の派出機関とすることが規定された。
・郷鎮級国土資源主管部門の機構編制権限は、県級政府の管轄に引き上げられ、郷鎮級の国土資源主管部門は、県級国土資源主管部門の派出機関とすることが規定された。
・省級政府およびその国土資源主管部門は、下級政府およびその国土資源主管部門に対する管理監督を強化することとされた。

(47) 国土資源部「関於加強土地供応管理，促進房地産市場持続健康発展的通知」国土資発〔二〇〇三〕三五六号(二〇〇三年九月二四日)、『国務院公報』二〇〇四年第一二号。
(48) 国務院辦公庁「転発監察部等部門『対征用農民集体所有土地補償管理使用情況開展専項検査的意見』的通知」国辦発〔二〇〇四〕三一号(二〇〇四年四月七日)、『国務院公報』二〇〇四年第一七号。
(49) 国務院「関於加強土地調控有関問題的通知」(二〇〇六年八月三一日)、前掲、中共中央文献研究室編『十六大以来重要文献改編』(下)、六二一頁。
(50) 同右、六二二頁。
(51) 同右、六二四頁。
(52) 国務院辦公庁「関於規範国有土地使用権出譲収支管理的通知」国辦発〔二〇〇六〕一〇〇号(二〇〇六年一二月一七日)、『国務院公報』二〇〇七年第三号。
(53) 同右。
(54) 国務院辦公庁「関於印発『省級政府耕地保護責任目標考核辦法』的通知」国辦発〔二〇〇五〕五二号(二〇〇五年一〇月二八日)、『国務院公報』二〇〇五年第三五号。
(55) 国務院辦公庁「関於建立国家土地督察制度有関問題的通知」国辦発〔二〇〇六〕五〇号(二〇〇六年七月一三日)、『国務院公報』二〇〇六年第二四号。
(56) 国土資源部・住房和城郷建設部「関於進一歩加強房地産用地和建設管理調控的通知」国土資発〔二〇一〇〕一五一号(二〇一〇年九月二一日)、『国務院公報』二〇一一年第四号。

（57）そこで二〇一一年一月には、国務院辦公庁から以下のような取り締まり徹底に関する通達が出されることになった（国務院辦公庁「関於進一歩做好房地産市場調控工作有関問題的通知」国辦発［二〇一一］一号（二〇一一年一月二六日）、『国務院公報』二〇一一年第四号）。
・住宅価格を合理的な水準に抑えるために、投機目的の住宅購入をさらに抑制する。
・住宅価格が高騰している都市では、すでに住宅を所有している世帯がさらに住宅を購入することを一定期間暫定的に制限する。それ以外の都市でも二〇一一年二月中旬までに、住宅購入制限実施措置の詳細を公布する。
・国土資源部、住宅および都市農村建設部、監察部などの関係部門は、省級および都市部を管轄する政府の責任者と話し合い、住宅価格抑制や一般向け住宅供給に関するノルマを定め、達成状況に対して責任を負わせる。
（58）例えば、以下のような対策が打ち出された（国務院辦公庁「関於継続做好房地産市場調控工作的通知」国辦発［二〇一三］一七号（二〇一三年二月二六日）、『国務院公報』二〇一三年第八号）。
・各直轄市、計画単列市、省都は、本年度の新築住宅の価格抑制目標を公布する。
・省級政府は、住宅供給が逼迫して住宅価格が急騰している都市に対して、住宅や住宅用地の供給を適切に増やす。
・各直轄市、計画単列市、省都では、住宅購入制限措置をさらに徹底させ、その範囲は都市部全域に及ぶとともに、新築住宅のみならず中古住宅も含めるものとする。住宅価格が高騰している前記以外の都市でも厳格な購入制限措置を講じる。また、当地の人民銀行も住宅購入向けの貸付に対する審査を強化する。
・原則として、二〇一三年の住宅用地総供給量は、過去五年間の平均を下回らないようにする。
・二〇一三年は一般向け住宅を四七〇万戸供給するとともに、六三〇万戸分の新規着工を行う。
（59）前掲、任哲『中国の土地政治』、八二―八三頁。
（60）同右、八三頁。
（61）Yasheng Huang, 1996, *op. cit.*
（62）前掲、朱鎔基「制止城市規模盲目拡大的勢頭」（二〇〇二年一月九日）、前掲、『朱鎔基講話実録』編輯組編『朱鎔基講話実録』第四巻、三〇九頁。

(63) 実際、公務員への給与未払い問題は深刻化しており、「一九九九年から中央は、遼寧省以外の東部地区の省を除き、中西部地区の各省に対して、公務員給与に関する補助を行っている。例えば、チベット自治区には全給与の増加分、新疆ウイグル自治区には八五％、湖南省には六五％の補助を行ってきた。一九九九年は半年だけで、五〇〇億元あまり給与額が増えたのに対して、中央は三四〇億元の補助を行い、二〇〇〇年は九〇〇億元あまり給与額が増えたので、中央は七〇〇億元を補助した」。しかし、「二〇〇〇年一一月の調査によると、全国で二〇〇億元分の給与未払いがあり、湖南省では六・七二億元が未払いであった」（朱鎔基「在九届全国人大四次会議湖南省代表団全体会議上的講話」（二〇〇一年三月六日）、同右、一二六頁）。

(64) 朱鎔基「緊緊把好機構編制這個関」（二〇〇二年六月一九日）、前掲、『朱鎔基講話実録』編輯組編『朱鎔基講話実録』第四巻、三九七頁。

(65) 例えば、二〇〇五年七月、国務院辦公庁は農村税費改革以降の地方債務問題に関する状況を以下のように総括するとともに、対策を打ち出した（国務院辦公庁「関於堅決制止発生新的郷村債務有関問題的通知」国辦発［二〇〇五］三九号（二〇〇五年七月一二日）、『国務院公報』二〇〇五年第二五号）。

・農村税費改革試点工作を展開して以来、もともとあった債務問題は未だ解決していない一方で、新たな郷村債務が大幅に増加していて、農村の安定に影響を及ぼす大きな要因となっている。

・一部の郷鎮では財政収支の赤字を企業誘致や起債によって補っており、それによって急激に増加している債務を直ちに抑制しなければ、基層政権組織や小中学校の正常な運営に支障を来し、それが農民負担の再増加、財政危機の深刻化につながり、政府の信用や執政能力にも影響を及ぼすことになる。

・郷鎮級政府はいかなる名目であっても金融機関に融資を求めて経費不足を補ってはならないし、企業への融資のために担保を提供してもならない。また、施工企業の支出を立て替えての工事着工、起債をしてのプロジェクト着工、村級組織への補助金の留め置きと流用、起債をしての給与、賞与、手当、事務経費の支出、浪費や無駄遣いを禁じる。

・村民委員会は、いかなる名目であっても、銀行から融資を受けたり、企業に担保を提供してはならない。

・農村インフラ施設建設や農業生産開発プロジェクトについては、上級機関から十分な資金を手当てしなければならず、原則として、郷鎮級政府や村級組織にプロジェクトの資金調達を要求してはならない。また、上級機関は郷鎮級政府に対して、実現不可能な財政収入ノルマや企業誘致ノルマを課したり、農業構造調整の名目で村級組織に対して、作付や飼育、技術普及のノルマを強制してはならず、雑誌や書籍の購入も強制してはならない。
・郷鎮級政府の業績は、党と国家の方針を貫徹できたか、社会の安定を保てたか、公共サービスは十分に提供できたか、農民の合法的な権益を擁護できたかという基準で評価する。
・新たな債務の抑制や旧債の処理状況を、郷鎮級幹部の業績を考課する際の重要な材料とする。
・規定に違反して新たな債務を発生させた郷村幹部の責任は必ず追及し、しかるべき処分を下すとともに、経済的および行政的責任も負わせる。
・新たな債務の問題が解決するまで、郷鎮の主要幹部には昇格も異動も認めず、一定期間内に問題を解決できなければ、免職ないしは辞職を迫る。起債によって利益を得た郷村幹部に対しては、それにより獲得した金品を没収し、しかるべき処分を科し、犯罪に手を染めた者は司法機関に処分を委ねる。
・郷鎮級政府の債務管理は財政部門が主体となり、村級組織の債務管理は農業部門が主体となって行う。

(66) 例えば、以下のような認識と対策が示された(国務院辦公庁「関於做好清理化解郷村債務工作的意見」国辦発〔二〇〇六〕八六号(二〇〇六年一〇月一八日)、『国務院公報』二〇〇六年第三四号)。
・農村税費改革以来、各地では郷村債務問題に取り組んできたものの、一部の地方では債務の全体像も責任の所在も不明確で、新たな債務も絶えず発生している。また、郷村債務問題は農村社会の安定にも影響を及ぼしており、基層政権組織の正常な運営に支障を来し、農村の社会経済事業の健全な発展を阻害し、農民負担再増加の誘因にもなっている。
・二〇〇五年一二月三一日以前に郷鎮級政府と村級組織によって形成された債務、郷鎮級政府や村民委員会などの名義による担保や農村義務教育事業により形成された債務も含めて、全面的に精査し清算を行う。その際には、債務形成の原因究明と返済義務を負う責任者を明確化する。
・「イメージ向上プロジェクト」や「業績アップ・プロジェクト」を禁じ、新たな債務が発生することを防ぐ。
・各地方や関係部門が主体となって農村公共インフラ施設建設プロジェクトを行う際は、当該郷村の受け入れ能力や経済水準を考慮しなければならない。無理やりノルマを課し郷村債務によって建設させたり、農民に負担を押し付けることは断固禁じる。

・「財力を下放し、財源と業務を一致させる」という原則の下、地方財政管理体制をさらに改善し、条件の許す地方では、「省管県」を実施して、基層レベルの財力を強化する。また、「郷財県管郷用」財政管理方式を推進し、経済的に立ち後れ財政収入の少ない郷鎮の財政支出は、県級財政が統一的に管理する。村級組織への補助を増やし、その正常な運営を支援する。

(67) 梶谷懐『現代中国の財政金融システム―グローバル化と中央・地方関係の経済学』名古屋大学出版会、二〇一一年、二一四頁。

(68) 同右、二一四頁。

(69) そのため二〇一〇年六月に国務院は、地方で設立された「融資プラットフォーム」への規制の必要性を通達した(国務院「関於加強地方政府融資平台公司管理有関問題的通知」国発〔二〇一〇〕一九号(二〇一〇年六月一〇日)、『国務院公報』二〇一〇年第一八号)。

(70) 国務院「関於加強地方政府性債務管理的意見」国発〔二〇一四〕四三号(二〇一四年九月二一日)、『国務院公報』二〇一四年第二九号。

(71) 財政部「関於印発『地方政府存量債務納入予算管理清理甄別辦法』的通知」財預〔二〇一四〕三五一号(二〇一四年一〇月二三日)、『国務院公報』二〇一五年第六号;財政部「関於印発『地方政府一般債券発行管理暫行辦法』的通知」財庫〔二〇一五〕六四号(二〇一五年三月一二日)、『国務院公報』二〇一五年第一八号;財政部「関於印発『地方政府専項債券発行管理暫行辦法』的通知」財庫〔二〇一五〕八三号(二〇一五年四月二日)、『国務院公報』二〇一五年第一八号;国務院辦公庁「轉発財政部・人民銀行・銀監会『関於妥善解決地方政府融資平台在建項目後続融資問題意見』的通知」国辦発〔二〇一五〕四〇号(二〇一五年五月一一日)、『国務院公報』二〇一五年第一五号;財政部「関於対地方政府債務実行限額管理的実施意見」財預〔二〇一五〕二二五号(二〇一五年一二月二一日)、『国務院公報』二〇一六年第九号)。

(72) そのことは、財政部が二〇一五年一二月に行った報告からもうかがわれる（財政部副部長張少春「国務院関於規範地方政府債務管理工作情況的報告」（二〇一五年一二月二二日）、『中華人民共和国全国人民代表大会常務委員会公報』（以下、『全国人民代表大会常務委員会公報』と略称）二〇一六年第一号、一〇六頁および一〇七頁）。例えば同報告では、地方債務問題を解決する際に直面する矛盾が、以下のように示された。

・現在、経済成長が減速している状況下で、地方政府が適度に起債して投資規模を維持することは、経済と社会の安定的な発展のためには必要なことである。

・その一方で、経済成長の鈍化と債務による二重の圧力、財政収入の伸びの鈍化とりわけ土地使用権譲渡による収入の減少のために、地方政府の債務返済能力は低下している。

・一部の地方政府は違法な起債や企業への担保提供などを依然として行っているが、それらに対する監督管理には限界がある。

(73) これらの指摘からは、地方債務問題への理解を深める上で啓発を受ける点が多々ある。以下では、そのうちのいくつかを見ていきたい。

廖暁軍委員は、次のような懸念を表明した。「経済成長が減速し、財政収支が悪化している中で、地方債務の危険性が高まっている。例えば、二〇一五年末までの地方債務全体としては債務超過に陥ってはいないものの、個別の省では債務超過に陥っており、一〇〇あまりの地級市および四〇〇あまりの県でも債務超過に陥っている。さらに現在に至るも、違法な起債や担保提供が後を絶たない」（廖暁軍「要高度重視地方政府債務潜在的風険」（二〇一五年一二月二六日）、『中国人大網』〈http://www.npc.gov.cn/〉（以下、URLの表記は省略）。

車光鉄委員によれば、「現在、地方各級政府の債務は急増しているが、それは監督管理体制の不備と、幹部に対する考課基準の問題に起因している。これまで長い間、地方政府にとって経済成長と都市建設が最重要視され、それが基層レベルでの盲目的な経済発展優先の誘因となってきた。このような短期的利益の追究の影響で、指導幹部の任期ごとに債務が積み増されていく結果につながってきたのである。こうした『業績アップ・プロジェクト』による新たな負債の発生を防ぐためにも、債務管理の状況を、幹部考課へ的確に反映させることを提案する」（車光鉄「将債務管理工作納入政府績効考評体系」（二〇一五年一二月二六日）、『中国人大網』）として幹部考課制度の改善を提案した。その他、国家プロジェクトを地方が請け負う場合は、中央が必要な資金を手配することや、地方政府の債務や建設プロジェクトの状況に関する情報公開をさらに推し進めて、監督部門や社会からの監視を行いやすくすることを提案した。

呉暁霊委員によれば、「中西部地区の高速道路建設は必要ではあるが、交通量が少ないため、地方政府が通行料金から建設費用を返済することは困難であり、債務を返済していくことは難しい。また、地方政府としても短期的に利益を見込めない高速道路建設に投資するインセンティブは乏しい。そのため中西部地区の高速道路建設は、資金的に比較的余裕のある中央財政からの出資によって行うことを提案する」（呉暁霊「対現存政府債務做認真分析，尋找化解辦法」（二〇一五年一二月二六日）、『中国人大網』）として、地方のインフラ整備事業に対する中央の支援を強化することを提案した。

(74) 国務院辦公庁「関於印発『地方政府性債務風険応急処置預案』的通知」国辦函［二〇一六］八八号（二〇一六年一〇月二七日）、『国務院公報』二〇一六年第三三号：財政部「関於印発『地方政府一般債務預算管理辦法』的通知」財預［二〇一六］一五四号（二〇一六年一一月九日）、『国務院公報』二〇一七年第一九号。

(75) 例えば任哲は以下のように、中央による人事権行使も不動産バブルの要因になったと指摘している。「人事権を握っている中央政府による頻繁な人事異動は、基層政府の指導者の行動に異変をもたらす。昇進競争で勝ち抜くために、基層政府の指導者は短期間で成果を示すことができる産業に執着するようになった。数多い選択肢の中で最も有効なものが土地と不動産である」（前掲、任哲『中国の土地政治』、一七〇頁）。

また任哲は次のように、中央による人事権行使は不動産バブルの要因となったばかりでなく、不動産バブルを取り締まる際の阻害要因にもなったとも指摘している（同、一七〇―一七一頁）。「中央政府は人事権を把握することで地方政府への管理を強化したように見えるが、これは基層レベルにおいて政策実行が難航する状況を生み出した」、「人事異動が頻繁に行われる中で膨大な数の政策を基層の政策担当者がすべて忠実に実行するには無理がある。そのため、下級政府は上級政府が最も強く要求する部分だけ実行するのが一般的である。郷鎮政府を例にあげると、県政府が郷鎮政府に一番強く要求するのは、『社会安定の維持』と『農民上訪の阻止』である」。

第五章　再集権の限界

はじめに

第四章における考察を通じて、二〇〇〇年代以降、中央が次々と対策を打ち出していったにもかかわらず、農民負担、不動産バブル、地方債務の問題が連鎖的に起こっていった実態が明らかになった。すなわち、中央は制度的には人事権を行使して地方をコントロールできることにはなっているものの、実際には、中央が打ち出した方針や政策を基層レベルにまで徹底させることは困難であったため、これらの問題を抜本的には解決できなかったのである。それゆえ、中央は人事権を通じて地方をコントロールできるとするヤーシャン・ホワンの説や、一九九〇年代半ば以降の再集権により「中央が強くなり、地方が弱くなった」との呉国光による主張の限界は明らかとなったと言えよう。

要するに、前記の問題の根源には各地での経費不足があり、それを克服できない限り、いくら対症療法的な対策を打ち出したとしても、問題の抜本的解決は不可能なのであった。当然のことながら、問題の本質が各地での経費不足であるということは中央も認識しており、分税制の財政再配分機能による問題解決に期待がかけられていた。

そこで本章では、二〇〇〇年代以降に推し進められた分税制の財政再配分機能による経費不足改善の試みを考察することを通じて、中央が地方への統制や関与を強めることによって、問題を解決しようとすることの限界を明らかにしたい。具体的には、第一に中央と地方の間における財政移転の試み、第二に地方内における財政移転の試みを分析対象として、それらの試みが直面した問題を考察することにより、再集権の一環として導入された分税制による財政再配分機能の限界を検証していきたい。

第一節　中央から地方への財政移転強化の試み

以下では、二〇〇〇年代前半に農村税費改革とともに取り組まれた財政移転強化の試みと、それにともなう諸問題への対応について見ていきたい。

1　財政移転の強化

朱鎔基によれば、分税制導入以降、以下のように中西部地区への財政移転は増えた。「一九九四年から二〇〇〇年までに、財政収入は二・一四倍になり、財政収入のＧＤＰ比は、一九九四年の一一・二％から、二〇〇二年の一八％までになった。また、中央から中西部地区への財政移転も進んでいて、中西部地区各省の財政支出にお

表5－1

2002年：中央50％、地方50％
2003年：中央60％、地方40％
2004年以降の配分割合は、実際の収入状況を踏まえ改めて決める。

ける三分の一から二分の一までを占めるに至っている」[1]。さらには、二〇〇二年から、個人所得税と企業所得税を中央と地方で分け合うことで重複建設を防止し、「西部大開発」への支援を強化する方針も示された[2]。

この方針を受け、所得税に関する二〇〇二年以降の中央と地方の間の配分割合に関する通達が表5－1のように公布された[3]。こうして、二〇〇二年からの所得税配分調整により中央への割り当て分が増えたため、その分が中西部地区に回されることになり、朱鎔基はその効果を強調した[4]。また朱鎔基は、二〇〇二年に行われた所得税配分に関する調整の結果、中西部地区への財政移転は一〇〇億元前後にまで達したとして、その成果を具体的に示した[5]。

二〇〇三年一一月には、二〇〇二年に実施された所得税配分改革以来、中央は地方への一般性財政移転を増加させたことで、地域間経済格差拡大の趨勢を緩和させるという所期の目標を一定程度達成できたとして、二〇〇四年からも引き続き、中央六〇％、地方四〇％の配分比率を維持していく方針が決定された[6]。

2　財政移転資金の流用問題

前記のように二〇〇〇年代前半には、所得税の中央への配分を増やすことによって、中西部地区への財政移転を増加させるという方針が実行されていった。こうして二〇〇〇年代以降、中央から地方への財政移転は強化されたものの、その一方で様々な問題も露呈したのであった。

例えば朱鎔基は、中央からの財政移転資金が重複建設に流用されてしまっている問題を指摘している。[7] また、中央からの財政移転資金が省や地級市のレベルで流用されてしまい、県や郷鎮のレベルにまで行き渡っていない問題も財政部から指摘された。[8] このような地方内での資金の流用問題は後を絶たず、新疆ウイグル自治区トルファン地区の国家税務局が、流用した増値税一・〇五億元によって高級ホテルを建設したという問題が発覚し、急遽、項懐誠財政部部長と楼継偉同副部長が、国家税務総局の調査団とともに現地に派遣されるという事案まで起こっていた。[9]

3　監査工作強化の試み

（1）　監査機関の拡充

前述のような問題が起こることも想定して、二〇〇〇年代以降、中央は地方への財政移転を強化するとともに、監査機関の拡充も図っていった。例えば、一九九〇年代末までには地・県級まで監査機関が設置されていたものの、経済的に困難な地級市や県では経費が不足し、厳しい条件下での業務を強いられていた。[10] そこで二〇〇〇年からは、財政部門が監査業務にかかる経費を支出する方式に改め、監査機関の機能を担保できる体制を構築するとの方針が示された。[11]

以上のようにして、監査機関の機能を担保するとともに、監査機関による監査結果を幹部考課の材料とすることも試みられるようになった。このことに関連して朱鎔基は、監査機関による監査結果と幹部考課を結びつけることの有用性を強調した。例えば、「近年では、経済責任監査とりわけ離任監査は、組織部や幹部管理部門にとって、重要な考課材料となっている。ここ数年で、全国の党政指導幹部一一万人あまりを監査するとともに、国有企業の指導幹部二万人近くを監査した結果、四七〇〇人あまりが党紀ないしは政紀処分を受け、刑事責任を問われることになった者もいる[12]」として、朱は成果を強調した。

（2） 監査工作の限界

こうして二〇〇〇年代以降、中央は地方への財政移転を強化するとともに、監査機関の機能強化も図っていったが、それと同時に、監査業務に関する様々な限界も明らかになった。例えば、二〇〇〇年七月と八月に、財政部が財政監察専員辦事処を使って、審計署の七つの特派員辦事処による一九九八年以降の財務収支や監査状況を調べたところ、それら七つの同辦事処いずれにおいても、監査対象とした機関が中央に上納すべき資金を地方の金庫に入れ、それを企業に高利貸しをしていることを黙認し、その見返りに資金を受け取るなどの不正に関与している問題が明らかになった[13]。その他、財政部の財政監察専員辦事処が、審計署の特派員辦事処を査察するといったような相互監視をさせる役割がある一方で、双方の任務が重複しているため業務効率が悪いという問題もあった[14]。

4 幹部人事および組織改革の試み

財政移転強化と監査機関による監査機能の限界という矛盾は、まさに「官僚機構を使って、官僚機構を監督する」際に中国で普遍的に見受けられる問題とも言える。二〇〇〇年代前半には、こうした問題に対処するためにも、幹部人事制度の改革や監督制度の強化などの試みが次々と打ち出されていった。

例えば第一章で触れたように、一九九五年には「党政指導幹部選抜任用工作暫定条例」が制定され[15]、党政幹部の任免を制度化する動きが始まっていたが、それを受けて二〇〇〇年には「幹部人事制度改革を深化させるための要綱」が公布され、幹部人事制度を二〇〇一年から二〇一〇年にかけてより適正化させるとの方針とともに、党政幹部の任免は「国家公務員暫定条例」を踏まえるとの指針が定められた[16]。

二〇〇三年には、「中国共産党党内監督条例」（試行）が公布され、職責監督、指導と役割分担、重要状況通報

表5－2

「党政指導幹部公開選抜工作暫定規定」
「党政機関における競争原理導入工作暫定規定」
「党地方委員会全体会議による下一級党委員会・政府指導部の正職人事および推薦表決についての辦法」
「党政指導幹部辞職暫定規定」
「党政指導幹部の辞職とビジネス従事に関連する問題についての意見」

および報告、民主生活会、陳情処理、巡視、談話、世論監督、尋問、免職や解職などを手段とした党内での監督を強める方策が打ち出された(17)。二〇〇四年に入ると、幹部人事制度改革をはじめ人材登用と汚職防止のための施策が表5－2のようにまとめられ、一挙に公布された(18)。

さらには、農村税費改革の進展に合わせて、村務公開と民主管理を強化することを目指す方針も打ち出された(19)。

第二節　財政移転の試みとその限界

本節では、農村税費改革以降に取り組まれた「省管県」や中央と地方の間での財政移転改善の試みと、それらの限界について考察したい。

1　「省管県」の試み

(1)「省管県」の提起

農村税費改革にともなう農業税廃止による財源不足の問題に関しては、機構改革と財政移転によって対処するとともに、条件的に可能な地方では「省直管県」財政改革（以下、「省管県」と略称）も進めて、省級財政から県級財政への直接的支援を強化する方針が打ち出された。例えば、二〇〇五年六月に温家宝総理は、農村税費改革後の県や郷鎮への支援に関連して、「省管県」や「郷財郷用県管」

表5－3

・基層政権が公共サービスを提供する能力を向上させるために、「県級基本財力保障メカニズム」を構築していく。
・「県級基本財力保障メカニズム」によって、県・郷鎮級政府が、職員の給与、機関の運転資金、公共サービスを提供するための財力を保障する。
・省級財政は基層レベルへ資金の傾斜配分と支援を強めるとともに、地級市も財政が困難な県や郷鎮への支援を強める。中央財政は地方財政への指導と支援を強める。
・地方での業務実績に応じて補助金を与える。つまり、「県級基本財力保障メカニズム」が機能している地方には、それにより不足した資金を中央財政から補填する。
・財源が不足している地方には、省級財政から必要な資金を提供する。

などの方策を進めていくと表明した[20]。また、中央は財政移転を強化し省と地級市を通じて、財政が困難な県や郷鎮に対して積極的に資金配分を推し進めるとともに、県・郷鎮級における増収節約、機構の簡素化と人員の削減を促すとの指針を示した[21]。

こうした施策を受けて二〇〇九年には、省級財政から県級財政への関与をいっそう強めるために、「省管県」を全国的に展開させていく方針が、財政部から打ち出された[22]。

(2) 「県級基本財力保障メカニズム」の構築

翌二〇一〇年には財政部がさらに表5－3のように、県級財政を支援するための包括的な方策を打ち出した[23]。

二〇一三年になると、「省管県」および「県級基本財力保障メカニズム」を結合させて、よりいっそう省級財政から県級財政への支援を強めるとともに、財政が困難な県に対しては、二〇一四年から中央が省を通さずに県を直接支援する方式も取り入れる方針が示された[24]。

(3)「省管県」の試みが直面した課題

農村税費改革にともなう農業税廃止以降、県級財政に対する支援が重視され、「省管県」をはじめとする方策が打ち出され実施されていった。このように、「省管県」は財政が困難な県を支援するための有効な施策として導入が進められていったものの、実際には以下のような様々な問題に直面することになった。

まず第一に、「省管県」の推進にともない、各省は省内での調整がより複雑になるという問題に直面した[25]。例えば、「市管県[26]」体制の下では、各省が地級市を通じて県を管理していたが、「省管県」の導入により省が県を直接管理するようになると、地級市とは比べ物にならないくらい管理の対象が増えた。しかも地級市と県、県と県、地級市と地級市の間の調整といったような課題も増えることになり、各省にとっては省内の管理がより複雑になるという問題に直面したのであった。

第二に、県と同等の扱いになることに地級市が抵抗したために、「省管県」は骨抜きにされてしまった。この問題に関して佐々木智弘は以下のように総括している。例えば、「地級市の抵抗が強く、地級市の権限が県レベルに完全に委譲されていない現状もある。地級市は、政府の活動の面でも、また職責待遇の面でも、県レベルよりも格上の待遇を受けてきた。しかし、県級に格下げになるのは、既得権益を奪われ損になるため、強い抵抗を示している[27]」との問題が指摘された。

第三に、「省管県」による効果は地域差が大きく、成果が出ていない地方では「省管県」への反発も大きくなるという悪循環に陥っていた。例えば前出の佐々木によれば、「現段階で成果がみられるのは、もともと経済的に発展しているところで、結果的に発展をさらに進めるというケースが多い[28]」とのことであり、「成果が出ていないことから転換に抵抗する地方も少なくない[29]」という問題に直面しているとされる。

表5－4

・現行の財政移転制度の不備がますます顕在化している。
・中央と地方の間の業務分担と支出責任に齟齬があるばかりでなく、財政移転も合理的に行われていない。
・財政移転資金の管理には不備が多い。
・中央が地方に委託して実施させる業務を減らしていく。
・使い勝手の悪い特定項目財政移転資金の割合を減らし、一般性財政移転資金の割合を段階的に60％以上にまで向上させる。
・貧しい地方への財政移転を増やす。

2　財政移転にともなう諸問題

二〇〇〇年代以降、財政移転の強化とともに「省管県」などの試みが推進されたものの、実際には、資金の流用や「省管県」への抵抗などにより、必ずしも所期の成果を上げるには至っていなかった。そこで二〇一四年には、国務院から表5－4のように、中央から地方への財政移転に関する問題が総括されるとともに、事態を改善するための指針が示された[30]。

以下では、二〇一〇年代以降、中央から地方への財政移転が抱えていた問題を、いくつかに分類して考察したい。

(1)　財政移転資金の遅配問題

中央から地方への財政移転に関しては、既述したような資金の流用問題以前に、そもそも資金が期限通り適正に支給されていないという問題が存在していた。そこで二〇一〇年一月に財政部は、財政移転資金の支給について以下の通達を発した[31]。

・財政移転資金は原則として、本級人民代表大会で予算が可決されてから九〇日以内にできるだけ速やかに下達しなければならない。

・上級財政部門から下達された財政移転資金は、本級財政部門によって三〇日以内に本級各部門と下級財政部門に下達されなければならない。

しかしながら、こうした通達にもかかわらず財政移転資金の適切な支給は徹底されず、二〇一四年九月に国務院は、あらためて以下の通達を行い適正化を促した[32]。

・中央から地方に対する一般性財政移転資金は、全国人民代表大会で予算が可決されてから三〇日以内に下達し、特定項目財政移転資金は九〇日以内に下達しなければならない。

・省級政府は中央から一般性および特定項目の財政移転資金を受けてから、三〇日以内に県級以上の地方政府に下達しなければならない。

ところが、それ以降も状況は完全には好転せず、全国人民代表大会では毎年表5－5のように、財政移転資金の遅配問題が指摘された。

（2） 縦割り管理による非効率

財政部が分税制導入以降の二〇年近くを総括した際、財政移転は中央政府各部門により縦割り管理されているため、非効率的な運用の弊害が著しいと指摘された[33]。とりわけ問題とされたのは、中央政府各部門による締め付けが強い特定項目財政移転資金である[34]。二〇一四年度中央予算への監査報告では、以下のように、特定項目財政移転資金の問題が具体的に示されるとともに、名目上は一般性財政移転資金であるにもかかわらず、実質的には特定項目財政移転資金のように中央政府各部門による締め付けが強いものも存在していると指摘された。例えば、

表5-5

「2014年度中央予算監査報告」(35) ・予算の下達期限が守られていない。特定項目財政移転資金のうち2495.9億元（全体の13%）が予算案可決後90日以内に下達されていなかった。
「2015年度中央予算監査報告」(36) ・8.7億元の脱貧困支援資金が留め置きないしは無駄に使われた。調査対象となった50.13億元の脱貧困支援資金のうち、2016年3月末時点で8.43億元（17%）が1年以上も留め置かれており、そのうち2.6億元は2年以上、最長では15年に及んでいた。17県がかかわる29の脱貧困支援プロジェクトは放棄ないしは放置されており、所期の効果を発揮できなかったが、その損失額は2706.11万元に及んだ。
「2016年度中央予算監査報告」(37) ・94の特定項目財政移転資金のうち27項目は予算額の2023.11億元すべてが、当初どの地方に配分されるのか明確化されていなかった。29項目はいずれも期限までに地方へ下達されておらず、37項目は期限までに地方に下達された割合が70%にも達していなかった。
「2017年度中央予算監査報告」(38) ・9部門が主管する19項目の予算は12月になってようやく確保されたものの、その後に下達された1.46億元はすべて繰り越しとなった。 財政部と国家発展改革委員会が主管する財政移転資金のうち、それぞれ3833.03億元および212.18億元が所定の期限までに下達されておらず、とりわけ40の特定項目財政移転資金の遅れが際立っており、そのうち24項目はすべて期限までに下達されなかった。

「特定項目財政移転資金の分散化、部門化、部署化現象が改善されていない。二〇一四年に財政部が主管している特定項目財政移転資金の一三三項目に対して、実際には三六二の細かい用途が指定されており、そのうち三四三を調べたところ、四三の部門が

表5－6

・52項目の特定項目財政移転資金は、実際には301の具体的な事項に細分化されている[42]。例えば、農業総合開発に関する資金は、13の具体的な事項に細分化されていて、そのうち3つを財政部が分配し、10を財政部と他の5部門が共同で分配することになっており、特定項目財政移転資金に関する細分化、分散化および管理上の混乱が解決されていない。
・国家発展改革委員会が25の省に分配した5806の「郷鎮衛生院宿舎建設特定項目補助」のうち、実際に個別の補助対象に支給された金額はたったの5万元に過ぎなかった。
・調査対象となった中央投資補助41項目のうち、13は虚偽の申請であったにもかかわらず8637万元が支給されていた。

分配に関与し、その下で一二三の司・局、二〇九の処・室がかかわっていた。例えば、『公衆衛生サービス補助』特定項目財政移転資金は、さらに二一の用途に細分化されていて、衛生・計画出産委員会疾病予防コントロール局内における一〇の処は一三にも及ぶ細かい用途への配分にかかわっていた[39]」。一方、「一般性財政移転資金であるにもかかわらず、用途が細かく指定されているものが九一八八・四九億元分（全体の一九％）あり、地方は運用面で機動性を発揮できなくなっている[40]」などの問題も指摘された。二〇一五年度中央予算に関する監査報告の中でも、二〇一四年度と同様に、特定項目財政移転資金に関する問題が表5－6のように具体的に示された[41]。

（3） 財政移転資金の詐取および流用問題

財政移転資金の詐取については、表5－7のように、数多くの事案が報告された。財政移転資金の流用問題も、表5－8のように、省級から基層レベルに至るまで横行していた。

3 財政移転改善の試みとその限界

財政移転に関する前記のような問題に対処するため、二〇一五

表5－7

・1.51億元の脱貧困支援資金が虚偽の申請であったにもかかわらず支給されてしまい、違法に使用された。29県の59単位と28名の個人は、虚偽の申請や重複申請によって、5573.13万元の脱貧困支援資金を詐取した。(43)
・県・郷鎮級の関連部門に所属する人員が主導して、農業総合開発、住居移転補助、脱貧困支援などに関する財政補助を騙し取る事案が55件確認された。例えば、江蘇省贛楡農村商業銀行は書類を偽造して、脱貧困支援にかかわる貸出高を実際より多く見せかけ、財政補助や奨励金2000万元あまりを騙し取った。そのようにして詐取した資金の中から、当地の脱貧困支援や財政などの部門は400万元あまりを受け取っていた。(44)
・2010年から2014年にかけて、四川省宣漢県にある一部の郷鎮では、重複申請や書類の偽造によって、「農村危険住宅改築財政補助金」216.7万元を詐取していた。(45)
・2013年から2016年にかけて、雲南省元陽県脱貧困支援辦公室や同県農業局などの主管部門は、同県現代農業開発有限責任公司などの単位が虚偽の申請を行い、脱貧困支援借款にかかわる財政補助資金156.64万元を詐取するのを黙認した。(46)

表5－8

・8つの省の財政等の部門では、特定項目財政移転資金を流用して、ハコモノ建設、手当支給、企業誘致奨励金などに流用していた。(47)
・14県の財政や脱貧困支援等の部門と郷鎮級政府、村民委員会などは脱貧困支援資金6091.35万元を規定に違反して、財源不足の補塡、ホテル改築などに流用した。17県の25の単位は2194.78万元を業務経費や福利厚生のために流用していた。(48)
・2012年から2015年にかけて遼寧省開原市財政局は、「一般向け住宅建設用財政特定項目資金」1390.51万元を行政事務経費の不足を補うために流用していた。(49)
・2015年、寧夏回族自治区中寧県の寧安鎮、舟塔郷、余丁郷は、「農村危険住宅改築財政補助金」3.6万元を詐取し、建設プロジェクトに流用していた。(50)

年末には新たに「中央から地方に対する特定項目財政移転資金管理辦法」が制定され、中央から地方への財政移転資金管理の改善が再度図られることになった[51]。その結果、二〇一六年度の中央予算決算報告では、一般性財政移転資金は三兆一八六四・九三億元で、特定項目財政移転資金は二兆七〇八・九三億元となり、一般性財政移転資金の割合は六〇・六％まで向上したことが明らかになった[52]。その一方で同年の中央予算に関する監査報告の中では、財政移転に関する様々な問題が指摘された[53]。

以上のように、二〇一〇年代以降、財政移転改善への取り組みは続けられたものの、依然として、縦割り管理に起因する非効率や資金流用の問題などが繰り返し起こるという矛盾に直面していたのであった。その背景には構造的な要因があり、対症療法的な取り組みを繰り返すだけでは抜本的な解決は困難であるということが、二〇一〇年代半ば以降、各方面から指摘されるようになった。

例えば、二〇一五年一二月二四日、全国人民代表大会常務委員会第一八回会議において王明雯委員は、特定項目財政移転資金が詐取された割合は、調査対象となった企業の八〇％、金額の六〇％以上に上ることを重要視し、この問題は詐取した側はもとより主管部門側の問題でもあり、双方が結託している事案も少なくないと指摘した[54]。財政移転に関するこうした問題について、前記の全国人民代表大会常務委員会第一八回会議においては改善策も議論された。例えば前出の王明雯委員は、一部の重大投資項目の審査には時間がかかり過ぎて工期が遅れ、建設がなかなか進まない問題に関して、権限を下放するないしは審査項目を簡略化する、または建設項目の適性をしっかりと審査することによって、「業績アップ・プロジェクト」、「イメージ向上プロジェクト」などを抑制して、貴重な資金の浪費や未完成プロジェクトの放棄を防ぐべきであると指摘した[55]。

その一方で、姚勝委員は以下のように改善策の限界を指摘した。例えば、「監査部門から改善を促されても、それについての対応が遅々として進んでいなかったり、ほとんど何もしていないケースもある。また、監査の対象となったのは、あくまでも一部の部門や単位に過ぎず、多くの部門や単位は監査さえ受けておらず、それらの部門や単位にも少なからぬ問題があるはずである」[56]との認識を姚委員は示した。

同様に、二〇一六年度中央予算に関する監査報告の中でも、財政資金の詐取や損失などの問題を是正するためには、関係する単位や人員が膨大な数に上るため部門間の協力や訴訟が必要であるが、部門間の調整や法的手続きには多くの時間を要することから、ほとんど手がつけられていないのが実情であるとの問題が指摘された[57]。

このように、財政移転には様々な構造的問題があり、その改善策にも縦割り管理や取り締まりの物理的限界などに起因する課題があると言えよう。

第三節　地方内における財政移転の試みとその限界

第二節では、「省管県」および中央と地方の間の財政移転の試みとその限界を検証してきたが、本節では二〇〇〇年代以降の広東省を事例として、「省管県」および地方内における財政移転の試みとその限界を考察したい。

1　広東省における財政移転強化の試み

(1)「インセンティブ型財政移転」の試み

二〇〇〇年当時、広東省では公的機関における給与の遅配が深刻な社会問題となっていたことから、同年一一月、広東省人民政府は、給与遅配問題を解決するため、省級から地・県級への財政移転を強化する方針を示した[58]。二〇〇四年四月になると広東省人民政府辦公庁は、一九九六年から二〇〇三年までに広東省において実施された財政移転を総括するとともに、財政請負制的要素を加味した「インセンティブ型財政移転」の試みを行うとの方針を打ち出した(59)。

以上の方針を受けて経済的に立ち遅れていた河源市は、二〇〇四年当初から県域経済発展のために、「インセンティブ型財政移転」給付メカニズムを構築し運用を図った(60)。こうして二〇〇四年から導入された「インセンティブ型財政移転」の成果について、二〇〇七年七月、広東省人民政府は以下のように総括した。例えば、「二〇〇四年から県級財政に対する『インセンティブ型財政移転』給付制度を始めて以来、二〇〇六年には省内の県全体でGDP四六六四・四七億元を実現し、前年比一五％の伸びを達成した。また、地方一般財政収入は一五一億元で、前年比二五・三％増加し、全国平均を上回った(61)」として成果を強調した(62)。

こうした成果を踏まえ二〇〇七年末に広東省人民政府は、二〇〇八年以降も「インセンティブ型財政移転」をさらに推進するとともに、財政的に厳しい県（市・区）に対する優遇策も打ち出した(63)。

（2） 郷鎮級財政強化の試み

ここまで見てきた「インセンティブ型財政移転」は、省から地級市および県レベルへの財政移転強化の試みと位置づけられるが、以下では郷鎮級財政強化の試みを考察したい。農村税費改革の進展を受けて、二〇〇五年五月、広東省人民政府辦公庁は、郷鎮級財政強化のための包括的方針を打ち出した(64)。さらに二〇〇七年になると、郷鎮級財政ばかりでなく村級財務管理も強化するために、広東省人民政府辦公庁からは、「鎮財県管」や「村財鎮代管」という方式が提起された(65)。二〇一一年一二月には、基層政権の財政基盤をさらに健全化し、郷鎮級財政と村級財務管理の水準を向上させるために、広東省人民政府は二〇一二年から二年をかけて、深圳市内を除く省内すべての郷鎮と村級組織で、全面的に郷鎮級財政および村級財務管理に関する改革を展開させることを決定した(66)。

（3）「省管県」の試み

一方、二〇一〇年代以降、財政移転による地域間経済格差是正機能強化のために、省級財政の強化が図られると同時に、「省管県」の試点を拡充させることを通じて、県級財政への支援強化が試みられていった[67]。例えば、従来、順徳区等五区・県で「省管県」の試点が行われてきたが、二〇一二年には新たに龍川県等一〇県（市・区）を加えて漸進的に「省管県」を推進し、財政にかかわる階層を減らすとともに財政管理の平準化を実現するために、基層財政への支援を強化する方針が打ち出された[68]。二〇一四年二月には、南澳、仁化、豊順、陸河、懐集、掲西の六県を新たに「省管県」の試点とし、県から省への資金申請のルートを改善するとの指針も示された[69]。また二〇一五年一〇月にも広東省人民政府は、「省管県」の試点を拡大していくとともに、関連する制度を規範化していくとの方針を打ち出した[70]。

2　広東省における財政移転にかかわる諸問題

二〇一一年に省級財政移転資金給付は一五六八億元に達し、省級一般予算支出の六六・一六%を占めるまでになった[71]。二〇一三年一〇月には財政移転の効果をいっそう高めるため、広東省人民政府辦公庁は一般性財政移転資金の傾斜配分を高め、発展途上地区の振興をいっそう支援するとともに、「インセンティブ型財政移転」給付の割合を適度に高めて、地級市および県の発展への意欲をさらに引き出すとの方針を打ち出した[72]。具体的には、二〇一七年末までに省級一般性財政移転資金の割合を二〇一二年の三五・七%から六〇%にまで高めるために、二〇一三年には一三%、二〇一四年には五%以上、二〇一五年から二〇一七年の間には毎年平均二%以上引き上げるとの指針が示された[73]。

以上のように二〇一〇年代以降、財政移転による地域間経済格差是正機能を高めるために様々な施策が打ち出

財政移転資金の遅配および留め置き

「2011年度予算監査報告[74]」 ・2つの地級市と県では、中央と省からの財政資金1092.2万元を使用せず留め置いていた。
「2013年度予算監査報告[75]」 ・規定により、義務教育経費は各地の財政部門から直接各学校に支給されることになっているにもかかわらず、調査対象となった汕頭、汕尾、潮州、掲陽の4地級市では、大部分の資金が各級の財政・教育部門、決裁センター、鎮中心学校などの各段階を通じてようやく各学校に届くようになっていた。 ・2013年9月末までの段階で、5県において2.96億元の資金が留め置かれていた。
「2014年度予算監査報告[76]」 ・河源、梅州、恵州、陽江、清遠、雲浮の各地級市および管轄下の県における2010年から2014年6月までの「全国重点中小河川治水特定項目資金」16.87億元の管理使用状況を調査したところ、中央と省から資金が下達された99のプロジェクトのうち、19が6市で未着工になっていた。 ・5市の財政移転資金全体の到達率はたった19.8%に過ぎなかった。同じく5市の特定項目財政移転資金16.87億元のうち、依然として8.11億元が県級財政部門に留め置かれていた。

されていった一方で、上記のように、財政移転資金の遅配、留め置き、詐取、流用などの問題にも直面した。

3　広東省における財政移転改善の試みとその限界

財政移転に関するこうした問題を解決するために、二〇一五年には、あらためて財政移転の改善に向けた方針が示された。例えば同年四月、広東省人民政府は財政移転資金を期限内に下達するとともに、財政移転を通じて県級財政への支援をさらに強化するための指針を示した[77]。また同年一〇月には国務院からの指示[78]に

財政移転資金の詐取および流用

「2010年度予算監査報告への対応状況に関する報告」[79]
・地・県級政府には特定項目財政移転資金に関して「重複申請、管理軽視、効果軽視」の問題がある。
・すでに、特定項目財政移転資金の詐取、流用などの嫌疑で12人の責任者を処分した。その中には、茂名市と清遠市の公安・検察機関の関係者2名が含まれていた。

「2012年度予算監査報告」[80]
・2012年8月末までに、省級財政から17地級市に2011年度分の「農村貧困世帯住宅改築特定項目資金」14万戸分が下達された。そのうち、3市の支援対象世帯数は、脱貧困支援部門による申請数と民政部門が把握している世帯数と相違しており、当該3市の脱貧困支援部門は水増しして申請した疑いがある。
・2つの県級市は書類を偽造して65万元を詐取した。ある県内の2つの鎮は補助資金61.3万元を別の用途に流用した。2つの県は161戸の受給対象世帯への支給額を省の規定より50%少なく支給し、80.5万元を詐取した。
・3つの県の財政部門は213万元の資金を留め置いていた。
・１つの地級市と4つの県（市・区）は、「都市一般向け住宅建設用資金」215.2万元を事務経費などに流用していた。

「2013年度予算監査報告」[81]
・2地級市、2県（区）の財政部門は2.75億元の財政資金を、5つの企業に貸し付けたり、債務返済などのために流用していた。

「2014年度予算監査報告」[82]
・河源、梅州、恵州、陽江、湛江、肇慶、清遠、雲浮の8地級市がかかわる、2011年から2014年6月までの「省級公共文化サービス特定項目資金」合計1.26億元の管理使用状況を調査したところ、8市すべてで、申請条件を満たしていないプロジェクトであったにもかかわらず、合計で2033.4万元が受給されていた。
・河源、梅州、恵州、陽江、湛江、肇慶、清遠、雲浮の8地級市がかかわる、2012年から2014年6月までの「省級就業促進特定項目資金」23.19億元の管

（前頁より続く）

理使用状況を調査したところ、6市の関連部門で5839.9万元が事務経費などに流用されていた。5市の就業訓練や職業紹介にかかわる15の機関が、研修手当資金439.2万元を詐取していた。
「2015年度予算監査報告[83]」 ・佛山市南海区など22県（市・区）における、2012年から2015年6月までの財政収支管理状況を監査したところ、14県（市・区）が特定項目財政移転資金58.13億元を流用していた。また、11県（市・区）が特定項目財政移転資金45.25億元を留め置いていた。その他、8県（市・区）が規定に違反して財政資金10.14億元を貸し出していた。 ・「省東部および西北部振興発展戦略政策措置」の実施状況について同地域の6地級市を監査したところ、ある市はすでに2.58億元の補助資金を獲得していたが、実際に使用されていたのは1500万元に過ぎなかった。また、ある市は補助資金1000万元を本来の使途であるインフラ施設建設以外の用途に使用していた。

従い、広東省人民政府は省内の財政移転給付制度を改革し改善するための包括的指針を示した[84]。二〇一七年一一月になると、省級財政をさらに強化して財政移転による地域間経済格差是正機能をいっそう高めるとの方針が、広東省人民政府辦公庁から公布された[85]。

こうして二〇一五年以降、財政移転を改善するための方針が次々と示されたものの、従来からの問題は以下のように依然として改善されなかった。

（1）　財政移転資金の遅配および留め置き

財政移転資金の遅配および留め置きの問題は表5-9のように、二〇一五年度以降も毎年、広東省審計庁による年度報告の中で指摘された。

（2）　財政移転資金の詐取および流用

財政移転資金の詐取および流用の問題も、依然として各地で横行していたことが、広東省審計庁による監査報告で、表5-10のように明らかになった[89]。

表5－9

「2015年度予算監査報告[86]」 ・2015年度の27の省級一般性財政移転資金、87の省級特定項目財政移転資金の合計171.35億元が期限までに支給されていなかった。 ・2015年度の「省級企業研究開発」、「省級バラック地区改造特定項目優遇貸付」、「ハイテク企業育成」などにかかわる19の省級特定項目財政移転資金合計62.58億元が、実施計画や実施条件の不備により、下級政府の担当部門に4か月以上、最長で1年も留め置かれていた。 ・2015年度の一般向け住宅建設の進捗状況を省全域にて監査したところ、そのうち1市では上級財政から支給された資金6.41億元が1年以上も留め置かれていた。
「2016年度予算監査報告[87]」 ・15地級市69県（市・区）の2014年から2016年6月にかけての「農村ゴミ処理特定項目財政移転資金」の管理使用状況を監査したところ、省級財政が2014年度と2015年度に支給した15.92億元のうち、2016年6月までに5.94億元の資金が地級市や県の担当部門に留め置かれていた。
「2017年度予算監査報告[88]」 ・2017年度の「基礎教育近代化推進奨励補助金」をはじめとする7項目の財政移転資金56.71億元の地級市および県への下達が、最長で26日期限を過ぎていた。2017年度の「科学技術発展特定項目資金」をはじめとする財政移転資金7.13億元の地級市および県への下達が、最長で282日遅れた。 ・佛山、梅州、肇慶、掲陽の4地級市における2016年度決算およびその他の財政収支について監査したところ、肇慶、掲陽の2市は上級からの財政移転資金33.69億元を期限までに下級政府に対して下達していなかった。

その他、地級市や県と同様に、郷鎮レベルにおいても、財政資金の留め置き、詐取、流用などの問題が横行していた[90]。また、全国人民代表大会では、広東省人民政府の副処長級幹部であった景修元が、郷鎮レベルで経

表5－10

・梅州市と肇慶市は規定に違反して、市政府各部門や企業に財政資金1.98億元を貸し出していた。
・広州市海珠区や深圳市宝安区等22県（市・区）の2014年から2016年までの財政収支管理状況を重点的に監査したところ、以下の問題が明らかになった。8県（区）では上級からの特定項目財政移転資金58.12億元を流用していて、8県（区）では上級からの特定項目財政移転資金32.44億元が留め置かれていた。その他、2県（区）では上級からの特定項目資金1236.55万元が詐取されていた。さらに3県（区）では「小金庫」に1.73億元が隠匿されており、12県（区）では規定を上回る賞与や手当3.17億元分が支給されていて、12県（区）では不明朗な公費接待が1.57億元に及んだ。
・汕頭、韶関、河源、梅州、惠州、汕尾、陽江、湛江、茂名、肇慶、清遠、潮州、掲陽、雲浮など14地級市の2016年10月から2017年9月までの各種脱貧困支援資金合計450.75億元を重点的に監査したところ、以下の問題が明らかになった。1市と9県（区）で脱貧困支援資金等1576.9万元について流用ないしは詐取など、規定に違反した使用が行われていた。1市と17県（区）では脱貧困支援資金2.02億元が1年以上も未使用のまま留め置かれていた。5県（区）では無計画に脱貧困支援資金284.64億元分をただ支給しただけであった。

済業務に従事する人員と結託して許認可権を悪用し、中央財政からの「小規模企業閉鎖補助」一二〇〇万元あまりを詐取したとの事案も報告された(91)。

4 財政移転改善の限界と構造的問題

こうした度重なる改善の試みにもかかわらず、財政移転に関する問題を根絶するのは困難であった。その背景には、以下のような構造的な問題が存在していた。

(1) 財政移転にかかわる構造的問題

まず、財政移転資金の遅配や留め置きについては、広東省人民代表大会常務委員会の予算工作委員会によって、例えば、「一部の省級特定項目財政移転資金や中央財政移転資金給付などの予算指標が当初の部門予算編成に組み入れられておらず、それらの資金の支給が下半期とりわけ第4四半期に集中するため年度内に使い切れない。また、科学研究資金管理の規則が煩雑なため執行に影響を及ぼしている」[92]などの問題が指摘された。

その他、脱貧困支援のための財政移転資金について、広東省人民代表大会財政経済委員会と広東省人民代表大会常務委員会の予算工作委員会は、例えば、「深圳市による汕尾市向けの二〇一六年度脱貧困支援資金第一弾の二億元は、二〇一七年一月になってようやく支給された。一方、脱貧困支援資金の使用に際しては煩雑な手続きを経なければならず、ある上級主管部門は湛江市の脱貧困支援資金に関して、支出ごとに十数種類もの証明書の提出を要求していることから、結果としてプロジェクトの実施にはかなりの時間を要し、そのため資金の使用が滞ってしまっている。また、計画が杜撰なために、プロジェクトの実施が困難で、結果として資金の支出を期限までに行えず、資金が未使用のまま留め置かれてしまう。例えば、汕尾市鮜門鎮朝面山村の脱貧困支援プロジェクトは計画が杜撰であったため、計画を策定し直さざるを得ず、脱貧困支援資金の支給が滞ってしまった」[93]などの問題を報告した。

特定項目財政移転資金に関する縦割り管理の弊害については、広東省人民代表大会環境および資源保護委員会が農村関連資金を事例として、例えば、「中央と省の各主管部門による農村関連資金は多岐にわたっており、省級だけでも『農村環境保護特定項目資金』（省環境保護庁）、『農村居住環境整備特定項目資金』（省財政庁）、『農業面源汚染抑止特定項目資金』（省農業庁）、『農村トイレ改造特定項目補助資金』（省衛生健康委員会）などがあるが、それらは縦割り管理のために、資金の効率的使用が困難で、その結果として資金の重複や浪費の源泉となっている」[94]などの問題を明らかにした。

財政移転資金の流用に関しては、慢性的な経費不足のために、財政赤字埋め合わせなどに使われてしまっている問題が以下のように指摘された。例えば、広東省人民代表大会常務委員会の予算工作委員会は、近年、省は次々と幹部および職員の手当や福利厚生の改善策を打ち出しているものの、それに見合う予算が充当されていないため、その他の予算を削って支給せざるを得ず、経費全体が切迫している状況が、特定項目財政移転資金の流用に手を出す誘因となっていると指摘した[95]。

また、広東省審計庁によれば、調査対象となった汕頭、汕尾、潮州、掲陽の四地級市および四県（市・区）では、二〇一二年末までの累計で六八・三一億元の特定項目財政移転資金が留め置かれ、そのうち一三・九四億元は財政赤字を埋め合わせるために流用されていた事例が報告された[96]。その他、同庁が河源、梅州、恵州、陽江、湛江、肇慶、清遠、雲浮の八地級市における二〇一一年から二〇一四年六月までの「省級汚染削減特定項目資金」合計八・三九億元の管理使用状況を調査したところ、それらの市の管轄下にある二県で一四六六万元が財政赤字の穴埋めに流用されていたことが明らかとなった[97]。

(2) 財政移転改善をめぐる議論

財政移転についての以上のような構造的問題に関しては、広東省内でも様々な対策が議論された。例えば、二〇一八年一一月、広東省人民代表大会常務委員会の特定問題調査研究グループは農村関連資金に関する縦割り管理の弊害について、農村農業、住宅都市農村建設、生態環境、衛生健康などの主管部門による縦割り管理の問題を克服するために、農業関連資金の使用管理を統合する方案を早急に作成し、財政による農村支援の効果と効率の向上を図るべきとの提案を行った[98]。また、農村居住生態環境整備への取り組みを県級以上の政府に対する考課と連動させて、それを県級幹部に対する考課の際の重要な指標と位置づけ、その考課結果に基づき、政策上の支援や幹部の任用を考慮すべきであるとの見解も同調査研究グループにより示された[99]。

実際のところ、財政移転資金の執行状況を幹部に対する考課と結びつけることの有効性は以前から認識されており、二〇〇八年から二〇一二年上半期にかけて、広東省審計庁は経済責任監査結果報告九五件を作成し、組織部門が各級幹部を考課する際の材料として提供していた[100]。しかしながら既述したように、それ以降も財政移転に関する問題の根絶には至っていないのであった。

おわりに

本章では、財政移転による地域間経済格差是正の試みとその限界を考察してきた。それにより、二〇〇〇年代以降、財政移転を通じて、地方とりわけ経済的な困難を抱えている地方への支援の面で一定の成果を挙げたものの、中央による財政面からの地方への支援には限界があることが明らかとなった。例えば二〇〇〇年代以降、中央は地方における経費不足や地域間経済格差などの問題に対処するために、財政移転の拡充を繰り返し図ったものの、財政移転資金の縦割り管理による非効率や、地方における自衛策あるいは逸脱行為としての財政移転資金詐取や流用の問題が相次いで露呈した。このように本章における考察を通じて、中央は組織・人事・財政そして政策決定などの面において強大な権限を有してはいるものの、再集権による中央への権限集中を通じた地方への支援強化には限界があり、中央への再集権による効果は限定的であることが明らかになったと言えよう。

（1）　朱鎔基「努力做好新形勢下的財政工作」（二〇〇二年一二月二五日）、前掲、『朱鎔基講話実録』編輯組編『朱鎔基講話実録』第四巻、四五七頁）。
（2）　例えば、以下のような方針が示された。「一九九四年の分税制改革では、個人所得税はすべて地方税とし、企業所得税は、中央企業の分は中央税、地方企業の分は地方税とした。しかし、地方企業の分を地方税とすることで、非効率で無駄な重複建設に資金が回ってしまっていた。例えば陝西省や甘粛省では、その問題が顕著に見受けられる。そのため、企業所得税は中央企業も地方企業も関係なく、中央と地方で分け合わなければならない」(朱鎔基「在二〇〇一年中央経済工作会議上的講話」(二〇〇一年一一月二七日)、同右、二八二頁)、「そうすれば、重複建設の防止や『西部大開発』の支援に役立つ。個人所得税は地方税になっていたが、実際のところ、東部地区は増えても、中西部地区は増えていないので、二〇〇一年を基準となる年と定めて、二〇〇二年は増えた分を中央と地方で五〇%ずつ分け、二〇〇三年からは中央を六〇%、地方を四〇%の配分とする。そうして、重複建設を防止しつつ、中西部地区の開発を支援する」(同、二八三頁)。

(3) その他、以下のような認識や方針も示された(国務院「関於印発所得税収入分享改革方案的通知」国発[二〇〇一]三七号(二〇〇一年一二月三一日)、『国務院公報』二〇〇二年第四号)。

・企業の所属により所得税の取り分を決める方法の弊害が日増しに深刻化している。
・それは重複建設や市場封鎖を促し、地域間の経済格差を広める要因にもなってきた。
・所得税の配分割合を変更して、重複建設の防止、地域間経済格差の是正、「西部大開発」への支援に充てる。
・所得税における中央への割り当て分を増やして、基層財政における困難の解決を支援する。
・中央の増加分はすべて中西部地区への一般性財政移転による支援に使う。
・中国銀行や中国建設銀行など一部の重要企業の所得税を一律に中央税とする以外、企業所得税および個人所得税は、その所属に関係なく、二〇〇一年を基準となる年と定めて所定の割合で配分する。

(4) 例えば、以下のような効果が強調された。「二〇〇二年から、重複建設を防止し、地域間経済格差を縮小させるために、所得税の中央と地方の配分を調整したが、一月から八月の間、企業所得税は一六七六億元で、中央に八一三億元、地方には八六三億元を分配した。個人所得税は七九九億元で、中央に三九八億元、地方には四〇一億元を分配した。このようにして中央の所得税が増えた分は、すべて中西部地区への財政移転に回した」(朱鎔基「加強財政増収節支工作」(二〇〇二年九月一四日)、前掲、『朱鎔基講話実録』編輯組編『朱鎔基講話実録』第四巻、四二九頁)。

（5）前掲、朱鎔基「努力做好新形勢下的財政工作」（二〇〇二年一二月二五日）、四五七頁。
（6）国務院「関於明確中央與地方所得税収入分享比例的通知」国発〔二〇〇三〕二六号（二〇〇三年一一月一三日）、『国務院公報』二〇〇四年第一号。
（7）例えば、「二〇〇〇年の第４四半期から、中西部地区の給与増加分は、中央が資金を出して支援してきた。それにもかかわらず、現在、県・郷鎮級幹部の給与未払い問題は深刻化している。財政部の計算では、地方財政と中央からの財政移転を合わせて、東部地区は四〇％くらいを、中西部地区では五〇％くらいを給与に回していることになっているが、現実は、中央からの指示にもかかわらず、給与を規定通りに支払わず、重複建設のために資金が流用されている」（前掲、朱鎔基「在二〇〇一年中央経済工作会議上的講話」（二〇〇一年一一月二七日）、二七四頁）問題に対して、朱鎔基は懸念を表明した。
（8）国務院「批轉財政部『関於完善省以下財政管理体制有関問題意見』的通知」国発〔二〇〇二〕二六号（二〇〇二年一二月二六日）、『国務院公報』二〇〇三年第四号。
（9）朱鎔基「国税局不能執法犯法」（二〇〇二年二月二日）、前掲、『朱鎔基講話実録』編輯組編『朱鎔基講話実録』第四巻、三一一頁。
（10）国務院辦公庁「轉発審計署『関於在機構改革中加強市、県級人民政府審計機関建設幾点意見』的通知」国辦発〔二〇〇〇〕六六号、『国務院公報』二〇〇〇年第三五号。
（11）このことに関連して、朱鎔基は監査機関の独立性を担保する必要性を以下のように力説した。「かつて、監査人員の経費は、監査対象になる単位から出ていたが、二〇〇〇年からは、財政部門が費用を捻出し、監査部門の経費をまかなうことにして、監査部門の独立性を担保することにした。今後とも、財政部門は監査工作への支援を続けていくべきである」（朱鎔基「審計署要成為廉政署、法治署、正気署」（二〇〇三年一月一三日）、前掲、『朱鎔基講話実録』編輯組編『朱鎔基講話実録』第四巻、四七八頁）。
（12）同右、四七七頁。
（13）朱鎔基「対審計特派員辦事処執法犯法問題要厳粛査処」（二〇〇〇年一二月三日）、前掲、『朱鎔基講話実録』編輯組編『朱鎔基講話実録』第四巻、八八頁。

(14) それゆえ、両者の役割分担のために、財政部財政監察専員辦事処の方は、国有企業への監査を取り止め、国庫管理の検査に専念するとの方針が打ち出された（朱鎔基「審計工作要突出重点」（二〇〇二年一月四日）、同右、三〇五頁）。

(15) 中共中央「関於印発『党政領導幹部選抜任用工作暫行条例』的通知」（一九九五年二月九日）、前掲、中共中央文献研究室編『十四大以来重要文献選編』（中）、一二〇六―一二二三頁。

(16) 中共中央辦公庁「関於印発『深化幹部人事制度改革綱要』的通知」（二〇〇〇年六月二三日）、前掲、中共中央文献研究室編『十五大以来重要文献選編』（中）、一三一二―一三二八頁。

(17) 中共中央「関於印発『中国共産党党内監督条例』（試行）的通知」（二〇〇三年一二月三一日）、前掲、中共中央文献研究室編『十六大以来重要文献選編』（上）、六五六―六七〇頁。

(18) 中共中央辦公庁「関於印発『公開選抜党政領導幹部工作暫行規定』等五個法規文件的通知」（二〇〇四年四月八日）、前掲、中共中央文献研究室編『十六大以来重要文献選編』（中）、一七―四六頁。

(19) 中共中央辦公庁・国務院辦公庁「関於健全和完善村務公開和民主管理制度的意見」（二〇〇四年六月二二日）、同右、一二一―一三〇頁。

(20) 例えば、「農業税の廃止によって主な財源を失う県や郷鎮は、機構改革によって経費を削減するとともに、中央は二〇〇五年に一五〇億元を、財政が困難な県と郷鎮への支援に充てることにし、今後も支援を強化していく。条件のある地方では、『省管県』や『郷財郷用県管』を行う。これらの措置を講じることによって新たな債務の発生を防いでいく」（前掲、温家宝「全面推進以税費改革為重点的農村総合改革」（二〇〇五年六月六日）、九二六―九二八頁）とした。

(21) 同右、九二六―九二八頁。

(22) 具体的には、以下の方針が示された（財政部「関於推進省直接管理県財政改革的意見」財預［二〇〇九］七八号（二〇〇九年六月二二日）、『国務院公報』二〇一〇年第四号）。

・中央と省の間の分税制に準じた形で、省内でも業務分担と財源を連動させる体制を構築して、基層政権が公共サービスを提供する能力を向上させる。

・二〇一二年末までに、民族自治区を除く全国で、全面的に「省管県」を推進する。
・直近では、食糧、油、綿花、豚の生産が多い県をすべて改革の対象とし、民族自治区では基層財政に対する支援と指導を強めて経済と社会の発展を促す。
・まずは、省級財政と地・県級財政を連携させ、収支の配分、財政移転などで関連業務を進める。
・地級市と県の間の日常的な資金のやり取りをなくし、省級と地・県級の間で直接資金のやり取りをする。
・省級財政は県級まで業務関係を拡大させ、県級の基本的な財力を保障し、財力の弱い県への支援を強め、職員の給与、機関の運転資金、公共サービスの確保を実現する。

(23) 具体的手順については、以下の方針が示された（財政部「関於建立和完善県級基本財力保障機制的意見」財預［二〇一〇］四四三号（二〇一〇年九月二一日）、『国務院公報』二〇一一年第三号）。例えば、毎年一〇月末までに、中央財政が次年度の「県級財力保障メカニズム」の範囲と基準を定める。一一月末までに、各地方は中央が策定した方針に基づき、管轄地区における次年度の「県級基本財力保障メカニズム」の案を策定する。翌年二月末までに、地方は中央に対して前年の「県級基本財力保障メカニズム」の実施状況を報告する。翌年六月末までに、中央財政は各地方の前年の「県級基本財力保障メカニズム」の実施状況に基づき、補助金を支給する。二〇一三年に至っても県級基本財力が不足している省に対しては補助金を減額し、財力が不足している県に中央が直接補助を行う。

(24) 例えば、以下の方針が示された（国務院辦公庁「転発財政部『関於調整和完善県級基本財力保障機制度意見』的通知」国辦発［二〇一三］一一二号（二〇一三年一二月三〇日）、『国務院公報』二〇一四年第二号）。
・「省管県」と「県級基本財力保障メカニズム」を結合させ、省級財政による県級財政への関与を強める。
・県級財政の水準が基準に達していない地方には、二〇一四年以降、中央から省への財政移転を削減し、中央が直接県に補助を行うことにする。
・省級政府は企業の隷属関係に応じて収入を決める方式を改め、税種に基づき省内各級政府の財源を決めるようにする。
・用途に制限のない一般性財政移転を省内で増加させる。

(25) 以下、王雪麗『中国〝省直管県〟体制改革研究』（天津人民出版社、二〇一三年、一六六頁）を参照。

(26)一九八〇年代半ばから推進された、地方内で地級市を通じて県を管理する体制を指す。

(27)佐々木智弘「県レベルの経済発展と管理体制」、佐々木智弘編『現代中国の政治的安定』アジア経済研究所、二〇〇九年、一二〇頁。

(28)同右、一二一頁。

(29)同右、一二一頁。

(30)国務院「関於改革和完善中央対地方轉移支付制度的意見」国発〔二〇一四〕七一号(二〇一四年一二月二七日)、『国務院公報』二〇一五年第五号。

(31)財政部「関於進一歩做好預算執行工作的指導意見」財預〔二〇一〇〕一一号(二〇一〇年一月二二日)、『国務院公報』二〇一〇年第二〇号。

(32)国務院「関於深化預算管理制度改革的決定」国発〔二〇一四〕四五号(二〇一四年九月二六日)、『国務院公報』二〇一四年第二九号。

(33)例えば、以下の問題が指摘された。「財政移転は中央政府各部門を通じて行われるため、資金が分散し、効率が悪く、中央政府各部門が地方に干渉する手段ともなっている。また、移転資金の扱いをめぐり汚職の温床ともなっている」(前掲、楼継偉主編『深化財税体制改革』、四八頁)。

(34)二〇一四年度の中央予算決算報告では、一般性財政移転資金と特定項目財政移転資金の概要について、以下のように示された(前掲、国務院「関於二〇一四年度中央預算執行和其他財政収支的審計工作報告」(二〇一五年六月二八日)、七五六頁)。「二〇一四年の地方への一般性財政移転資金給付は二兆七五六八・三七億元で財政移転資金総額の五九・三%を占め、二〇一三年より二・二%増えた。地方への特定項目財政移転資金給付は一兆八九四一・一二億元で財政移転資金総額の四〇・七%を占め、二〇一三年より二・二%減少した」。

その他、以下の指摘も行われた。「二〇一四年に下達された中央基本建設投資は四五七六億元で、一般向け住宅建設、都市インフラ施設建設、農村支援、重大インフラ施設建設、辺境少数民族地区支援、社会事業、治安対策、省エネ、環境保護、中央本級建設プロジェクトなどに使用された」。

(35)国務院「関於二〇一四年度中央預算執行和其他財政収支的審計工作報告」(二〇一五年六月二八日)、『全国人民代表大会常務委員会公報』二〇一五年第四号、七六五頁。
(36)国務院「関於二〇一五年度中央預算執行和其他財政収支的審計工作報告」(二〇一六年六月二九日)、『全国人民代表大会常務委員会公報』二〇一六年第四号、七〇七頁。
(37)国務院「関於二〇一六年度中央預算執行和其他財政収支的審計工作報告」(二〇一七年六月二三日)、『全国人民代表大会常務委員会公報』二〇一七年第四号、五八一頁。
(38)国務院「関於二〇一七年度中央預算執行和其他財政収支的審計工作報告」(二〇一八年六月二〇日)、『全国人民代表大会常務委員会公報』二〇一八年第四号、五二〇—五二一頁。
(39)前掲、国務院「関於二〇一四年度中央預算執行和其他財政収支的審計工作報告」(二〇一五年六月二八日)、七六六頁。
(40)同右、七六六頁。
(41)前掲、国務院「関於二〇一五年度中央預算執行和其他財政収支的審計工作報告」(二〇一六年六月二九日)、六九六頁。
(42)以下、同右、七〇五頁を参照。
(43)同右、七一二頁。
(44)同右、七一二頁。
(45)国務院辦公庁「関於督査問責典型案例的通報」国辦発〔二〇一七〕五三号(二〇一七年六月八日)、『国務院公報』二〇一七年第一八号。
(46)同右。
(47)前掲、国務院「関於二〇一四年度中央預算執行和其他財政収支的審計工作報告」(二〇一五年六月二八日)、七六六頁。
(48)前掲、国務院「関於二〇一五年度中央預算執行和其他財政収支的審計工作報告」(二〇一六年六月二九日)、七〇七頁。
(49)前掲、国務院辦公庁「関於督査問責典型案例的通報」国辦発〔二〇一七〕五三号(二〇一七年六月八日)。
(50)同右。
(51)財政部「関於印発『中央対地方専項轉移支付管理辦法』的通知」財預〔二〇一五〕二三〇号(二〇一五年一二月三

〇日)、『国務院公報』二〇一六年第一〇号。

(52) 国務院「関於二〇一六年中央決算的報告」(二〇一七年六月二三日)、『全国人民代表大会常務委員会公報』二〇一七年第四号、五六九頁。

その他、二〇一六年末には国務院から以下のように、財政移転改善の兆しと残された課題が報告された(国務院「関於深化財政轉移支付制度改革情況的報告」(二〇一六年一二月二三日)、『全国人民代表大会常務委員会公報』二〇一七年第一号、七九—八一頁)。

・二〇一六年の中央から地方への財政移転の規模は、五・二九億元に達し、一般性財政移転資金は三・二億元で、特定項目財政移転資金は二・〇九億元となり、基本公共サービスの均等化、地域間の協調的発展、各種の民生政策実現に寄与した。

・一般性財政移転資金が占める割合は、二〇一三年の五六・七%から二〇一六年の六〇・五%にまで向上した。

・二〇一六年に特定項目財政移転資金の項目数は二〇一三年の二二〇から九四にまで大幅に減少し、減少率は五七%に達した。

・中央と地方の業務分担と支出責任の再調整は始まったばかりで、地方税体系の構築も道半ばであるため、財政移転の問題を抜本的には解決できていない。

・財政移転資金の留め置きや給付重複による非効率の問題があるばかりでなく、地方内における財政移転制度整備の進展具合に地域差が大きいという課題もある。

(53) 以下、前掲、国務院「関於二〇一六年度中央預算執行和其他財政収支的審計工作報告」(二〇一七年六月二三日)、五八一頁を参照。

・一般性財政移転資金と特定項目財政移転資金との区別が依然として曖昧なままである。一般性財政移転資金の七カテゴリーの中の九〇項目のうち、六六には用途が指定されていて、その総額は二〇一五年に比べて一三%増加した。国家発展改革委員会が二〇一六年に地方に対して給付した中央基本建設投資に関する特定項目財政移転資金三七七六億元は、執行に際して八四項目に細分化されているにもかかわらず、長期にわたり一つの特定項目財政移転資金として扱われてきた。

・財政部が二〇一六年に扱った特定項目財政移転資金九四のうち、八四には実施期限も給付終了条件も明確にされていない。これら九四の特定項目財政移転資金は実際のところ二七九の具体的項目に細分化されている。

・一部の特定項目財政移転資金は重複して支給されている。部門間で言えば、財政部および国家発展改革委員会は管轄する特定項目財政移転資金の中で、水質汚染防止等に関する類似した特定項目にそれぞれ二七六・八億元と八〇・七億元を支給している。部局レベルでも、国家発展改革委員会の投資司と農経司は、ともに林区と墾区のインフラ施設建設投資補助を支給している。

二〇一七年度中央予算に関する監査報告の中でも同様に、以下のような問題が指摘された（前掲、国務院「関於二〇一七年度中央預算執行和其他財政収支的審計工作報告」（二〇一八年六月二〇日）、五二一頁）。

・二〇一七年の地方への財政移転の中で、特定項目財政移転資金は一％減ったが、一般性財政移転資金のうち三七項目一兆二四三四・四二億元分には用途が指定されており、それに特定項目財政移転資金を加えると、地方が受け取る資金のうち六〇％は地方の裁量で使うことができない。

・一部の財政移転資金給付は重複して行われており、それは主として類似した名目で多くのルートから資金が手当てされているからである。例えば、旅行インフラ施設建設などには、一般公共予算と政府性基金予算からそれぞれ二四・六億元と二九・七六億元が支給されている。また、一一の具体的項目に対して、財政部と国家発展改革委員会からそれぞれ一五七〇・六億元と四七二・六億元が支給されている。その他、名目は違っていても、実際には同じ事業に重複して支給されているケースもある。例えば、財政部の二つの特定項目財政移転資金と国家発展改革委員会の二つの投資項目から、同時に高レベル農地建設に支給されている。また、国家発展改革委員会の二つの投資項目からは、同一地区の重大プロジェクト前期事業に一九五〇万元が支給されている。

財政移転資金の流用問題も以下のように、依然として各地で横行していた（前掲、国務院「関於二〇一七年度中央預算執行和其他財政収支的審計工作報告」（二〇一八年六月二〇日）、五二四頁および五二五頁）。

・調査対象となった二一省の三一二国定貧困県のうち五県で、五四〇万元あまりが景観美化や外壁の装飾などに流用されていた。四県では貧困世帯の住居移転費用補助がかさみ二・九七億元の欠損を出した上に、当初の任務を完遂できていない。一二県（市）では脱貧困支援事業の中での接待費が一七〇〇万元あまりにも及んでいた。
・二八・一一億元の脱貧困支援資金が詐取あるいは流用され、二六一項目にかかわる二・八八億元が長期にわたり留め置かれるか所期の目的を達成できないままになっている。
(54) 王明雯「建立完善的専項資金項目評審管理監督制度」（二〇一五年一一月二五日）、『中国人大網』。
(55) 同右。
(56) 姚勝「要加大已査出問題的整改工作力度」（二〇一五年一一月二五日）、『中国人大網』。
(57) 国務院「関於二〇一六年度中央預算執行和其他財政収支審計査出問題整改情況的報告」（二〇一七年一二月二三日）、『全国人民代表大会常務委員会公報』二〇一八年第一号、七二頁。
(58) 具体的には、以下の方針が示された（広東省人民政府「批轉省財政庁『関於切実解決市県財政拖欠工資意見』的通知」（二〇〇〇年一一月二八日）、『広東省人民政府文件』粤府［二〇〇〇］七九号）。
・一部の地級市や県では、給与の遅配問題が起きており、それへの対応を誤ると、政府の正常な運営や社会の安定、経済の発展目標達成にも影響を及ぼしかねない。
・各級党委・政府および省直属部門は、まず第一に「飯を食う問題」を解決し、その次に経済発展に取り組むという原則に基づき、給与遅配問題を真剣に解決しなければならない。
・地・県級の機構改革と結びつけて、各級政府の人事・編制主管部門は、定員超過、形だけの人員削減、計画外の臨時雇用、手当水準の不当なつり上げなどの問題を全面的に点検し、それを踏まえて人員過多や急激な増員の問題を根本的に解決し、定められた定員以上は一切受け入れないこととする。
・小中学校教師の総定員を厳格化し、臨時雇いや定員以外の教師を排除する。
・省は地級市や県への一般性財政移転資金給付を強化して支援するとともに、地級市や県は給与遅配問題解決のために重点配分しなければならない。期限内に給与遅配問題を解決できなかった地級市や県に対して、省は一般性財政移転資金の給付を停止する。

(59) 具体的には、以下を参照されたい(広東省人民政府辦公庁「印発『関於促進県域経済発展財政性措施意見』的通知」(二〇〇四年四月一六日)、『広東省人民政府辦公庁文件』粤府辦〔二〇〇四〕三七号)。
・一九九六年から二〇〇三年にかけて、省は地級市と県に対して財政移転資金給付を五・八億元から六七・九億元に増額してきた。しかし依然として、県級財力は脆弱で、省内六八県のうち、二〇〇二年度一般予算収入が一億元に満たない県が四〇、五〇〇〇万元に満たない県が一四あり、それらの県における財政運営は極めて困難である。
・現在、省から地級市や県に対する財政移転資金給付にはインセンティブ作用が乏しい。そのため、財政移転資金給付の効率性を高めるとともに、財政移転資金給付を通じて地級市や県の経済発展に対するインセンティブを高める必要がある。
・二〇〇四年から、県級財政の既得権益を維持することを原則としつつ、増収分に応じて、省から県への財政移転を増やすことで、経済発展へのインセンティブを高める。
(60) 広東省人民政府辦公庁「轉発省財政庁『河源市人民政府関於河源市貫徹落実省財政激励政策，促進県域経済発展情況報告』的通知」(二〇〇五年七月一日)、『広東省人民政府辦公庁文件』粤府辦〔二〇〇五〕五九号。
(61) 広東省人民政府「広東省部署県域財政発展工作，鐘陽勝出席会議」(二〇〇七年五月一四日)、『広東省人民政府門戸網站』〈http://www.gd.gov.cn/〉(以下、URLの表記は省略)。
(62) その他、一般予算収入が一億元を超えた県は二〇〇三年の三〇から二〇〇六年の五四にまで増え、県平均の一般予算収入は二〇〇三年の一・三億元から二〇〇六年の二・二五億元になったなどの成果も強調された。
(63) 例えば、以下の方針が示された。「二〇〇四年から『インセンティブ型財政移転』を始めて以来、経済発展は加速し、財政収入も著しく増えた。県域経済をいっそう発展させるために、『インセンティブ型財政移転』給付メカニズムをさらに改善して二〇〇八年以降も続け、向こう二年間不変とする。省から地級市および県に対する一般性財政移転基数は原則として据え置くこととする一方で、一人当たりの財力が著しく低く、一般性財政移転基数が二〇〇〇万元に満たない南澳県、普寧市、汕頭市潮陽区、汕頭市潮南区には、同基数を二〇〇〇万元にまで引き上げる」(広東省人民政府辦公庁「轉発省財政庁『関於継続執行促進県域経済発展財政性措施意見』的通知」(二〇〇七年一二月二九日)、『広東省人民政府公報』二〇〇八年第二期)。

(64) 例えば、「一九九六年に省内で分税制を実施して以来、省全体としては経済発展が実現する一方で、地域間の格差が広がり、ほとんどの県とりわけ郷鎮レベルの財政は極めて苦しい。そのことは、人件費や事務経費、農村の社会公益事業発展のための資金が不足し、債務負担が重くなっていることに反映されている。それゆえ、郷鎮級財政の困難は省内財政における突出した問題の一つである」との認識が示されるとともに、以下のような方針が示された（広東省人民政府辦公庁「轉発省財政庁『関於帮助県（市）解決鎮（郷）財政困難意見』的通知」（二〇〇五年五月二六日）、『広東省人民政府辦公庁文件』粤府辦［二〇〇五］四九号）。
・地級市から県と郷鎮への財政移転を進めて、地域間の経済格差を縮小させ、公共サービスレベルの均等化を図り、経済と社会の協調的発展を促す。
・県が主体となり、郷鎮級財政の困難な状況の改善を目指す。それと同時に、省は指導と支援を行い、地級市は県と郷鎮への財政支援と管理を強める。
・県と郷鎮の業務分担と支出責任を明確化し、省と地級市はしかるべき経費をすべて支出し、いかなる形式においても県と郷鎮に費用を転嫁してはならない。
・県は省からの補助金を、郷鎮級財政の困難解決のために有効に用いなければならない。県と郷鎮は省からの補助を有効に活用し、経済を発展させることによって、財政面での困難を解決する。
・省からの補助金は毎年二回に分けて支給し、年末の考課で目標水準に到達できなかった県や郷鎮には次期補助金の支給を一時停止する。補助金総額は省全体で毎年三億元以内に抑え、期間は三年とする。
・地級市から県と郷鎮への財政移転を促す。地級市政府が県と郷鎮の財政赤字を補塡し、地級市と県の間における財力の格差を縮小させるために財政移転を新たに増やした場合、省は当該地級市における財政困難の度合いや管轄下の県の財力レベルに応じて、一定の割合でインセンティブを与える。インセンティブの最高額は、地級市政府が新たに増やした財政移転資金給付の五〇％を超えないものとする。
・省および地級市の各部門は、中央が規定したもの以外、県や郷鎮に対して一切資金の調達を求めてはならない。また、省および地級市の各部門は、県や郷鎮に対して過大な政策ノルマを課すことを止め、県や郷鎮の財政支出圧力を強めてはならない。
・一部の郷鎮で「鎮財県管鎮用」財政管理改革試点を推し進め、郷鎮の財政権限を温存する前提の下、県級財政が郷鎮級財政収支に対する統一的管理と監督を試行する。「鎮財県管鎮用」を積極的に推進した県には、省が適宜インセンティブを与える。
(65) 例えば、以下のような方針が示された（広東省人民政府辦公庁「轉発省財政庁『関於推進鎮（郷）財政和村級財務管理方式改革試点工作指導意見』的通知」（二〇〇七年一一月一四日）、『広東省人民政府公報』二〇〇七年第三四期）。
・郷鎮級財政管理を強化して、基層政権運営のための財政基盤を改善するために、省政府は、東莞市と潮安県で郷鎮級財政改革と村級財務管理改革の試点を、蕉嶺県と徐聞県で郷鎮級財政管理改革の試点を、徳慶県と清新県で村級財務管理改革の試点を行うことを決定した。
・「鎮財県管鎮用」方式では、県級財政部門が郷鎮級財政収支を直接管理監督する。「村財鎮代管」方式では、郷鎮級財政が村級財務の管理を行う。
(66) 広東省人民政府「関於全面開展鎮（郷）財政和村級財務管理方式改革的通知」粤府函［二〇一一］三二八号（二〇一一年一二月九日）、『広東省人民政府公報』二〇一二年第二期。
(67) 二〇一〇年代に入ると、広東省内における財政移転の機能をさらに発揮させるために、以下のように、省級財政を強化する方針が打ち出された（広東省人民政府「印発『広東省調整完善分税制財政管理体制実施方案』的通知」粤府［二〇一〇］一六九号（二〇一〇年一二月二三日）、『広東省人民政府公報』二〇一一年第三期）。
・省級と地・県級の間の財政配分を規範化し、分税制財政管理体制を改善するために本方案を制定し実施する。
・一九九六年に省内で分税制財政管理の基本的な枠組を構築し施行してきた。
・一方で、地域間の発展の不均衡や県域財力基盤の脆弱性などの突出した問題にも直面し、省級財政が担う基本公共サービス均等化や発展途上地区における県級以下の基本財力保障などの任務は大きい。そのために、省級と地・県級の財政収入配分を合理的に調整し、地級市と県の既存の財力を保障するとともに経済発展のインセンティブを高める。また、省級のマクロコントロールを強化して、財政移転資金給付を拡大し、地域間の財力や基本公共サービス提供能力の格差を縮め、最終的には省内で基本公共サービスの均等化を図る。
・省級と地・県級の財政収入をともに高めると同時に、地域間の協調的発展や基本公共サービスの均等化を図るために省によるマクロコントロールを強める。
・企業所得税と個人所得税の地方収入分内での省級と地・県級の分配割合を、原則として五対五の比例配分とする。
・営業税、土地増値税の地方収入分における省級と地・県級との分配比率を従来の四対六から五対五に調整する。
・省級の固定収入、地・県級の固定収入、省級と地・県級の共通収入の割合を調整して新たに定める。

(68) 広東省審計庁「関於二〇一〇年度省級預算執行和其他財政収支審計査出問題的整改結果報告」(二〇一二年七月二四日)、『広東省人民代表大会常務委員会公報』二〇一二年第五号、二六二頁。

(69) 広東省人民政府「関於二〇一二年省級決算決議執行情況的報告」(二〇一四年二月七日)、『広東省人民代表大会常務委員会公報』二〇一四年第三号、八〇頁。

(70) 広東省人民政府「関於改革和完善省対下財政轉移支付制度的実施意見」粤府〔二〇一五〕一〇〇号(二〇一五年一〇月二六日)、『広東省人民政府公報』二〇一五年第三二期。

(71) 広東省人民政府「朱小舟在全省財政工作会議上強調更加注重財政収入質量促進財政持続平穏増長」(二〇一二年一月一〇日)、『広東省人民政府門戸網站』。

(72) 広東省人民政府辦公庁「轉発省財政庁『関於完善省級財政一般性轉移支付政策意見』的通知」粤府辦〔二〇一三〕四八号(二〇一三年一〇月三一日)、『広東省人民政府公報』二〇一三年第三二期。

(73) 広東省人民政府辦公庁「轉発省財政庁『関於圧縮省級財政専項轉移支付,拡大一般性轉移支付意見』的通知」粤府辦〔二〇一三〕四五号(二〇一三年一〇月二三日)、『広東省人民政府公報』二〇一三年第三一期。

(74) 広東省審計庁庁長藍佛安「関於広東省二〇一一年度省級預算執行和其他財政収支的審計工作報告」(二〇一二年七月二四日)、『広東省人民代表大会常務委員会公報』二〇一二年第五号、二〇九頁。

(75) 広東省審計庁庁長藍佛安「関於広東省二〇一三年度省級預算執行和其他財政収支的審計工作報告」(二〇一四年七月二九日)、『広東省人民代表大会常務委員会公報』二〇一四年第五号、四五頁。

（76）広東省審計庁「関於広東省二〇一四年度省級預算執行和其他財政収支的審計工作報告」（二〇一五年七月二九日）、『広東省人民代表大会常務委員会公報』二〇一五年第五号、八四―八五頁。

（77）以下、広東省人民政府「関於深化預算管理制度改革的実施意見」粤府［二〇一五］五〇号（二〇一五年四月三〇日）、『広東省人民政府公報』二〇一五年第一五期を参照。

・省級一般性財政移転資金は、省人民代表大会で予算が可決されてから三〇日以内に下達し、特定項目財政移転資金は六〇日以内に下達する。省級財政は中央からの財政移転資金を、三〇日以内に県級以上の政府に下達する。

・下級政府が自身の業務を遂行する上で不足している資金は、上級政府が一般性財政移転資金給付を通じて適切に補助する。上級政府が下級政府に業務を委託する場合は、財政移転資金給付を通じて費用を全額支給する。省級財政は一般性財政移転資金給付を増強するとともに、地級財政も県級財政に対する一般性財政移転資金給付の比重を高める。

（78）前掲、国務院「関於改革和完善中央対地方轉移支付制度的意見」国発［二〇一四］七一号（二〇一四年一二月二七日）。

（79）広東省人民政府「関於我省二〇一〇年度省級預算執行和其他財政収支審計工作報告審議意見研究処理情況的報告」（二〇一二年一月一八日）、『広東省人民代表大会常務委員会公報』二〇一二年第三号、三四頁および三五頁。

（80）広東省審計庁長藍佛安「関於広東省二〇一二年度省級預算執行和其他財政収支的審計工作報告」（二〇一三年七月二九日）、『広東省人民代表大会常務委員会公報』二〇一三年第四号、三九―四〇頁。

（81）前掲、広東省審計庁長藍佛安「関於広東省二〇一三年度省級預算執行和其他財政収支的審計工作報告」（二〇一四年七月二九日）、五〇頁。

（82）前掲、広東省審計庁「関於広東省二〇一四年度省級預算執行和其他財政収支的審計工作報告」（二〇一五年七月二九日）、八三頁および八四頁。

（83）広東省審計庁「関於広東省二〇一五年度省級預算執行和其他財政収支的審計工作報告」（二〇一六年七月二六日）、『広東省人民代表大会常務委員会公報』二〇一六年第六号、六二頁および六五頁。

（84）具体的には、以下のような指針が示された（広東省人民政府「関於改革和完善省対下財政轉移支付制度的実施意見」粤府［二〇一五］一〇〇号（二〇一五年一〇月二六日）、『広東省人民政府公報』二〇一五年第三二期）。

・省級からの財政移転資金給付を拡充するとともに、地級市および県が上級からの財政移転資金を用いて社会経済の発展を促進する主体的責任を明確化する。
・省級の業務は省が全額支出する責任を負う。省と地級市および県の共同事業は、省と地級市および県がともに支出責任を負い、省の分担分は特定項目財政移転資金給付を通じて、地級市および県に支給する。地級市および県の業務は地級市および県がそれぞれ支出責任を負う。財力の弱い地級市および県へは、省が主として一般性財政移転資金給付を通じて支援する。
・地級市および県の財政面での機動性を高めるために、二〇一五年末までに省からの一般性財政移転資金給付の割合を六〇%以上にまで高める。
・省から地級市および県への財政移転資金給付を強化するとともに、財力の弱い地域や基層政府への傾斜配分を高める。
・省から下級への一般性財政移転資金は、省人民代表大会で予算が可決されてから三〇日以内に、地級市と「省管県」を実施している県に下達し、特定項目財政移転資金は六〇日以内に地級市と「省管県」を実施している県に下達する。
・地級市政府は省からの財政移転資金を受けてから、三〇日以内に所轄の区や県に下達する。
・地級市政府も、省から地級市および県への財政移転制度にならい、下級政府への財政移転制度を整備していく。

(85) 例えば、以下のような方針が示された。「省級財政の役割を適度に高めて、地域間の発展の協調を図るとともに、重大建設プロジェクトなどへの支出責任を果たす。財源不足により支出責任を果たせない地域に対しては、支出割合を調整するとともに、財政移転資金給付を通じて支援を行う」(広東省人民政府辦公庁「関於進一歩完善省級預算管理的意見」粤府辦[二〇一七]六八号(二〇一七年一一月三〇日)、『広東省人民政府公報』二〇一七年第三六期)。
(86) 前掲、広東省審計庁「関於広東省二〇一五年度省級預算執行和其他財政収支的審計工作報告」(二〇一六年七月二六日)、六二頁および六六頁。
(87) 広東省審計庁「関於広東省二〇一六年度省級預算執行和其他財政収支的審計工作報告」(二〇一七年七月二五日)、『広東省人民代表大会常務委員会公報』二〇一七年第五号、一七一頁。
(88) 広東省審計庁「関於広東省二〇一七年度省級預算執行和其他財政収支的審計工作報告」(二〇一八年七月二五日)、

『広東省人民代表大会常務委員会公報』二〇一八年第五号、八四頁。
(89) 同右、八五頁および八九頁。
(90) 例えば、以下のような問題が横行していた。
「党省委と省政府の要求に基づき、初めて鎮（街）級財政財務収支などの状況への監査を、二〇一六年九月までに四五三鎮（街）に対して行った。その結果、以下のような問題が明らかになった。
・二〇鎮（街）では財政収入三・八九億元を偽り、三三鎮（街）では財政支出七・七億元を偽っていた。
・二一鎮（街）では虚偽の支出や収入の留め置きなどにより財政資金三九六六・一四万元が詐取されていた。
・五二鎮（街）では農林水産、衛生などにかかわる特定項目財政移転資金四・一三億元が流用されていた。
・四〇鎮（街）では教育、農業、災害復旧などにかかわる特定項目財政移転資金一・五三億元が留め置かれていた。
・二二鎮（街）では規定に反して財政資金一・四億元が企業に貸し出されていた。
・七鎮（街）では規定に反して一三・八七億元分の高利回りの起債が行われていた」（前掲、広東省審計庁「関於広東省二〇一六年度省級預算執行和其他財政収支的審計工作報告」（二〇一七年七月二五日）、一六七頁）。
(91) 前掲、国務院「関於二〇一六年度中央預算執行和其他財政収支的審計工作報告」（二〇一七年六月二三日）、五八七頁。
(92) 広東省人大常委会預算工作委員会「関於二〇一五年度審計査出的幾個問題整改情況跟踪調研的報告」（二〇一七年七月二五日）、『広東省人民代表大会常務委員会公報』二〇一七年第五号、二一九頁。
(93) 広東省人大財政経済委員会・広東省人大常委会預算工作委員会「関於我省扶貧資金支出績効情況的調研報告」（二〇一八年一一月二七日）、『広東省人民代表大会常務委員会公報』二〇一八年第七号、三一九頁。
(94) 広東省人大環境與資源保護委員会「関於農村人居生態環境整治工作情況的調研報告」（二〇一八年一一月二七日）、『広東省人民代表大会常務委員会公報』二〇一八年第七号、三二六頁。
(95) 広東省人大常委会預算工作委員会「関於二〇一五年度審計査出的幾個問題整改情況跟踪調研的報告」（二〇一七年七月二五日）、『広東省人民代表大会常務委員会公報』二〇一七年第五号、二一九頁。
(96) 前掲、広東省審計庁庁長藍佛安「関於広東省二〇一三年度省級預算執行和其他財政収支的審計工作報告」（二〇一四年七月二九日)、五〇頁。
(97) 前掲、広東省審計庁「関於広東省二〇一四年度省級預算執行和其他財政収支的審計工作報告」(二〇一五年七月二九日)、八二頁。
(98) 省十三届人大常委会第七次会議「対省人大常委会専題調研組『関於農村人居生態環境整治工作情況報告』的審議意見」(二〇一八年一一月二七日)、『広東省人民代表大会常務委員会公報』二〇一八年第七号、三二三頁。
(99) 同右、三二二頁。
(100) 広東省人民政府「関於我省二〇一一年度省級預算執行和其他財政収支審計工作報告審議意見的研究処理情況的報告」(二〇一三年三月四日)、『広東省人民代表大会常務委員会公報』二〇一三年第二号、七三頁。

第六章　「再分権」の推進とその意義

はじめに

習近平政権下ではその成立当初から、「再分権」が強力に推し進められている。前出の呉国光が主張するように、再集権により「中央が強くなり、地方が弱くなった」のであれば、なぜ、「再分権」の推進が行われることになったのであろうか。とりわけ、成立当初から権力集中を強めていると言われる習近平政権の下で、なぜ「再分権」が強力に推し進められているのであろうか。

すでに第四章や第五章における考察を通じて明らかにしてきたように、たとえ再集権を行っても、中央は地方を完全にはコントロールしきれず、地方を完全には養いきれないことが、一九九〇年代半ば以降の再集権から二〇年ほどが経過し明白になったため、習近平政権による強力なリーダーシップの下で、地方に権限と財源を与えて、中央が管理しつつも地方に自活させる、いわば「再分権」に舵を切る方針に転換したと言えないであろうか。そこで本章では、第一に、現在進行中の「再分権」の実態を明らかにし、第二に、「再分権」推進の意義を考察したい。

第一節　「再分権」の推進

本節では、地方立法権拡大、財政権限および行政権限の下放を事例として、「再分権」の展開過程を検証したい。

1　地方立法権の拡大

まず、二〇一〇年代半ば以降に推進された地方立法権拡大の展開過程を見ていきたい。

(1)　地方立法権拡大をめぐる議論

二〇一五年二月、第一二期全国人民代表大会常務委員会第一二回会議において、立法法修正草案についての審議が行われた。その際、劉政奎委員は地方立法権の拡大について左記の提案を行った(1)。

・現在、区を設置している市に対する立法権の付与や、付与する場合の手順や時期について議論が展開されているが、それらの論点に関して原案では区を設置している市に対して付与する立法権の範囲が狭過ぎるので、範囲を都市ばかりでなく農村も含めるべきであり、対象も都市や農村の建設および管理ばかりでなく、民生分

表6－1

・現在、区を設置している市は284あるが、地方立法権を有しているのは27の省都、4つの経済特区所在地、国務院が認可した18の大都市の合計49市だけであり、その他の235市には地方立法権がない。
・地方にとっての必要性や地方立法権の明確化そして法制の統一性の観点から、立法法修正草案では、区を設置しているすべての市に地方立法権を付与するとともに、都市や農村の建設および管理、環境保護、歴史文化保護などに関する地方性法規を制定する権限を認めることとしている。
・立法法修正草案に基づき、区を設置しているすべての市に地方立法権を付与することを認めた後、区を設置していない地級市に地方立法権を付与するか否かが問題となる。全国人民代表大会常務委員会は、立法法修正草案の精神に基づき、区を設置しているすべての市に地方立法権を認めると同時に、区を設置していない地級市である広東省東莞市および同省中山市、甘粛省嘉峪関市にも地方立法権を認めるよう提案している。

野などにまで拡大すべきである。

二〇一五年三月八日、第一二期全国人民代表大会第三回会議において、立法法修正草案についての審議が始まった。その際、地方立法権の拡大に関して論点となったのは表6－1に示した通りである。(2) また、こうした論点に関して、表6－2のような意見が提起された。(3)

(2) 地方立法権の拡大

二〇一五年は関係する各地方人民代表大会にとって、記念碑的意義を有する一年となったとされる。なぜならば三月一五日に第一二期全国人民代表大会第三回会議は立法法修正草案を可決し、立法法は制定から一五年目にして初めて改正され、それにより、従来、三一の省(市・区)と四九の市にしか与えられていなかった地方立法権が一気に三一五の地方立法主体に与えられることになったからである。(4)

例えば、河南省における地級市の中では、従来省都

表6－2

・立法法修正草案が、区を設置している市のうち、現行では49市にしか地方立法権が与えられていない現状を改変して、284市すべてに付与するとしている点について、李建明湖北省荊州市市長は、これまで膨大な業務を法的根拠なしに行ってきた問題を解決でき、地方政府における法治のレベルを高められるとして賛同した。
・杜黎明全国人民代表大会常務委員会委員は、地方に立法権を付与することによって、政府による行政権力行使が法に基づき行われることが重要であると指摘するとともに、地方立法の範囲が都市や農村の建設および管理、環境保護、歴史文化保護などに限定されていることを重視すべきであり、それによって上位法規との整合性が保たれると主張した。
・その一方で、2015年3月9日、全国人民代表大会常務委員会に設置されている法制工作委員会による記者会見の場において鄭淑娜同副主任は、この度の立法法修正草案に関して、各主管部門の既得権益や「地方部門保護主義」の法律化につながらないように体制、メカニズム、手順を有効に機能させることが重要な課題であると指摘した。
・車光鉄全国人民代表大会常務委員会委員も、政府部門主導による立法によって、各主管部門の既得権益保護につながる問題が起こることは避けられないと懸念を表明し、立法過程における各人民代表大会の主導的役割を明確化することを提案した。

の鄭州市および洛陽市にのみ地方立法権が付与されていたが、立法法改正後は、一五市にまで拡大した。新たに地方立法権が付与されることになった市には、省級人民代表大会常務委員会が開始時期や手順を定めることとされた。

同年一二月四日には、第一二期江蘇省人民代表大会常務委員会第一九回会議が、「鎮江市金山焦山北固山南山風景名勝区保護条例」を批准したことにより、新たに立法権を付与された市による全国初の地方性法規が成立した。従来、地方立法が不備であったことにより、近年、違法建築や乱開発が後を絶たなかったため、鎮江市における多くの

表6－3

・2015年5月28日：佛山、韶関、梅州、恵州、東莞、中山、江門、湛江、潮州の各市への地方立法権付与が決定され公布日から施行された。(5)
・2015年12月30日：汕尾および雲浮の各市への地方立法権付与が決定され公布日から施行された。(6)
・2016年1月30日：「広東省地方立法条例」第二次修正案が可決された。(7)

観光資源が破壊されていたことから、新たな地方立法権付与は現地にとっては朗報であった。

その一方で、各市によって地方立法を担うだけの能力、人材、必要性そして経済や社会の発達状況が違うため、広東省をはじめとする各省では立法能力が基準に達した地級市から、順次立法権を認めることとされた。例えば、広東省における地方立法権は、表6－3に示した過程を経て拡大された。

地方立法権拡大が決定されてから一年近くが経過した二〇一六年三月一〇日に、鄭淑娜第一二期全国人民代表大会常務委員会法制工作委員会副主任は、第一二期全国人民代表大会第四回会議の際の記者会見において、二〇一六年二月までに二四省で区を設置している市への地方立法権付与手続きが行われ、それは区を設置している二一四の市に及び、そのうち六つの市では、すでに地方性法規が成立したと総括した。(8)

2　財政権限下放の試み

次に、中央から地方に対する財政権限下放および地方内での財政権限下放の試みを見ていきたい。

（1）中央・地方間における業務分担と支出責任の調整

二〇一六年一月一日から、証券交易印紙税収入の配分割合を現行の中央九七％、

表6－4

・地方の既存の財力を温存し、地方の財政運営に影響を与えないという原則の下、中央と地方の現行の財力割合5対5を保つ。
・地方の積極性を引き出すために、地方の増値税配分割合を高め、地方経済の発展や財源開発への積極性を向上させ､「経済減速」による圧力を緩和する。
・2014年を基準となる年として、地方からの税収を返還するに際して増収分は中西部地区に傾斜配分することとする。とりわけ発展途上地区への支援を強め、基本的公共サービスの均等化を目指す。
・以上の措置は、地方税体系の確立と、中央と地方の業務分担と支出責任の調整を推進する間の過渡的な手段として行う。

地方三％から、すべて中央の収入とすることに改めることが決定されたのを皮切りに[9]、中央と地方の間の財政権限を調整する方策が次々と打ち出されていくことになった。例えば、中央と地方の現行の財力配置を温存しつつ税制改革を進め、中央と地方の収入配分を合理化するという中国共産党第一八期中央委員会第三回全体会議において提起された方針に基づき、増値税の中央と地方の配分を過渡的に調整する措置を採るとして、二〇一六年四月には表6－4にある指針が示された[10]。

二〇一六年八月には、中央と地方の間の業務分担と支出責任を見直すための包括的方針が示された[11]。そこには、中央と地方の間の財政権限配分を見直し、地方により多くの財政権限を下放する政策意図が見て取れる[12]。この方針を受けて二〇一六年一二月には、一九九四年の分税制導入以来続いてきた中央から地方への増値税返還方式を変更する決定がなされた[13]。

二〇一八年一月には、人々が最も関心を抱き、最も直接的で、最も現実的な問題から着手するという原則の下、教育、医療衛生、社会保障などの領域に関連する主要な基本的公共サービス事項について、中央と地方の業務分担と支出責任を合理的に区分するとともに、関連する財政移転資金給付を改善して、人々のために基本的公共

表6－5

・業務分担と支出責任の区分は中央が決定することになるが、目的は地方政府の職責を明確化し、地方政府が管轄地域を管理する優位性と積極性を発揮させ、政策遂行を確実なものとすることである。
・まずは中央と地方の以下8分野における業務分担を明確化させる。1．義務教育、2．学生支援、3．就業サービス、4．養老保険、5．基本医療保障、6．衛生・計画出産、7．基本生活補助、8．基本住宅保障
・上記の8分野における中央と地方の支出分担率を、各省の経済レベルに基づき、以下5つに分類して決める。 第一群：内蒙古、広西、重慶、四川、貴州、雲南、西蔵、陝西、甘粛、青海、寧夏、新疆 第二群：河北、山西、吉林、黒龍江、安徽、江西、河南、湖北、湖南、海南 第三群：遼寧、福建、山東 第四群：天津、江蘇、浙江、広東、大連、寧波、厦門、青島、深圳 第五群：北京、上海
・省級以下でも、各級政府の支出責任を合理的に区分し、省級の支出割合を適度に増加させる。省・地級政府は収入区分を調整するとともに財政移転資金給付を強化して、県級政府が基本的公共サービスを提供する能力を高める。

サービスをよりよく提供できるようにするとの指針が表6－5にあるように示された(14)。

ここまで見てきたように、二〇一〇年代半ば以降、中央のイニシアティブにより、中央と地方の間の財政権限に関する調整が進められ、地方には政策執行の責務に見合うだけの財政権限を下放することが目指されたのである。

(2) 広東省における財政権限下放の試み

広東省においては早くも二〇一三年には、省級特定項目財政移転資金を整理統合するとともに地・県級政府に財政権限を下放して、財政移転資金を効果的に使えるようにするとの方針が打ち出されていた[15]。二〇一六年に入ると、前述した国務院の方針を受けて、広東省内でも業務分担と支出責任に関する区分の見直しに向けた取り組みが始まった[16]。

さて、ここまで見てきたように二〇一〇年代半ば以降、中央と地方の間の財政権限の調整が行われてきたが、広東省内では、中央の利益が優先され地方が不利な扱いをされることへの警戒も広まっていた。例えば、二〇一八年四月、広東省人民政府は中央と地方の収入配分を今後調整する中で、地方が直面する現実的な困難に対する十分な配慮を要請するとともに、増値税の配分割合をこれ以上中央寄りにせず、中央への過度な財力集中を回避するよう積極的に提案していくとの方針を示した[17]。それと同時に、中央と地方で分け合う共享税の地方への配分を適切に高めると同時に、不動産税、財産税など地方が実情を詳細に把握し、徴収にも長《た》け、安定的な収入が見込める税種を地方税に分類することによって、地方税体系の構築と改善を推進していくべきであると、中央に提案していくとの姿勢も明らかにした[18]。

広東省人民政府がこのような方針の下で中央との調整に臨むとした背景には、広東省が抱える厳しい財政事情があった[19]。また、広東省は全体としては経済的に発展した地方に位置づけられるものの、省内での地域間経済格差が大きく、支援を必要とする地級市や県を多く抱えていた。例えば、「一部の地級市は財政収入の伸びが停滞しており、省東部および西北部における三市の財政収入の伸びは三%にも満たなかった。同地区の非税収入の割合は三七%に達しており、そのうちの二地級市と一六県(市・区)の非税収入が占める割合は四〇%を超えていた。また、一部の地級市は資金繰りに苦慮しており、支出不能に陥るリスクを抱えていた[20]」。

このように、一般的には豊かな地方であると認識されることの多い広東省でさえも財政事情が厳しく、支援を必要とする多くの地級市や県を抱えていたため、より多くの財政権限を中央から獲得することは至上命題なのであった。

3　行政権限の下放

以下では、二〇〇〇年代以降とりわけ二〇一〇年代から本格化した、中央から地方に対する行政権限の下放について見ていきたい。

（1）　行政決裁制度改革と中央から地方への権限下放

二〇〇一年一〇月に、中央政府各部門が有する行政決裁権限の整理統合を進める方針[21]が示されて以降、行政決裁事項の廃止や地方への権限下放が進められていった。例えば、表６‐６に示したように、行政決裁制度改革の進展に合わせて、中央から地方へ行政権限が下放されていった。

こうして二〇〇〇年代以降、行政決裁制度改革が推進され、それにともない地方への行政権限下放も進められていったが、習近平政権成立以降、そのペースが加速していることがうかがえる。また、二〇一五年一二月には、中央政府各部門の権限と責任を明確化するためのリストを作成する試点を行う方針も示された[22]。このような「権限・責任リスト」と呼ばれるものは、追って中央と地方の各部門でそれぞれ作成することが義務づけられるようになり、中央と地方の権限関係を明確化することに寄与することになった。

（2）　地方内における行政決裁制度改革推進

以上のように行政決裁制度改革に合わせて中央から地方への行政権限下放が推し進められるのにともない、地方内における行政決裁制度改革の推進も図られることとなった。例えば、二〇〇三年九月には国務院から、中央政府各部門と同様に省級政府各部門においても行政決裁制度改革を推進していく方針が表６‐７のように示された[23]。

表6－6

・2002年11月1日：国務院が廃止を決定した行政決裁事項（789項目）リストの第一弾が公布された。[24]
・2003年2月27日：国務院が廃止を決定した行政決裁事項（406項目）リストの第二弾が公布された。[25]
・2004年5月19日：国務院が廃止を決定した行政決裁事項（385項目）リストの第三弾と地方に下放される行政決裁事項（46項目）が公布された。[26]
・2007年10月9日：国務院行政決裁制度改革工作指導小組は、2007年4月から、中央政府各部門が主管する行政決裁事項について整理統合を進めてきた。その結果、128項目を廃止し、58項目を調整して、そのうち29項目は地方に下放することが決定された。[27]
・2010年7月4日：2009年以降、行政決裁制度改革工作部際聯席会議は、中央政府各部門が主管する行政決裁事項について集中的に整理統合を進めてきたが、その結果、113項目を廃止し、71項目を地方に下放することが決定された。[28]
・2012年9月23日：2011年以降、行政決裁制度改革工作部際聯席会議は、中央政府各部門が主管する行政決裁事項について集中的に整理統合を進めてきたが、その結果、171項目を廃止し、143項目を調整し、そのうち117項目を地方に下放することが決定された。[29]
・2013年5月15日：第12期全国人民代表大会第1回会議で批准された「国務院機構改革と職能改変方案」の中で示された、行政決裁事項を削減ないしは地方に下放していくとの方針に基づき、国務院は71項目の行政決裁事項を廃止し、20項目の行政決裁事項を地方に下放することを決定した。[30]
・2013年7月13日：国務院は27項目の行政決裁事項を廃止し、15項目の行政決裁事項を地方に下放することを決定した。[31]
・2013年11月8日：国務院は26項目の行政決裁事項を地方に下放することを決定した。[32]
・2014年1月28日：国務院は21項目の行政決裁事項を地方に下放することを決定した。[33]
・2014年7月22日：国務院は19項目の行政決裁事項を地方に下放することを決定した。[34]

・2015年5月12日：中央が地方に実施させている許認可事項を整理統合し、2015年のうちに200項目以上を廃止することが決定された。また、中央政府各部門が主管する許認可事項を廃止あるいは地方に下放することにより、規制緩和の実効性を高める方針も示された(35)。
・2016年2月3日：国務院は中央が地方に実施させている152項目の行政決裁事項を廃止することを決定した(36)。

表6－7

・省級政府においても行政決裁制度改革を推進することによって、中央政府各部門における改革と連携が図れ、改革の相乗効果を高めることができる。
・中央政府各部門は、すでに廃止された行政決裁事項を、地方政府およびその部門に引き続き実施させたり、形を変えて実施させてはならない。
・省級政府とその部門は許認可権を行使して、他の地方の個人や企業が当地で生産、経営、サービス提供に従事することや、他の地方の商品が当地の市場に入ることを制限してはならない。
・銀行業、証券業、保険業など垂直管理を実施している分野については、地方性法規や地方政府の規程によって、行政決裁事項を設定してはならず、すでに設定されている場合は粛々と廃止しなければならない。

なお、省級政府から下級政府への権限下放については、第二節において広東省の事例を通じて詳しく考察したい。

（3）県・郷鎮レベルへの権限下放の試み

二〇一〇年代後半に入ると、県・郷鎮級への権限下放も模索されていった。以下では、県・郷鎮レベルへの権限下放について各地で実施された試みを考察したい。

①農村土地利用権限の下放

二〇一五年二月、第一二期全国人民代表大会常務委員会第一三回会議では、農村の土地制度を改革することを通じて、農業近代化と都市化に向けた実践的経験を得ることが決められた。具体的には、北京市大興区など三三の試点県（市・区）において、「中華人民共和国土地管理法」および「中華人民共和国都市不動産管理法」の農村土地収用、集団経営性建設用地取り引き、宅地管理に関する規定を暫時調整して実施する権限を、国務院を通じて付与することが決定された。[37]

二〇一七年一一月には、第一二期全国人民代表大会常務委員会第三〇回会議において、前記の試行期間を二〇一八年一二月三一日まで延長することが決定されることになった。[38]それと同時に、延長期間満了後、国務院は試行の結果を全国人民代表大会常務委員会に報告し、実施することが適切であると判断されたものについては、国務院が関連する法律の改訂に関する意見を提出する一方で、実施することが不適切であると判断されたものについては、関連する法律の元の規定通りに運用していくこととされた。[39]

②農村における資産活用に関する権限下放

二〇一五年一二月、第一二期全国人民代表大会常務委員会第一八回会議において、農村における土地の用益物権を実現し、農民により多くの財産権を与え、農村金融改革を深化させるとともに、農村の資源、資金、資産を有効活用させ、農村土地制度改革の漸進的推進に向けた経験を蓄積することが決められた。具体的には、北京市大興区等二三二試点県（市・区）においては「中華人民共和国物権法」および「中華人民共和国担保法」の集団所有土地使用権を担保としてはならないという規定を、天津市蘇県等五九試点県（市・区）においては「中華人民共和国物権法」および「中華人民共和国担保法」の集団所有宅地使用権を担保としてはならないという規定を、それぞれ暫時調整して実施する権限を、国務院を通じて付与することが決定され、試行期間は二〇一五年一二月二八日から二〇一七年一二月三一日までとすることが定められた。[40]

二〇一七年一二月末には、第一二期全国人民代表大会常務委員会第三一回会議において、前記の試行期間を二

表6－8

・権限を下放し、権限と職責を一致させるという原則の下、法律によって県級以上の政府が担うことが規定されているもの以外で、住民と直接かかわり、数量が多くて範囲が広く郷鎮級政府が担い管理することが適切である事項は郷鎮級に下放する。とりわけ、農業開発、農村経営管理、安全生産、規画建設管理、環境保護、社会治安、防災減災、脱貧困支援・社会的弱者救済などの領域で郷鎮級政府が担う公共サービスの管理権限を重点的に拡大する。
・省級政府は郷鎮級政府が担う公共サービスの管理権限を拡大する具体的方法を制度化しなければならない。例えば、下放する事項、手順、法的根拠を明確にするとともに、権限が下放されてからの運用手順、権限と責任の関係などを確定し、権限下放の実効性を担保しなければならない。

〇一八年一二月三一日まで延長することが決定された(41)。また、延長期間満了後、国務院は試行の結果を全国人民代表大会常務委員会に報告し、実施することが適切であると判断されたものについては、国務院が関連する法律の改訂に関する意見を提出する一方で、実施することが不適切であると判断されたものについては、関連する法律の元の規定通りに運用していくこととされた(42)。

③郷鎮級政府の機能強化

二〇一七年二月、党中央辦公庁と国務院辦公庁は共同で、郷鎮級政府の機能を強化するための指針を表6－8のように公布した(43)。

このようにして、二〇一〇年代後半以降、郷鎮級政府の機能を強化するために権限下放を推進する方針が示されていった。

第二節　広東省内における行政権限下放

行政権限の下放は中央と地方の間ばかりでなく、地方各級の間でも推進された。そこで以下では広東省を事例として、地方内における行政権限下放について考察したい。

1　権限下放の試み

行政決裁制度改革の推進にともない、二〇〇五年には広東省においても、県級政府の権限を拡大することが決定された[44]。二〇〇九年に入ると、広東省人民政府は省級垂直管理部門と地・県級政府間の権限と責任の関係をさらに整理して明確化するとともに、地・県・郷鎮級の間の業務権限を合理的に区分して、財力に応じた業務負担メカニズムを構築することを目指すとの方針を打ち出し、省内各級政府間での権限下放を本格化させた[45]。以下では、二〇一〇年代以降、広東省において実施された権限下放の展開過程を見ていきたい。

(1)「富県強鎮」の推進

二〇一〇年代以降、広東省における行政権限の下放は本格的に推進されていった。例えば、二〇一〇年一月には、「富県強鎮」と呼ばれる方針が打ち出され、県および郷鎮の権限と財力を強める指針が示された[46]。

二〇一〇年四月二九日には、広東省人民政府が佛山市順徳区で、全省「富県強鎮」権限・任務改革工作現場会議を開催し、第一に、下放すべきあるいは下放できる権限は下放して県級政府の管理権限を拡大する、第二に、郷鎮級での権限・任務改革を強力に推し進めることで、基層レベルや大衆と直接かかわる社会管理や公共サービスの機能を重点的に強化する、第三に、県および郷鎮の権限・任務に見合った財力を保障する必要性が強調されるとともに、佛山市と東莞市での取り組みとその成果が紹介された[47]。引き続き二〇一一年五月には、「富県強鎮」を進める上で障害となっている垂直管理部門との関係を是正するために、広東省人民政府は「広東省における県および郷鎮の権限・任務改革に関する若干の規定」(試行)を制定した[48]。

以上のように、二〇一〇年代初めの広東省では、県や郷鎮の権限を強化するための試みが行われていった。

（2）行政決裁制度改革と権限下放の加速

次に、左記の年表を通じて、二〇一〇年代以降、行政決裁制度改革の進展とともに、権限下放が加速していった過程を見ていきたい。

2011年

2011年7月には、2005年5月以来となる地・県級政府への権限下放リスト第二弾が、以下のように公布された[49]。 ・下級政府に下放して管理される行政決裁事項54項目および委託管理とされる行政決裁事項6項目 ・下級政府に下放して管理される日常管理業務事項30項目および委託管理とされる日常管理業務事項7項目

2012年

2012年に入ると、行政決裁制度改革の進展にともない、下級政府への権限下放が推し進められた。
2012年7月11日[50]には、以下のリストが公布された。 ・廃止が決定された行政決裁事項179項目 ・下級政府に下放して実施させることが決定された行政決裁事項115項目 ・下級政府への委託管理が決定された行政決裁事項5項目
2012年9月7日[51]には、以下のリストが公布された。 ・廃止が決定された行政決裁事項18項目 ・下級政府に下放して実施させることが決定された行政決裁事項10項目
2012年11月には、広東省で行政決裁制度改革を先行実施していくことが、国務院から認可されたのを受けて、下級政府への権限下放を加速される方針が以下のように示された[52]。 ・中央政府各部門から下放された行政決裁事項については、省内各地区および各部門が中央の関係部門と主体的に協議を行い、2012年末までに引き継ぎ業務を完了させる。 ・省から地級市ないしは県に下放されることになった行政決裁事項については、2012年末までに引き継ぎ業務を完了させ、下放する事項、権限・責任関係、引き継ぎ日時を公布しなければならない。 ・引継ぎ期間中、業務に空白が生じないよう努め、新たに権限が下放される機関に対する研修や指導を強化しなければならない。

2013年

2013年9月には、広東省人民代表大会常務委員会法制工作委員会によって、行政決裁制度改革の進捗状況と課題が、以下のように報告された。[53]

・2013年上半期に、地級および県級の行政決裁事項を40%削減するという目標に基づき、茂名市は2013年8月末までに、地級行政決裁事項896項目を精査して、410項目に対して調整を行い、そのうち119項目を下級政府に下放ないしは委託することとした。

・行政決裁事項を下級政府部門に下放ないしは委託して実施させることにより、利便性が高く、良質で効率的な行政決裁サービスを提供する。

・行政決裁制度改革と「簡政強鎮」改革を組合せ、地・県・郷鎮級の権限・責任関係を規範化し、地・県級政府の一部の社会事務管理権限と行政執行権限を下放することで、県・郷鎮級政府にしかるべき権限と責任を持たせ、基層政府の統治能力を増強させる。

・各級政府の行政決裁制度改革には統一性がなく、決裁事項の名称、実施主体、決裁の手順にも統一的な基準がない。そこで今後、全省的な行政決裁事項目録を作成し、省・地・県各級の行政決裁事項を整理して社会に公開していく。

・下級政府に行政決裁権限を下放していく過程で、省・地・県・郷鎮級の間の権限および責任を明確化することによって、各級政府間の権限と責任の整合性を高める。

・基層政府の権限・任務改革を加速させ、基層政府による社会管理と公共サービスの能力を高める。

・権限を下放すると同時に、人事権、財力、物的資源の下放も対応させ、基層政府がより効果的に職責を果たせるように支援する。

2014年

2014年2月には、新たに以下の行政決裁事項が下放されることになった。[54]

・下級政府に下放して実施させることが決定された行政決裁事項6項目

・下級政府に委託して実施させることが決定された行政決裁事項1項目

2014年4月には、それまでに行われた権限下放を総括するとともに、今後の課題が以下のように示された。[55]

・2012年から推進されてきた行政決裁制度改革の結果、2014年第1四半期までに、地級では合計6290項目を調整し、そのうち1971項目を下放することにした。県級では1万6196項目を調整し、1170項目を下放することにした。目下、地・県級の行政決裁事項の統一的リストを編成中である。

・郷鎮級行政体制改革を加速させ、「簡政強鎮」および権限・任務改革を引き続き推進し、中央が垂直管理を実施すると規定しているもの以外、郷鎮レベルにおける上級政府の派出機関は原則として、郷鎮級組織に編入させるか郷鎮級で管理することに改めることによって、郷鎮級政府の機能を高め、社会管理と公共サービスの能力を増強させる。

2015年

2015年2月には、再度、権限下放に際しての原則が以下のように示された[(56)]。

・廃止された事項は一切再び実施してはならない。

・下放された事項については、引き継ぎを滞りなく行い、地級市および県への訓練育成、指導、監督を強化し、権限の下放と引き継ぎを確実に行う。

・地・県級で実施させることになった事項については、原則として、省級の関連部門は再び直接実施はせず、地・県級における実施に対する管理と監督指導を強めるとともに、区域を跨り実施されるものや重大案件の処理については主体的にかかわる。

2015年8月には国務院の決定[(57)]に従い、広東省人民政府は再度24項目の行政決裁事項を廃止ないしは下放することを決定した[(58)]。

2015年12月には、前述したように、広東省において先行して実施されてきた行政決裁制度改革の成果について、国務院は以下のように総括した[(59)]。

・2012年8月22日に開催された国務院第214回常務会議で、広東省が第12期5か年計画期間に行政決裁制度改革において先進的に試点を行うことが承認されて以来、3年の試行を経て、重要な段階的成果を得ることができた。

・手続きの簡素化により、業務処理に要する時間を平均で50％短縮することができ、行政コストも軽減することができた。

・事前決裁から監督管理に重点を移したことで、政府による市場への不必要な関与を減らすことができた。

2016年

2016年9月には、権限下放に関する国務院の決定[60]に従い、広東省人民政府はすでに廃止された行政決裁事項に加え、さらに170項目の行政決裁項目を廃止することを決定した。[61]

2017年

2017年7月にも、国務院からの要求[62]に基づき、広東省人民政府はすでに廃止された行政許可事項に加え、さらに50項目の行政許可事項を廃止することを決定した。[63]

2018年

2018年7月になると、広東省人民政府はさらなる権限下放の方針を以下のように示した。[64]

・省政府は930項目の省級行政職権事項を廃止ないしは調整することを決定した。そのうち32項目は廃止し、898項目は地・県級に下放する。

・地・県級に下放される項目に関しては、省級主管部門が地・県級における実施に対して管理、監督、指導を強めるとともに、区域を跨って実施するものや重大案件の処理に対しては支援を行う。

以上見てきたように、二〇一〇年代以降、広東省においては行政権限の下放が加速していった。

(3)「権限・責任リスト」の策定

行政決裁制度改革の進展を受けて、中央と同様に広東省内においても各級政府部門間の権限と責任の関係を明確化するために、各級政府部門における「権限・責任リスト」が表6-9のように作成されていった。

こうして、二〇一七年までに省政府各部門の「権限・責任リスト」を整備する方針が示されたことを受けて、地・

表6－9

・まず2014年11月に、広東省人民政府辦公庁が「広東省行政決裁事項通用目録」を公布すると[66]、翌12月には省政府各部門の「権限・責任リスト」第一弾が公表された[67]。
・2015年7月には、省発展改革委員会等9つの試点部門における省・地・県級間の「権限・責任リスト」を2015年12月末までに完成させる計画が示された[68]。
・2017年1月には、地方レベルにおける「権限・責任リスト」策定に関する党中央辦公庁および国務院辦公庁からの指示[69]の実施を貫徹するため、すでに公布されている省級政府各部門の「権限・責任リスト」を精査して内容を更新し、職権事項、責任事項、問責方法や監督方式を逐一明確化する方針が示された[70]。また、調整後の「権限・責任リスト」は広東省人民政府公式サイトにおいて公布されることになった。

県級における「権限・責任リスト」策定の推進を督促することとなった[65]。そうした過程を経て、行政決裁制度改革にともない権限下放が実施されるとともに、「権限・責任リスト」が作成されることによって、省内各級政府間の権限と責任の関係が明確化されていったのである。

2　市レベルでの権限拡大

ここまで、行政決裁制度改革にともなう広東省における権限下放の展開過程を見てきたが、以下では、二〇一七年以降に広東省において推し進められた、広州市と深圳市を中心とした地級以上の市で実施されていった権限拡大の動きについて考察したい。

(1)　広州市と深圳市等への権限下放

二〇一七年六月、広東省人民政府は次のように、広州市と深圳市に省級行政職権事項を実施させることを決定した[71]。

・広州市には国家重要中心都市として、深圳市には経済中心都市としてのそれぞれの牽引力をさらによく発揮させるために、省政府は一二四項目の省級行政職権事項を両市に実施させるよう調整を行った。そのうち四四項目は下放して実施させ、八〇項目は委託して実施させることとなった。委託期間は暫定的に一年とし、実施効果を見極めた上で期間延長の可否を決定する。

・権限の下放ないしは委託後も、省級各直属部門は引き継ぎ関連業務に積極的に協力するとともに、中央の主管部門との協議が必要となった場合は調整役として支援をしなければならない。また、引き継ぎ先の下級部門への業務指導と研修を強化しなければならない。

その結果、例えば法律事務所の設立や弁護士の開業などに関する行政許可事項は、これまで省司法庁で手続きをしなければならなかったが、二〇一七年七月一八日から、省司法庁は九項目の行政許可事項および六項目のその他事項を広州市と深圳市に委託して実施させ、三項目の行政処罰事項を両市に下放して実施させることになった結果、関連業務は両市で手続きすることが可能となった[72]。

こうして、二〇一七年から広州市と深圳市に対して権限下放が実施されたが、二〇一八年一月には、その他の地級政府に対しても省級行政職権事項を実施させる決定が左記のようになされた[73]。

・中国共産党第一九回全国代表大会において提起された方針に基づき、各地級市政府により多くの自主権を与えるために、省政府は七八項目の省級行政職権事項を地級以上の市に実施させるよう調整を行った。そのうち二三項目は下放して実施させ、五五項目は委託して実施させる。委託の暫定期間は一年で、実施効果を見極めた上で期間延長の可否を決定する。

・権限の下放ないしは委託後も、省級各直属部門は引き継ぎ業務に積極的に協力するとともに、中央の主管部門との協議が必要な事項については調整役として支援しなければならない。また、引き継ぎ先の部門への業務指導と研修を強化しなければならない。

以上のように、二〇一七年以降、広州市や深圳市をはじめとする各市に省級行政職権を実施させる試みが推進されていった。

(2) 深圳市等の権限拡大

二〇一八年一月には国務院からの認可を受け、深圳市では新たな発展戦略の下で、さらなる権限拡大が図られていった。まずは「深圳経済特区管理線」の撤廃が国務院から承認されたことにより、経済特区区域を含む深圳市全体としての統一的発展戦略を実施していくことが可能となり、それを支援するために、表6-10のような方針が示された。[74]

引き続き二〇一八年二月には国務院から、深圳市が「超大型都市持続可能発展モデル」を創設する計画が承認された。[75] それ以外にも、同時期に国務院は広東省人民政府に対して、「湛江ハイテク産業開発区」を「国家級ハイテク産業開発区」に昇格させることに同意すると通知した。[76]

3 自由貿易試験区における試み

次に、広東省内に設置することが認可された自由貿易試験区内での権限下放の試みについて見ていきたい。

広東省には、上海市、天津市、福建省とともに自由貿易試験区の設置が認められ、対外開放をさらに進めるための規制緩和や権限下放を、同区内において他の地方に先行して実施していくこととなった。例えば、二〇一四

表6－10

・深圳経済特区の管理線を撤廃して、深圳市全域としての統一的都市農村建設管理を実施する。具体的には、都市機能や交通インフラ施設をさらに改善するとともに、土地の有効利用、環境保護、公共サービス提供の向上を推進して、さらに質の高い都市化を実現することによって、超大型都市規画建設管理運営の経験を蓄積し、全国に先駆けモデルケースを提供することを目指す。
・広東省・深圳市・香港一体化のための管理およびインフラ建設を行っていく。
・中央の関連部門は、広東省と深圳市による「深圳経済特区管理線」撤廃に関する業務を支援しなければならない。

年末には、自由貿易試験区内において、「中華人民共和国外資企業法」、「中華人民共和国中外合資経営企業法」、「中華人民共和国中外合作経営企業法」、「中華人民共和国台湾同胞投資保護法」で規定されている行政決裁事項を暫時調整して実施することが許可された(77)。

二〇一五年四月には国務院によって、自由貿易試験区での試みが総括されるとともに、国家戦略として自由貿易試験区での試みをさらに推進していく方針が示された(78)。この方針を受けて、二〇一五年七月、自由貿易試験区において行政決裁制度改革の先行的試行を推進することが決定された(79)。

二〇一六年三月には広東省人民代表大会法制委員会によって、自由貿易試験区での試みに対する総括が行われた。その際には、「広東自由貿易試験区における改革を推進していく上で、税関、検疫検査、海事、辺境守備、金融管理監督など、自由貿易試験区内に設置されている中央の関係機関との通報協調メカニズムを健全化していかなければならない(80)」との課題が示される一方で、「広東自由貿易試験区は、広東・香港・マカオ間の協力を推し進めるモデル地区であるとともに、『一帯一路』構想における『二一世紀海上シルクロード』の重要な拠点でもあるという特有の使命を帯びている(81)」との認識が示された。こうした認識を踏まえ二〇一八年一月に広東省人民代表大会常務委員会

は、自由貿易試験区での試みとの整合性を保つために、広東省の地方性法規の規定に調整を行うことを決定した。(82)

第三節 「再分権」推進の意義

ここまで、地方立法権の拡大、財政権限および行政権限の下放という観点から「再分権」が進展していった過程を考察してきた。それによって、一九九〇年代半ば以降推進されてきた再集権の流れが「再分権」に転換していったことが、習近平政権成立以降、とりわけ鮮明になってきたことが明らかとなったと言えよう。

それでは、現在進行している「再分権」の動きは、現代中国の中央・地方関係を考察する際に従来から指摘されてきた「集権と分権のサイクル」や、呉国光が主張するような、中央集権により「中央が強くなり、地方が弱くなった」、あるいは地方分権により「地方が強くなり、中央が弱くなった」とする「ゼロサム論」的な観点から捉えることはできるのであろうか。なぜ、習近平政権への権力集中が進んでいると言われる状況下、「再分権」の推進は加速しているのであろう。本節では、「再分権」が推し進められるのと機を一にして取り組まれている監視体制の再構築や「インセンティブ型政策執行体制」構築の試みを検証することにより、現在進行中の「再分権」の意義を明らかにしたい。

1 監視体制の再構築

まず、習近平政権下で「再分権」とともに推し進められている監察体制および監査体制の強化そして政務公開の推進を考察したい。

（1）監察体制の強化

監察体制を強化していくとの党中央の方針に基づき、二〇一六年一二月には、第一二期全国人民代表大会常務委員会第二五回会議において、全国で国家監察体制改革を推進する上での経験を積むために、北京市、山西省、浙江省で国家監察体制改革の試点工作を行うことが決定された[83]。

この決定からほぼ一年を経た二〇一七年一一月には、党中央の方針および北京市、山西省、浙江省での試点工作の経験を踏まえて、第一二期全国人民代表大会常務委員会第三〇回会議において、全国各地で国家監察体制改革の試点工作を展開させることが決定された[84]。さらに二〇一七年一二月には、村務監督委員会を設立する方針が示されたことで、中央から基層レベルに至るまでの監察体制が構築されることになり[85]、二〇一八年三月には、「中華人民共和国監察法」が制定されるに至った[86]。

このように、習近平政権のイニシアティブで推進された反腐敗闘争と機を一にしつつ、監察体制の整備も進められ、党中央への権力集中が強まっていったと考えられる[87]。

（2）監査体制の強化

二〇一〇年代以降、監査体制を拡充するために、監査機関の機能強化が次頁の年表で示したように図られていった。

（3）政務公開の推進

政務公開は政府の活動を監視するための重要な手段の一つと言えよう。そこで以下では、二〇一〇年代以降、政務公開が進展していった過程を考察したい。

2011年

2011年1月には、地方監査機関が業務を遂行するとともに、人員を訓練し、とりわけ中西部地区の基層監査機関における経費不足解消を支援するために、特定項目財政移転資金給付による補助を規範化することが決められた。(88)

2014年

2014年10月には、国務院が以下のように、監査業務に関する指針を示した。(89)

・国家の政策を執行する過程での主な問題や重大な違法案件を発見する。政策を実施しなかったり、禁止事項を守らなかったりなどの問題を発見し糾する。

・社会の不安定要因になるような問題、とりわけ地方政府性債務や金融不安の問題を発見し対策を提案する。

・監査の結果や指摘された問題への取り組みを、幹部に対する考課や賞罰の重要な材料とする。

2015年

2015年末には、党中央辦公庁と国務院辦公庁が共同で、監査機関が独立性を強化して監査業務の有効性を高めるための指針を以下のように示した。(90)

・監査業務に対する党の指導を強めて、監査機関が法に従い独立して業務を展開できるようにする。

・監査機関全体の力を糾合して、監査業務の統一性と独立性を高める。

・下級監査機関に対する上級監査機関による指導を強化する。例えば、人事についての上級から下級への関与はもとより、とりわけ業務計画の審査、業務結果の報告を徹底する。経費や設備の面においても上級から下級への管理を徹底する。

・監査機関は政府の財政収支および国有資産運用のすべて、そして地方各級すべての指導幹部の経済責任への監査を行う。

2018年

2018年1月には、内部監査制度についての規定が以下のように公布され[91]、監査機関による監査業務とあわせて監査体制の強化が図られた。

・内部監査とは、所属している単位の収支、経済活動、内部統制、債務管理について独立かつ客観的に監督、評価、提案を行い、改善と目標達成を促す活動を指す。

・所属単位の実際の状況に合わせて健全な内部監査制度を設立し、内部監査業務の指導体制、職責と権限、人員配置、経費支給を明確化するとともに、監査結果の活用と責任追及を促す。

・国家機関、事業単位、社会団体などにおいて内部監査機関は、所属単位の党組織や主要な責任者による直接指導の下に内部監査を実施し、報告の義務を負う。

・国有企業において内部監査機関は、企業党組織や理事会による直接指導の下に内部監査を実施し、報告の義務を負う。

政務公開は、二〇〇二年に開催された中国共産党第一六回全国代表大会以来、党中央と国務院の強力な指導下で推し進められたものの、形式だけで内容がともなってない、あるいは公開内容が不十分で、手順も規範化されていないなどの問題が存在していた[92]。そこで二〇一一年九月には、手始めに県級において政務公開を強化する方針が示され[93]、その後、二〇一二年から二〇一四年にかけて毎年、政務公開に関する具体的な方策が打ち出されていった[94]。

このようにして政務公開が漸進的に進展してきたことを踏まえ、二〇一四年六月に国務院辦公庁は、中央政府各部門および県級以上の地方政府による政務公開状況の統計を国務院辦公庁政府情報公開辦公室に報告するよう指示を出した[95]。以上の過程を経て二〇一六年二月には、党中央辦公庁と国務院辦公庁が共同で、政務公開を全面的に展開させる方針を示し[96]、同年一一月には、そのための具体的な指針が提起された[97]。さらに二〇一七年二月には、各地における行政サービスの実態を把握し、行政サービスの規範化、標準化、簡便化を進めるために、全国で行政サービスの全貌に関する一斉調査を行うことが通知された[98]。

こうして、政務公開を推進するための取り組みが進められてきたものの、その方法は各部門や各地方で必ずしも統一されていなかった。そのため二〇一七年五月には、政務公開の標準化および規範化を実現するため、基層レベルにおいて試点を行うことになった[99]。さらに二〇一八年三月には、政務公開を実現する重要な手段の一つとしての政府公報の充実化および公開化を推し進める方針が打ち出され[100]、引き続き二〇一八年四月には、政務公開をさらに充実させていくための指針が示された[101]。

以上のように、政務公開を全面的に推進する方針の下で、二〇一八年までには、その実効性を担保するための措置も講じられていったのであった。

2 「インセンティブ型政策執行体制」構築の試み

第五章までの考察を通じて明らかになったような、再集権の下で行われた中央から地方への指示や取り締まりに依拠した政策執行の限界を踏まえて、二〇一〇年代後半以降になると、地方への支援と考課を有機的に組み合わせた政策執行体制構築への試みがより顕著に見受けられるようになってきた。以下では、このような取り組みへの考察を通じて、本章において取り上げてきた「再分権」の意義を明らかにしたい。

(1) 「政策促進型幹部考課」の導入

経済発展や治安維持などを基準とした幹部考課は以前から行われてきたが、二〇一〇年代後半になると、特定の政策項目についての執行状況を幹部考課に組み入れることで政策執行を促進する、いわば「政策促進型幹部考課」導入の試みが顕著に見受けられるようになってきた。

例えば、中国政府にとっての重要課題である脱貧困支援については、二〇一六年二月に党中央辦公庁と国務院辦公庁が共同で、脱貧困支援工作の成果についての考課を、二〇一六年から二〇二〇年にかけて毎年一回ずつ省級党委および政府に対して行うことを決定した[102]。この決定に引き続き二〇一六年一〇月には、脱貧困支援を推進するための地方内における考課制度構築に関する指針も示された[103]。

同じく二〇一六年一〇月には、党中央辦公庁と国務院辦公庁が共同で、第一三次五か年計画の実施状況についての年度評価、中期評価、総括評価、特定項目評価それぞれの結果を、各級指導幹部の考課体系に組み込み、それらの評価結果を幹部の昇進や賞罰のための重要な材料とするとの方針を打ち出した[104]。さらに二〇一八年四月には、中共中央辦公庁と国務院辦公庁が共同で、安全生産への地方党政指導幹部による取り組みを考課に取り入れる方策を示した[105]。

以上のように、二〇一〇年代後半以降になると、政策への取り組み状況と幹部考課を連動させる施策が相次いで打ち出されていったのであった。

(2) 「インセンティブ型政策促進メカニズム」の導入

二〇一〇年代後半以降、政策執行の状況に応じて表彰と財政的支援を行う、いわば「インセンティブ型政策促進メカニズム」によって、政策の実効性を高める試みが行われてきている。例えば、二〇一五年に行われた「国務院大督査」を通じて判明した状況に基づき、二〇一六年一月六日、国務院常務会議において、関連する政策措置で顕著な成果を上げている二〇市（州）および二〇県（市・区）を表彰し、二〇一六年の「国務院大督査」を免除するとともに、特定項目建設基金の中から希望する項目に対して重点配分することが決定された。さらに、表彰を受けた地方に対しては、繰り上げて中央財政から資金を支給することも決められた[106]。このようにして、中央の政策を率先して実施して顕著な成果を上げた地方に対しては、表彰するとともに資金を優先的に配分する「インセンティブ型政策促進メカニズム」が導入されることになっていったのである。

二〇一六年一一月には、こうした「インセンティブ型政策促進メカニズム」を具体的に実施するための指針が示された[107]。この指針に基づき二〇一七年四月に国務院は、二〇一六年度分として、構造改革、経済活性化、民生問題改善などの重要な政策措置を真摯に実行し、顕著な成果を上げた二六省（市・区）、九〇市（地・州・盟）、一二七県（市・区）を表彰し、しかるべき報奨を与えることを決定した[108]。同様に二〇一八年四月にも国務院は、二〇一七年度分として、構造改革、経済活性化、民生問題改善などの重要な政策措置を真摯に実行し、顕著な成果を上げた二五省（市・区）、八二市（地・州・盟）、一一六県（市・区）を表彰し、相応報奨を与えると公表された[109]。その他にも二〇一七年八月には、「生態系保護重点地区」に対して、財政移転資金を傾斜配分するとの措置が打ち出された[110]。

このように、第五章までの考察を通じて明らかにしてきたような、中央から地方への指示や取り締まりに依拠した政策執行の限界を踏まえて、二〇一〇年代後半以降、「政策促進型幹部考課」の導入や「インセンティブ型政策促進メカニズム」の構築が図られてきたと考えられよう。こうしたことを勘案すると、現在進行中の「再分権」は、中央集権と地方分権のサイクルの繰り返しというよりも、むしろ「インセンティブ型政策執行体制」構築の一環として捉えることができるのではなかろうか。すなわち、現在進行中の「再分権」は、従来繰り返されてきたいわゆる「放権譲利」（権限と財源の下放）の単なる再来ではなく、既述した監視体制の強化および「インセンティブ型政策促進メカニズム」などが組み合わせられた、いわば「インセンティブ型政策執行体制」構築の一側面と考えられよう。

おわりに

本章では、第五章までの考察を通じて明らかにされてきた再集権の矛盾および限界と関連づけて、近年推し進められている「再分権」の実態と意義を考察してきた。具体的には、「再分権」の展開過程、「再分権」とともに推し進められている監視体制の再構築や「インセンティブ型政策執行体制」構築の試みを検証することを通じて、現在進行中である「再分権」の意義を明らかにしてきた。

こうした本章における考察を通じて、近年推進されている「再分権」は、現代中国の中央・地方関係において従来繰り返されてきたような中央集権から地方分権への単なるサイクルの一環というよりも、むしろ地方への権限下放を進めると同時に、中央からの管理も強めつつ地方の自活を促す、中央・地方関係を再構築する一側面であると捉えることができよう。それゆえ、呉国光が主張したような、中央集権により「中央が強くなり、地方が弱くなった」、あるいは地方分権により「地方が強くなり、中央が弱くなった」との「ゼロサム論」的な発想は、もはや意味をなさないものとなってしまったことが明らかとなったと考えられる。

(1) 劉政奎「建議将設区的市地方立法権範囲拡展為〝城郷建設、城郷管理〟」(二〇一五年一月一五日)、『中国人大網』。
(2) 「擬賦予設区的市地方立法権，立法内容有城郷建設等事項」、『法制日報』二〇一五年三月九日。
(3) 「立法権〝収〟〝放〟〝管〟背後的法治進歩」、『人民法院報』二〇一五年三月一二日。
(4) 以下、「一五年来〝管法的法〟首次修改，地方立法権〝拡容〟，依法治国歩伐加快」(『法制日報』二〇一五年一二月八日)を参照。
(5) 広東省人民代表大会常務委員会「関於確定佛山、韶関、梅州、惠州、東莞、中山、江門、湛江、潮州市人民代表大会及其常務委員会開始制定地方性法規的時間的決定」(二〇一五年五月二八日)、『広東省人民代表大会常務委員会公報』二〇一五年第四号、六頁。
(6) 広東省人民代表大会常務委員会「関於確定汕尾、雲浮市人民代表大会及其常務委員会開始制定地方性法規的時間的決定」(二〇一五年一一月三〇日)、『広東省人民代表大会常務委員会公報』二〇一五年第八号、四九頁。
(7) 「広東省地方立法条例」、『広東省人民代表大会常務委員会公報』二〇一六年第二号、一九二―二〇二頁。
(8) 「全国人大会常委会法工委:地方立法権行使工作穏歩推進,已見成効」(二〇一六年三月一〇日)、『中国人大網』。
(9) 国務院「関於調整証券交易印花税中央與地方分享比例的通知」国発明電〔二〇一五〕三号(二〇一五年一二月三一日)、『国務院公報』二〇一六年第二号。
(10) その他にも、以下の指針が示された(国務院「関於印発『全面推開営改増試点後,調整中央與地方増値税収入劃分過渡方案』的通知」国発〔二〇一六〕二六号(二〇一六年四月二九日)、『国務院公報』二〇一六年第一四号)。
・二〇一四年を基準となる年として、中央からの返還額と地方の上納額を定める。
・企業が納める増値税は、すべて中央と地方の共通の収入範囲とする。
・中央は増値税の五〇%の配分を受ける。
・地方は当地の増値税の五〇%の配分を受ける。
・中央に配分された増値税は、地方の既存の財力を温存するという原則の下で返還する。
・中央に配分された増値税の増収分によって、とりわけ中西部地区への支援を強化する。
・以上の措置は二〇一六年五月一日から施行し、暫定的に二年から三年続け、中央と地方の業務分担と支出責任の調整や地方税体系構築の進捗状況に合わせて、適宜手直しを行う。
(11) 国務院「関於推進中央與地方財政事権和支出責任劃分改革的指導意見」国発〔二〇一六〕四九号(二〇一六年八月一六日)、『国務院公報』二〇一六年第二六号。
(12) そこでは具体的に、以下の方針が示された。
・一九九四年の分税制改革によって、中央と地方の業務分担と支出責任の区分体系についての枠組が初歩的に形成された。しかし、中央と地方の業務分担と支出責任の区分には、不明瞭、不合理、恣意的であるというような問題が多かれ少なかれある。例えば、政府の役割が明確に規定されておらず、本来、市場調節や社会が担うべき事項を政府が多く担っていると同時に、本来、政府が担うべき基本的公共サービスを十分に担っていなかったりする。また、中央と地方の業務分担と支出責任の区分が不合理であるため、中央の負担が大き過ぎ、地方が本来担うべき支出責任を担っていなかったりする。その他、中央と地方が提供する基本的公共サービスに関する権限の多くは重複していて、共同で担う事項がかなり多く、省級以下の業務分担と支出責任の区分も十分には規範化されていない。

・地方政府は中央が権限を与えた範囲で職責を果たし、最大限、中央によるミクロレベルの業務に対する直接管理を減らして、地方が現地の実情に合わせて管轄内の業務管理を強められる利点を発揮させることによって、地方の積極性と主体性を発揚できるようにする。

・組織能力が高く、基層に近く、現地の実情を知り得るという地方政府とりわけ県級政府の優位性を発揮させるためにも、必要とされる情報量が多く、状況が複雑で、それらの情報を取得することが困難な基本的公共サービスは優先的に地方の業務分担とすることで、行政効率を上げるとともに、行政コストを下げる。

・地方が担うべき業務や政策決定権は下放する一方で、中央政府各部門が地方に代わり決定する事項を減らすことで、地方が管轄内の業務を効率的に管理できるよう支援する。

・権限下放を通じて、基本的公共サービスの受益範囲と政府の管轄領域を一致させることで、地方政府が基本的公共サービスを提供する積極性を高めさせ、地方政府による不作為をなくすとともに、局部利益の追求により他地域や国家全体の利益を棄損することがないように仕向ける。

・地方によって提供されることが理にかなっている基本的公共サービスは地方の業務として確定し、地方政府に十分な権限を与えて、地方が職責を果たすことを法的にも保証する。例えば、社会治安、公共交通、農村道路、農村コミュニティー関連業務などは受益範囲の地域性が強く、関連する情報もかなり複雑で、現地住民とのつながりも密接な基本的公共サービスであるため、地方の職責として確定する。

・中央と地方の共同責任となっている業務が多過ぎ規範化されていない現状に鑑み、中央と地方の間の業務分担を規範化していく。

・中央が担う業務に対しては、中央財政が経費を支出すべきであり、中央政府各部門やその直属機関は、地方に資金の提供を要求してはならない。本来は中央が担うべき業務を地方に委託して実施させる場合は、中央から特定項目財政移転資金給付を通じて、応分の経費を提供しなければならない。

・省級以下においても、住民生活、社会治安、公共施設管理等、基層政府が情報面や管理面において優位性を発揮できる基本的公共サービス分野に関しては権限を下放する。

・中央と地方の収入区分と地方への財政移転資金給付制度を改善する。

・地方内の垂直管理部門と地方政府の間の職責関係を適切に処理する。

・二〇一七年から二〇一八年にかけて、教育、医療衛生、環境保護、交通運輸などの基本的公共サービスの領域で、中央と地方の業務分担と支出責任の区分を適正化させることを目指す。省級以下でも業務分担と支出責任の区分に関する改革を加速させる。

・二〇一九年から二〇二〇年にかけて、中央と地方および地方内における業務分担と支出責任の区分についての明確な枠組を構築する。

(13) 例えば、以下の指針が示された。「分税制財政体制をさらに改善するために、中央と地方の増値税収入配分比率の調整を進める。具体的には、一九九四年の分税制財政体制改革の際に確定した増値税返還方式を、二〇一六年から、二〇一五年を基準となる年として、定額返還方式に改める。したがって、増値税収入が増えるないしは減った地方に対して、今後は増収分の返還や控除を行わないこととする。返還基準の具体的な数値は、追って財政部が策定する」(国務院「関於実行中央対地方増値税定額返還的通知」国発［二〇一六］七一号（二〇一六年一二月一一日）、『国務院公報』二〇一七年第一号)。

(14) 国務院辦公庁「関於印発『基本公共服務領域中央與地方共同財政事権和支出責任劃分改革方案』的通知」国辦発［二〇一八］六号（二〇一八年一月二七日）、『国務院公報』二〇一八年第六号。

(15) 広東省人民政府辦公庁「転発省財政庁『関於圧縮省級財政専項轉移支付，拡大一般性轉移支付意見』的通知」粤府辦［二〇一三］四五号（二〇一三年一〇月二三日）、『広東省人民政府公報』二〇一三年第三一期。

(16) 広東省人民政府「轉発国務院『関於推進中央與地方財政事権和支出責任劃分改革指導意見』的通知」(二〇一六年一一月一日)、『広東省人民政府文件』粤府〔二〇一六年〕一一三号。

その具体的な指針については、二〇一七年三月に以下のように示された(広東省人民政府「関於印発『広東省省級與市県財政事権和支出責任劃分改革実施方案』的通知」粤府〔二〇一七〕二七号(二〇一七年三月一三日)、『広東省人民政府公報』二〇一七年第九期)。

・省内における現行の業務分担と支出責任に関する区分体系には、依然として多かれ少なかれ不明確かつ不合理で規範化されていないという問題がある。例えば、各級政府間で担う業務が重複していたり交錯していたりする。また、省と地級市および県の間の収入配分と業務分担に整合性がなく、一部の地域では収入不足が深刻化している。そのため、各級政府が効果的に基本的公共サービスを提供したり、国家の統治能力を近代化したりする上で障害となっている。こうしたことから、省と地級市および県の間の業務分担と支出責任の区分を改革することは必要不可欠である。

・中央が認めた範囲内で、省級政府が担う基本的公共サービスの職責と能力を適切に強化する。ミクロレベルの業務に対する省級からの直接的管理を減らすことで、地・県級政府が業務に取り組む上での積極性や主体性を発揚させる。

・地・県級政府とりわけ県級政府が有する基層に近く、実情を知る上での利便性が高いという優位性を十分に発揮させる。

・地・県級政府が担うことがふさわしい業務に関する決定権は下放することによって、省級政府各部門が地・県級政府を代行して決定を行う事項を減らし、地・県級政府が管轄区域内の業務を有効に管理できる環境を整える。

・省級が担う業務に関しては、原則として、省級で支出責任を負うべきであり、地・県級が担う業務に関しては、原則として、地・県級で支出責任を負うべきである。

・省級政府が担う業務を、地・県級政府に委託して実施させる場合は、特定項目財政移転資金給付によって相応の経費を支給しなければならない。

・地・県級政府が職責を果たす上で支出しきれない経費については、規定の範囲内で政府性債券を発行する以外に、主として上級政府が一般性財政移転資金給付によって補塡する。

・省級垂直管理部門と地・県級政府の間の業務分担を適正化させることによって、政府の公共サービス機能をより良く発揮できるよう環境を整える。

・二〇一九年から二〇二〇年の間に、各領域において業務分担と支出責任の区分に関する改革を推進し、主要領域での改革を基本的に完了させる。

具体的には、以下のスケジュールで漸進的に進めることとする。

・二〇一七年は民生分野で試点に取り組む。

・二〇一八年は医療衛生、環境保護、交通運輸などの基本的公共サービス分野における業務分担と支出責任を整理するとともに、社会保障分野で試点に取り組む。

(17) 広東省人民政府「関於我省提高財政収入質量工作情況報告審議意見研究処理状況的報告」(二〇一八年四月二二日)、『広東省人民代表大会常務委員会公報』二〇一八年第四号、一四六頁。

(18) 同右、一四六頁。

(19) 例えば、以下のような問題が指摘された。「省内の発展状況は極めて不均衡で、省東部および西北部の総収入は珠江デルタ地区の一四・二%に過ぎず、一人当たりの支出水準も四〇・四%に過ぎない。そのため、省級政府が統一的に計画を立て省全体の発展を調整する任務は大きいものの、省級財政収入が省全体の財政収入に占める割合は二四・八%に過ぎず、財政構造を組み替える余裕もないため、財力を集中して統一的な計画を実施する手段は限られている。それゆえ、財源を確保し、省級財政が統一的に計画を立て、省内の発展不均衡状態を是正するための調整能力を発揮できるようにすることが望まれる」(広東省財政庁「広東省二〇一七年預算執行和二〇一八年預算草案的報告」(二〇一八年一月二五日)、『広東省人民代表大会常務委員会公報』二〇一八年第二号、六四頁)。

(20) 同右、六四頁。

(21) 国務院「批轉『関於行政審批制度改革工作実施意見』的通知」国発〔二〇〇一〕三三号(二〇〇一年一〇月九日)、『国務院公報』二〇〇一年第三三号。

(22) 国務院辦公庁「関於印発『国務院部門権力和責任清単編制試点方案』的通知」国辦発〔二〇一五〕九二号(二〇一

五年一二月二八日)、『国務院公報』二〇一六年第二号。

(23) 国務院辦公庁「轉発国務院行政審批改革工作領導小組辦公室『関於進一歩推進省級政府行政審批制度改革意見』的通知」国辦発〔二〇〇三〕八四号(二〇〇三年九月一八日)、『国務院公報』二〇〇三年第三三号。

(24) 国務院「関於取消第一批行政審批項目的決定」国発〔二〇〇二〕二四号(二〇〇二年一一月一日)、『国務院公報』二〇〇二年第三四号。

(25) 国務院「関於取消第二批行政審批項目和改変一批行政審批項目管理方式的決定」国発〔二〇〇三〕五号(二〇〇三年二月二七日)、『国務院公報』二〇〇三年第一〇号。

(26) 国務院「関於第三批取消和調整行政審批項目的決定」国発〔二〇〇四〕一六号(二〇〇四年五月一九日)、『国務院公報』二〇〇四年第一八号。

(27) 国務院「関於第四批取消和調整行政審批項目的決定」国発〔二〇〇七〕三三号(二〇〇七年一〇月九日)、『国務院公報』二〇〇七年第三三号。

(28) 国務院「関於第五批取消和下放管理層級行政審批項目的決定」国発〔二〇一〇〕二一号(二〇一〇年七月四日)、『国務院公報』二〇一〇年第二〇号。

(29) 国務院「関於第六批取消和調整行政審批項目的決定」国発〔二〇一二〕五二号(二〇一二年九月二三日)、『国務院公報』二〇一二年第二九号。

(30) 国務院「関於取消和下放一批行政審批項目等事項的決定」国発〔二〇一三〕一九号(二〇一三年五月一五日)、『国務院公報』二〇一三年第一五号。

(31) 国務院「関於取消和下放五〇項目行政審批項目等事項的決定」国発〔二〇一三〕二七号(二〇一三年七月一三日)、『国務院公報』二〇一三年第二一号。

(32) 国務院「関於取消和下放一批行政審批項目的決定」国発〔二〇一三〕四四号(二〇一三年一一月八日)、『国務院公報』二〇一三年第四四号。

(33) 国務院「関於取消和下放一批行政審批項目的決定」国発〔二〇一四〕五号(二〇一四年一月二八日)、『国務院公報』二〇一四年第六号。

(34) 国務院「関於取消和下放一批行政審批項目等事項的決定」国発〔二〇一四〕二七号（二〇一四年七月二二日）、『国務院公報』二〇一四年第二四号。

(35) 国務院「関於印発〈二〇一五年推進簡政放権放管結合轉変政府職能工作方案〉的通知」国発〔二〇一五〕二九号（二〇一五年五月一二日）、『国務院公報』二〇一五年第一五号。

(36) 国務院「関於第二批取消一五二項中央指定地方実施行政審批事項的決定」国発〔二〇一六〕九号（二〇一六年二月三日）、『国務院公報』二〇一六年第七号。

(37) 同決定によると、「期間は本決定の公布日から二〇一七年一二月三一日までとする。三三の試点県（市・区）は、各省級行政区あたり原則として一つずつ設定される」、また「宅地の許認可権を、建設中の用地に関しては郷鎮級政府にまで下放し、新規の建設用地については県級政府にまで下放する」こととされた（全国人民代表大会常務委員会「関於授権国務院在北京市大興区等三十三個試点県（市、区）行政区域暫時調整実施有関法律規定的決定」（二〇一五年二月二七日）、『全国人民代表大会常務委員会公報』二〇一五年第二号、三三五頁および三三六頁）。

(38) 全国人民代表大会常務委員会「関於延長授権国務院在北京市大興区等三十三個試点県（市、区）行政区域暫時調整実施有関法律規定期限的決定」（二〇一七年一一月四日）、『全国人民代表大会常務委員会公報』二〇一七年第六号、九五九頁。

(39) 同右、九五九頁。

(40) 全国人民代表大会常務委員会「関於授権国務院在北京市大興区等二三二個試点県（市、区）、天津市蘇県等五九個試点県（市、区）行政区域分別暫時調整実施有関法律規定的決定」（二〇一五年一二月二七日）、『全国人民代表大会常務委員会公報』二〇一六年第一号、七六頁。

(41) 全国人民代表大会常務委員会「関於延長授権国務院在北京市大興区等二三二個試点県（市、区）、天津市蘇州区等五九試点県（市、区）行政区域分別暫時調整実施有関法律規定期限的決定」（二〇一七年一二月二七日）、『全国人民代表大会常務委員会公報』二〇一八年第一号、五七頁。

(42) 同右、五七頁。
(43) その他にも以下の指針が示された（中共中央辦公庁・国務院辦公庁「印発『関於加強郷鎮政府服務能力建設的意見』」（二〇一七年二月二〇日）、『国務院公報』二〇一七年第七号）。
・県級政府は郷鎮級政府が提供する公共サービスについての権限と責任のリストを作成しなければならない。
・県級政府各部門は、業務実施任務を恣意的に郷鎮級政府に転嫁してはならない。
・県級以上の政府およびその部門が主管するインフラ施設その他の建設プロジェクトは、県級以上の政府が十分な資金を拠出すべきであり、郷鎮級政府に資金の手配を要求してはならない。
・県級政府と郷鎮級政府の業務分担と支出責任を合理的に区分する。県級政府は郷鎮級政府との協調的発展に責任を負い、郷鎮級財政の困難克服を支援しなければならない。また、郷鎮級予算への管理監督を強めて、郷鎮級での起債を厳禁し、債務危機を防がなければならない。
・県級以上の機関に所属する将来有望な若手幹部を郷鎮級の任に当たらせるとともに、優秀な村級幹部の中から郷鎮級のための人材を発掘し、さらには郷鎮級と郷鎮級の間、県級と郷鎮級の間で幹部交流を進める。
(44) 例えば、以下のような決定がなされた（広東省人民政府「広東省第一批拡大県級政府管理権限事項目録」粤府令第九八号（二〇〇五年五月二六日）、『広東省人民政府門戸網站』）。
・県が直接省に決裁を求め、地級市に報告し記録に留める事項一七六項目
・県が直接決裁し、地級市に報告し記録に留める事項三八項目
(45) 広東省人民政府「我省部署省政府和市県政府機構改革」（二〇〇九年三月二六日）、『広東省人民政府門戸網站』。具体的には、省発展改革委員会等により、省内各級政府間の権限下放に関して以下の指針が示された（広東省人民政府辦公庁「轉発省発展改革委等部門『関於進一歩深化行政審批制度改革意見』的通知」粤府辦［二〇〇九］一号（二〇〇九年一月一二日）、『広東省人民政府公報』二〇〇九年第三期）。
・一九九九年から広東省では三度にわたり行政決裁制度改革に取り組み、重要な段階的成果を上げてきたが、現行の行政決裁制度は社会主義市場経済の発展に完全には適応しておらず、決裁事項が依然としてかなり多いばかりでなく、決

裁が規則的に行われず、決裁監督メカニズムも十分に整備されていないため、各地区や関係部門によって改革の進展具合に不均衡が生じている。
・行政決裁管理にかかわる階層を減少させるため、行政管理権限を下放させる。
・省級政府とその部門が実施しているものの、下級政府でも実施することが可能な決裁事項は、申請者の利便性や管理監督の効率性の観点から、原則として下級政府に委託ないしは下放して実施させる。
・省級において総合調整や統一的管理をする必要がない決裁事項は、原則として省都と経済特区所在地政府に委託ないしは下放して管理させる。地級市政府に委託ないしは下放して管理させられる決裁事項も、原則として地級市政府に委託ないしは下放して管理させる。省級政府が地級市以上の政府に委託ないしは下放している決裁権限は、法律や国務院の規定で禁止されているもの以外、原則として県級政府に委託ないしは下放して管理させる。

(46) 例えば、以下のような指針が示された(中共広東省委辦公庁・広東省人民政府辦公庁「関於富県強鎮事権改革的指導意見」(摘要)、『南方日報』二〇一〇年一月二日)。
・省内の地域間における発展は不均衡で、一部の県や郷鎮の経済力や社会管理機能は弱く、公共政策の停滞が目立つ。
・県と郷鎮に割り当てられている権限と任務は不合理で、任務はあるのに権限がともなっていなかったり、行政サービスの質が低いため、県と郷鎮の発展を制約している。
・「富県強鎮」権限任務改革つまり県および鎮の権限を拡大し財力を強めることを主旨とする改革を実施することによって、さらにいっそう生産力を発展させ、地域間の発展不均衡の問題を抜本的に解決し、社会と経済の発展をより良くより速く推進することに役立つ。
・三年から五年の時間をかけて、権限と任務を一致させて政府間の縦割り横割りの関係を正すことで、県および郷鎮の社会経済に対する管理機能を高める。
・省がすでに地級以上の市に下放した行政決裁事項のうち、県で担い得るものは、原則として直接県に下放するか委託をする。もともと地級市以上で査定し省が決裁していた事項で、地級において統一的に計画を立てるもの以外は、原則として県級が直接査定し省が決裁した後に、地級以上の市に報告し記録に留めることにする。もともと地級以上の市で決裁ないしは管理していた事項で、県が実施や監督責任を担う事項は、原則として直接県に下放ないしは委託して、直接決済し管理させるようにする。

・人口規模が大きく経済力が強い郷鎮に対しては、地級以上の市と県が直接権限を下放ないしは委託し、郷鎮の行政事務管理権限を拡大させる。

・「省管県」を推進するとともに、省・地・県級の間の権限・任務および財源配分の関係を適正化して、県級にさらに多くの権限を下放する。

・垂直管理部門の指導幹部への考課は、県からの意見を重要な材料としなければならない。また、垂直管理部門の指導幹部の任免に際し、上級主管部門党組はまず党県委からの意見を求めなければならない。

・鎮における上級主管部門の派出機関は二元指導とし、その業務は鎮による調整と監督を受け、経費は上級主管部門が統一的に管理することとする。

(47) 例えば、以下のような取り組みと成果が紹介された。「二〇〇九年一二月に、『「富県強鎮」権限・任務改革に関する指導意見』が公布施行されて以来、佛山市や東莞市などで積極的に試点が展開されてきた。東莞市では、県級の社会経済管理権限のうち、法律や法規で禁止されているもの以外は下放するとの原則の下、まず二四八項目の管理権限が試点を行っている郷鎮に下放され管理されており、近々二三五項目の管理権限がさらに下放されることになっている。佛山市の南海区と順徳区では、マクロ政策の決定権は上級が管理する一方で、ミクロレベルの管理権限は下級が担うという原則の下、まず鎮と街道にそれぞれ一一六項目と三一六項目の管理権限が下放され管理されている。これらの措置によって、社会経済の発展に向けた活力は確実に強化された」(広東省人民政府「省政府在順徳召開全省富県強鎮事権改革工作現場会，強調不断把我省富県強鎮事権改革工作引向深入，黄華華出席会議並作重要講話」(二〇一〇年四月三〇日)、『広東省人民政府門戸網站』)。

(48) 同規定の第二五条では、垂直管理部門と県・郷鎮級政府との関係について以下のように定められた(広東省人民政府「広東省県鎮事権改革若干規定」(試行) 粤府令第一五八号 (二〇一一年五月五日)、『広東省人民政府公報』二〇一一年第一四期)。

・省級以下の垂直管理部門が県・郷鎮級政府の関連部門に指示や業務ノルマを下達する際は、県・郷鎮級政府との調整を首尾よく行わなければならない。

・法律や法規によって規定されている場合を除き、原則として、上級主管部門が郷鎮に派遣駐在させている機関は二元指導体制を実施し、その業務は郷鎮級政府による調整と監督を受け、幹部の任免などの重大事項については、規定に則り、郷鎮級政府からの意見を求めなければならない。

(49) 広東省人民政府「広東省第二批拡大市県級政府管理権限事項目録」粤府令第一六一号（二〇一一年七月二七日）、『広東省人民政府公報』二〇一一年第二二期。

(50) 広東省人民政府「二〇一二年行政審批制度改革事項目録」（第一批）、『広東省人民政府令』粤府令第一六九号（二〇一二年七月一一日）。

(51) 広東省人民政府「二〇一二年行政審批制度改革事項目録」（第二批）粤府令第一七二号（二〇一二年九月七日）、『広東省人民政府公報』二〇一二年第二七期。

(52) その他、以下の決定がなされた（広東省人民政府「轉発国務院『関於同意広東省〝十二五〟時期深化行政審批制度改革先行先試的批復』的通知」粤府［二〇一二］三三五号（二〇一二年一一月二〇日）、『広東省人民政府公報』二〇一二年第三五期）。

・行政決裁事項六六項目を廃止する。

・中央政府各部門から省級政府各部門に、あるいは省級政府各部門から地・県級政府各部門に、行政決裁事項三四項目を下放する。

(53) 広東省人民代表大会常務委員会法制工作委員会「関於我省行政決裁制度改革情況的調研報告」（二〇一三年九月二四日）、『広東省人民代表大会常務委員会公報』二〇一三年第五号、一六四頁および一六六頁。

(54) 広東省人民政府「関於取消和下放一批行政審批項目的決定」粤府［二〇一四］八号（二〇一四年二月二七日）、『広東省人民政府公報』二〇一四年第七期。

(55) 広東省人民政府「関於我省行政審批制度改革情況報告審議意見的研究処理情況報告」（二〇一四年四月二三日）、

『広東省人民代表大会常務委員会公報』二〇一四年第四号、九二頁。
(56) 広東省人民政府辦公庁「関於調整省直有関部門職能的通知」粤府辦〔二〇一五〕八号(二〇一五年二月一三日)、『広東省人民政府公報』二〇一五年第七期。
(57) 国務院「関於取消和調整一批行政審批項目等事項的決定」国発〔二〇一五〕一一号(二〇一五年二月二四日)、『国務院公報』二〇一五年第九号。
(58) 広東省人民政府「関於取消和調整一批行政審批項目等事項的決定」粤府〔二〇一五〕七九号(二〇一五年八月二五日)、『広東省人民政府公報』二〇一五年第二三期。
(59) 国務院「関於『全国人民代表大会常務委員会関於授権国務院在広東省暫時調整部分法律規定的行政審批的決定』実施情況的報告」(二〇一五年一二月)、『全国人民代表大会常務委員会公報』二〇一六年第一号、八七頁および八八頁。
(60) 前掲、国務院「関於第一批取消62項中央指定地方実施行政審批事項的決定」国発〔二〇一五〕五七号:前掲、国務院「関於第二批取消一五二項中央指定地方実施行政審批事項的決定」国発〔二〇一六〕九号:国務院「関於取消一三項国務院部門行政許可事項的決定」国発〔二〇一六〕一〇号。
(61) 広東省人民政府「関於取消一七〇項行政審批事項的決定」粤府〔二〇一六〕一〇五号(二〇一六年九月三〇日)、『広東省人民政府公報』二〇一六年第二九期。
(62) 前掲、国務院「関於第三批取消中央指定地方実施行政許可事項的決定」国発〔二〇一七〕七号。
(63) 広東省人民政府「関於取消五〇項行政許可事項的決定」粤府〔二〇一七〕七六号(二〇一七年七月二〇日)、『広東省人民政府公報』二〇一七年第二二期。
(64) 広東省人民政府「関於取消和調整一批省級行政職権事項的決定」粤府〔二〇一八〕五七号(二〇一八年七月二〇日)、『広東省人民政府公報』二〇一八年第二一期。
(65) 広東省人民政府辦公庁「関於印発『広東省貫徹落実全国深化簡政放権放管総合優化服務改革電視電話会議重要任務有関措施及分工方案』的通知」粤辦函〔二〇一七〕五四一号(二〇一七年九月一日)、『広東省人民政府公報』二〇一七年第二七期。

(66) 広東省人民政府辦公庁「関於印発『広東省行政審批事項通用目録』的通知」粤府辦［二〇一四］六二号（二〇一四年一一月六日）、『広東省人民政府公報』二〇一四年第三四期。

(67) 広東省人民政府「関於公布省直部門権責清単（第一批）的決定」粤府［二〇一四］七二号（二〇一四年一二月二六日）、『広東省人民政府公報』二〇一五年第一期。

(68) 広東省人民政府「関於印発『二〇一五年推進簡政放権放管結合轉変政府職能工作方案』的通知」粤府［二〇一五］六九号（二〇一五年七月一七日）、『広東省人民政府公報』二〇一五年第二二期。

(69) 前掲、中共中央辦公庁・国務院辦公庁「印発『関於推進地方各級政府工作部門権力清単制度的指導意見』的通知」中辦発［二〇一五］二一号。

(70) 広東省人民政府「関於重新公布省直部門権責清単的通知」粤府函［二〇一七］一五号（二〇一七年一月二三日）、『広東省人民政府公報』二〇一七年第四期。

(71) 広東省人民政府「関於将一批省級行政職権事項調整由広州、深圳市実施的決定」粤府令第二四一号（二〇一七年六月一六日）、『広東省人民政府公報』二〇一七年第一九期。

　この決定を実施するために、広東省人民政府は広東省人民代表大会常務委員会に対して、以下の議案を提出した。

「広州市の国家重要中心都市、深圳市の経済中心都市としてのそれぞれの牽引力をさらに発揮させるため、二〇一七年二月から省内で調整を進めるとともに、中央の各主管部門からも支持を取りつけた上で、五月五日、省政府常務会議において『広州市と深圳市に実施させる省級行政職権事項リスト』を可決し、そのうち地方性法規が設定している事項にかかわる、省政府の四部門が主管する五つの行政職権事項に関する権限を広州市と深圳市に下放することを認めるよう、省人民代表大会常務委員会に提案することを決定した」（広東省人民政府「関於提請審議『関於授権省政府下放広州、深圳市実施有関省級行政職権事項的決定』（草案）的議案」（二〇一七年六月一九日）、『広東省人民代表大会常務委員会公報』二〇一七年第五号、三二一―三二三頁）。

(72) 「省司法庁部分行政権委托下放広深両地」、『南方日報』二〇一七年七月一八日。

(73) 広東省人民政府「関於将一批省級行政職権事項調整由各地級以上市実施的決定」粤府令第二四八号（二〇一八年一

月八日）、『広東省人民政府公報』二〇一八年第三期。

二〇一八年三月には、この決定を実施するために、広東省人民政府は広東省人民代表大会常務委員会に対して、以下の議案を提出した。「二〇一七年初めから、省政府は地・県級政府により多くの権限を付与するために、省内での検討と調整を重ね、二〇一八年一月八日には『地級以上の市に省級行政職権事項を実施させることに関する決定』を公布したが、そのうち地方性法規が設定している事項にかかわる行政職権事項一項目について、広東省人民代表大会常務委員会に審議することを提案する」（広東省人民政府「関於提請審議『関於授権省政府下放各地級市実施有関省級行政職権事項的決定』（草案）的議案」（二〇一八年三月二日）、『広東省人民代表大会常務委員会公報』二〇一八年第三号、七―八頁）。

(74) 国務院「関於同意撤銷深圳経済特区管理線的批復」国函［二〇一八］三号（二〇一八年一月六日）、『国務院公報』二〇一八年第三号。

(75) それにより、深圳市には左記のような役割を発揮していくことが期待されるとともに、それを支援するための体制も整えられることになった（国務院「関於同意深圳市建設国家可持続発展議程創新示範区的批復」国函［二〇一八］三二号（二〇一八年二月一三日）、『国務院公報』二〇一八年第七号）。

・国連や中国による二〇三〇年までの持続可能発展計画に基づき、資源、環境そして社会治安管理などに重点を置くとともに、汚水処理、廃棄物総合利用、生態系回復、人工知能に関する技術を活用して、実効性の高い発展モデルを構築することで、超大型都市が持続可能な発展を実現するための模範を示す。

・広東省と科学技術部は、実際の状況に合わせて体制面での環境整備を行うなどして、深圳市を支援しなければならない。

(76) 国務院「関於同意湛江高新技術産業開発区昇級為国家高新技術開発区的批復」国函［二〇一八］四三号（二〇一八年二月二八日）、『国務院公報』二〇一八年第八号。

(77) 具体的には、以下の指針が示された。「さらに改革を深化させ、開放を拡大し、政府機能の転換を加速させるために、第一二期全国人民代表大会常務委員会第一二回会議は、国務院が広東省、天津市、福建省、上海市に設置することを認可した自由貿易試験区において『中華人民共和国外資企業法』、『中華人民共和国中外合資経営企業法』、『中華人民共和国中外合作経営企業法』、『中華人民共和国台湾同胞投資保護法』で規定されている行政決裁事項を暫時調整する権限を与えることを決定した。二〇一五年三月一日から三年間の試行を経て、適切であると判断された事項については関連する法律を改正し、不適切であると判断された事項は関連する法律の元の規定に戻して実施する」（全国人民代表大会常務委員会「関於授権国務院在中国（広東）自由貿易試験区、中国（天津）自由貿易試験区、中国（福建）自由貿易試験区以及中国（上海）自由貿易試験区拡展区域暫時調整有関法律規定的行政審批的決定」（二〇一四年一二月二八日）、『全国人民代表大会常務委員会公報』二〇一五年第一号、一七頁）。

(78) 例えば、この点に関連して、以下のような認識および指針が示された（国務院「関於自由貿易試験区工作進展情況的報告」（二〇一五年四月二一日）、『全国人民代表大会常務委員会公報』二〇一五年第三号、六六〇頁および六六一頁）。

・依然として市場体系は不完全で、政府による資源の直接管理の範囲は大きく、ミクロ経済主体への関与も多い。現在、二〇〇一年にＷＴＯに加盟してからの効果も薄れてきているため、一八期三中全会では、金融、教育、文化、医療などのサービス業の領域における開放を徐々に進め、養育養老、建築設計、会計監査、商業貿易物流、電子取引などのサービス業への外資参入の制限を緩和するとともに、一般製造業の開放もさらに進めることを決定した。そこで、一部の地域で先行的に開放を進め、高いレベルでの開放を行うための試行を集中的に行う。

・世界経済の回復は紆余曲折を経ており、国内経済の減速傾向も強まっている。そこで、自由貿易試験区を設置し、改革を深化させ、開放を拡大させることによって、活力を得て構造改革を進め、質の高い経済成長を達成することで「中進国の陥穽」を克服できる。

・米国は「両洋戦略」を進めており、ＴＰＰや大西洋貿易パートナーシップ協定などによって、経済グローバル化の主導権を握ろうとしている。

・二〇一三年九月二九日に、上海自由貿易試験区が正式に運用を開始した。工商、税務、品質検査などの部門が協同で企業登記制度を改革した結果、企業登記は一つの窓口で一括処理できるようになり、企業登記に要する日数は従来の二九日から四日にまで短縮できた。二〇一五年二月までに自由貿易試験区で新設された企業は一・六二万社にのぼり、過去二〇年間に設立された企業の累計を上回ることになった。
(79) 広東省人民政府「関於印発『二〇一五年推進簡政放権放管結合轉変政府職能工作方案』的通知」粤府［二〇一五］六九号（二〇一五年七月一七日）、『広東省人民政府公報』二〇一五年第二二期。
(80) 広東省人民代表大会法制委員会「関於『中国（広東）自由貿易試験区条例』（試行草案）修改情況的報告」（二〇一六年三月二九日）、『広東省人民代表大会常務委員会公報』二〇一六年第五号、四七頁。
(81) 同右、四九頁。
(82) 広東省人民代表大会常務委員会「関於在中国（広東）自由貿易試験区和復制推広〝証照分離〟改革試点具体做法的区域調整実施本省有関地方性法規規定的決定」（二〇一八年一月二二日）、『広東省人民代表大会常務委員会公報』二〇一八年第一号、七頁。
(83) 具体的には、以下の方針が示された（全国人民代表大会常務委員会「関於在北京市、山西省、浙江省開展国家監察体制改革試点工作的決定」（二〇一六年一二月二五日）、『全国人民代表大会常務委員会公報』二〇一七年第一号、五〇頁）。
・北京市、山西省、浙江省においては、県級に至るまで監察委員会を設立して、それらに監察権限を行使させる。
・試点とされた地方の管轄下にある監察庁（局）、腐敗予防局および人民検察院の汚職対策部門の機能は、前記の監察委員会に統合させる。
・監察委員会は汚職、職権乱用、利益供与、国家資産の浪費などを調査し、容疑者を起訴する役割を担う。
・その際には、聞き取り、尋問、凍結、差し押さえ、鑑定、留置などの措置を実施できる。
(84) 全国人民代表大会常務委員会「関於全国各地推開国家監察体制改革試点工作的決定」（二〇一七年一一月四日）、『全国人民代表大会常務委員会公報』二〇一七年第六号、九五一頁。
(85) 具体的には、以下のように規定された（中共中央辦公庁・国務院辦公庁「印発『関於建立健全村務監督委員会的指導意見』」（二〇一七年一二月四日）、『国務院公報』二〇一七年第三五号）。
・村務監督委員会は、村民が村務に対して民主監督を行う機関である。

・村務監督委員会は、村民の身近にある不正腐敗問題を抑制し、農村の安定を促進する面で重要な役割を果たす。
・村務監督委員会の活動は、すべて党の指導の下で行われる。
・村務監督委員会は、通常三名から五名で構成される。主任一名は、原則として村級党組織書記は兼任しない。構成員は村民会議もしくは村民代表会議によって村民の中から選出され、任期は村民委員会と同じとする。
・村務監督委員会は、村務や財務管理などについて監督を行うとともに、村民からの意見や提案を受けつける。また必要に応じて、郷鎮級の党委・政府に提案を行う。
・同主任に対しては県が訓練に責任を負い、その他の構成員に対しては郷鎮が訓練に責任を負う。

(86)「中華人民共和国監察法」(二〇一八年三月二〇日)、『全国人民代表大会常務委員会公報』二〇一八年第二号、一四七―一五五頁。

その際、李建国全国人民代表大会常務委員会副委員長は「中華人民共和国監察法」(草案)の意義について、以下のように説明した(李建国「関於『中華人民共和国監察法(草案)』的説明」(二〇一八年三月一三日)、同、一五五―一五七頁)。
・「中華人民共和国監察法」は、反腐敗のために集中指導を強めることを目的とする。
・従来の監察体制の問題として、第一に、監察の対象が狭く行政機関とその人員に限られ、公権力を行使する公職者全体に及んでいなかった。第二に、反腐敗のための権限が関連機関に分散していた。第三に、党の紀律検査委員会と国家監察機関の連携不足の問題があった。
・同法の制定により、各級国家監察委員会と各級紀律検査委員会との連携を強められる。
・およそ八〇%の公務員と九五%以上の指導幹部は共産党員であるため、党内監督と国家監察を統一することは必然のことであり、同監察法の制定によって、党内監督と国家監察を有機的に統一できる。
・国家監察体制改革の深化と各級監察委員会の成立により、党の紀律検査委員会と協同で業務を行い、紀律検査と監察業務の双方の職責を果たすことによって、すべての公務員に対する監督を実施することができる。また、巡視、派遣駐在、監察を統一した監察体制を構築できることにより、問題を発見し、過ちを糺し、懲罰を与える有効なメカニズムを形成できる。

(87) それと時をほぼ同じくして、二〇一七年七月には「中国共産党巡視工作条例」の改定が行われており(『中国共産党巡視工作条例』中国方正出版社、二〇一七年)、党内においても監視体制の強化が図られていたことがうかがわれる。

(88) 財政部・審計署「関於印発『中央財政対地方審計専項補助経費管理暫行辦法』的通知」財行[二〇一一]一号(二〇一一年一月二八日)、『国務院公報』二〇一一年第一八号。

(89) 国務院「関於加強審計工作的意見」国発[二〇一四]四八号(二〇一四年一〇月九日)、『国務院公報』二〇一四年第三一号。

(90) 中共中央辦公庁・国務院辦公庁「印発『関於完善審計制度若干重大問題的框架意見』及相関配套文件」(二〇一五年一二月八日)、『国務院公報』二〇一五年第三五号。

(91) 審計署「関於内部審計工作的規定」(二〇一八年一月一二日)、『国務院公報』二〇一八年第一三号。

(92) 中共中央辦公庁・国務院辦公庁「印発『関於深化政務公開，加強政務服務的意見』的通知」(二〇一一年六月八日)、『国務院公報』二〇一一年第二三号。

(93) それに関連して、以下のような認識が示された(国務院辦公庁「轉発全国政務公開領導小組『関於開展依托電子政務平台加強県級政府政務公開和政務服務試点工作意見』的通知」国辦発[二〇一一]九九号(二〇一一年九月一三日)、『国務院公報』二〇一一年第二七号)。

・政務公開を進めて、政務サービスを強化することは、権力に対する監督を強め、汚職腐敗を防止して「サービス提供型政府」を構築する上で重要な意義を有する。

・県級政府はわが国の行政体制の中で極めて重要な地位を占めており、国家の法律法規と政策の重要な執行者である。人々の具体的利益に直接かかわる行政行為の大部分は県級政府によって行われ、人々と直接かかわる行政サービスの大部分も県級政府によって提供されている。

(94) 国務院辦公庁「関於印発『二〇一二年政府信息公開重点工作安排』的通知」国辦発[二〇一二]二六号(二〇一二年四月二八日)、『国務院公報』二〇一二年第一四号：国務院辦公庁「関於印発『当前政府信息公開重点工作安排』的通知」国辦発［二〇一三］七三号（二〇一三年七月一日）、『国務院公報』二〇一三年第二〇号：国務院辦公庁「関於印発『二〇一四年政府信息公開工作要点』的通知」国辦発［二〇一四］一二号（二〇一四年三月一七日）、『国務院公報』二〇一四年第一〇号。

(95) その際、垂直管理部門については中央の主管部門辦公庁が報告を担い、二元指導部門については同級地方政府辦公庁が報告を担うこととされた（国務院辦公庁「関於加強和規範政府信息公開情況統計報送工作的通知」国辦発［二〇一四］三二号（二〇一四年六月二三日）、『国務院公報』二〇一四年第二〇号）。

(96) その際には、以下の認識が示された（中共中央辦公庁・国務院辦公庁「印発『関於全面推進政務公開工作的意見』」（二〇一六年二月一七日）、『国務院公報』二〇一六年第七号）。

・政務が公開され透明性が高いことは法治政府の基本的要件である。政務公開を全面的に推進し、権力運用を透明化することは、社会主義民主政治を発展させるとともに、国家の統治能力を向上させ、政府への信頼度や執行力を高め、人民大衆の知る権利、参加権、表出権、監督権を保障する上で重要な意義を有する。

・党中央と国務院は政務公開を重視して一連の重要な措置を講じ、各級政府も真摯に取り組むことで、これまで一定の成果を上げてきた。しかし、大衆の期待や法治政府実現の目標と比べると、依然として政務公開の意義への認識が深まっておらず、制度や手順が未整備である上に、取り組みへの熱意が不十分であるため、期待された成果を上げているとは言い難い。

・政務公開への取り組み具合を業績考課体系に組み込み、その重要な指標とする。政務公開のレベルと効果に関して、第三者機関による独立公正な評価が行われることを積極的に支援していく。

(97) 具体的には、以下の方針が示された（国務院辦公庁「印発『「関於全面推進政務公開工作的意見」実施細則』的通知」国辦発［二〇一六］八〇号（二〇一六年一一月一〇日）、『国務院公報』二〇一六年第三三号）。

・二〇一七年末までに、地方各級政府の常務会議や中央政府各部門の部務会議で審議される前の重要改革方案や重要政策措置は、機密事項を除き、事前に草案や関連資料を社会に公開して、広範に意見を募る体制を整えることとする。

・二〇一八年末までに、中央政府各部門は同系統の部門において公開されている事項の編成作業を全面的に完成させなければならない。
・基層レベルにおける政務公開の標準化と規範化を進めるために、全国で一〇〇県（市・区）を選定して試点工作を行い、二年をかけて、県・郷鎮級政府の政務公開に関する標準化と規範化を実現させる。
・各地方および関係部門では、政務公開を業績考課体系に組み込み、最低でも四％以上の比重とする。
・政務公開の進展状況について定期的に監督と査察を行い、積極的に推進している機関には表彰を行う。その一方で、重要情報を公開していなかったり、あるいは重要政策についての解説を公表していない、または対応が不適切であったりした機関に対しては、厳格に批判を行い公表する。
・政務公開とは、行政機関が政策決定と執行、管理とサービスなどの全過程について全面的に公開を実施することである。政務公開によって、政策についての解説やデータなどの公開を推進して、人々の知る権利、参加権、表出権、監督権を保障し、政府の信頼性や執行力を高め、国家統治能力を向上させていかなければならない。
(98) 具体的には、以下の通知がなされた（国務院辦公庁「関於開展全国政務服務体系普査的通知」国辦発〔二〇一七〕一七号（二〇一七年二月七日）、『国務院公報』二〇一七年第八号）。
・調査対象は県級以上の地方政府で、調査内容は省・地・県各級における行政サービス体系構築の状況、具体的には、機関の設置、サービス内容、サービスの効果と監督考課の状況、行政サービスの窓口、ネット上でのサービス、ホットラインの状況などである。
・二〇一六年一二月三一日までのデータを、各省人民政府辦公庁が取りまとめて、二〇一七年三月三一日までに、公印を押した報告書とその電子版を、国務院辦公庁政府情報政務公開辦公室に送ることとする。
(99) 例えば、以下のような指針が示された（国務院辦公庁「関於印発『開展基層政務公開標準化規範化試点工作方案』的通知」国辦発〔二〇一七〕四二号（二〇一七年五月九日）、『国務院公報』二〇一七年第一五号）。
・政策決定と執行、管理とサービス、それらの結果について公開を進めることは、中国共産党第一八期中央委員会第四回全体会議で決定された重要な改革任務である。
・基層レベルにおいて政務公開に関する標準化や規範化についての試点を実施することは、政務公開を具体的に進める上での重要な措置である。また、基層レベルでの政務公開を深化させることは、行政効率を向上させ、法治政府および「サービス提供型政府」構築を加速させる上で、重要な意義を有している。

・権力運用の全過程と行政サービスの全過程を重点に、基層レベルにおける政務公開の標準化および規範化を積極的に推進し、それによって基層レベルにおける政務公開と行政サービスのレベルを全面的に向上させる。

・まずは人々の利益に直接かかわり社会の関心が強い領域とサービスを起点にして、いくつかの県（市・区）において先行的に試点を行い、それらの経験を総括した上で、基層政府が担うすべての政務領域とサービス事項にまで順次範囲を広げていく。

・二〇一八年末までに、試点での経験を総括して、基層レベルにおける実効性の高い政務公開の標準と規範を作り上げ、全国規模で全面的に実施するための基礎を築き上げる。

・北京市、安徽省、陝西省等一五省（市・区）の一〇〇県（市・区）を試点に選定し、具体的な実施方法を二〇一七年八月末までに、国務院辦公庁に報告し承認を得ることとする。

・二〇一八年九月末までに試点の任務を完了させ、実施状況や成果、明らかになった問題や提案などをまとめて国務院辦公庁に報告することとする。

・試点の任務を担う省級政府は政務公開についてのインセンティブ・メカニズムを構築するとともに、監督、督促、検査を強化し、政務公開への取り組みを業績考課体系に組み込むこととする。国務院辦公庁は、試点任務において顕著な成果を上げた地方に対して表彰と報奨を行う。

(100)　例えば、以下のような方針が示された（国務院辦公庁「関於做好政府公報工作的通知」国辦発［二〇一八］二二号（二〇一八年三月二八日）、『国務院公報』二〇一八年第一一号）。

・政府公報は行政法規や規程の原文を掲載する公式媒体であるとともに、政府機関が政令を発する上での公式ルートでもある。また、政務公開を推進するとともに、行政サービスを強化することによって、党と政府が人民と密接に連携する上で重要な役割を果たしている。

・しかし、一部の地方や関係部門が発行する政府公報は、公式媒体としての役割を十分に果たしていない。例えば、業務メカニズムが未整備で、一部の規程や文書は随時公開されず、検索や閲覧の面でも利便性が低いなどの問題があり、時代の要請に対応できておらず、政務公開に対する人民のますます高まる要求を十分に満たせていない。
・中国共産党第一九回全国代表大会において提起された方針や、政務公開を推進することに関する党中央と国務院の指示を全面的に実行して、政府公報に関する業務に真摯に取り組むことによって、政府公報を信頼できる規範化された利便性の高い政務公開のプラットフォームにしなければならない。
・中央政府各部門は国務院辦公庁に、地方各級政府部門は同級政府辦公庁に各部門が制定した文書を送り、政府公報への掲載を促す。
・政府公報の電子版を作成し、目録や内容検索サービスも提供することによって利便性を高める。
・政府公報のデータベースを作成して社会に公開する。政府公報の電子化を進め、創刊以来のすべての内容をデータベースに組み込む。

(101) 具体的には、以下の指針が示された（国務院辦公庁「関於印発『二〇一八年政務公開工作要点』的通知」国辦発［二〇一八］二三号（二〇一八年四月八日）、『国務院公報』二〇一八年第一三号）。
・公開性と透明性を政府に必要な基本条件とし、公開を常態化させるとともに、非公開を例外とし、各級政府の全体会議やその常務会議での決定事項、各級政府とその部門が制定した政策は、機密事項を除き、随時公開することにより、行政と政策の公開化を推進して、人々の知る権利を十分に保障する。
・予算と決算、重大建設プロジェクト、公共資源の配置、社会公益事業などの領域における政府情報公開制度を着実に実施する。
・地・県級政府とその部門において、予算と決算の全面的情報公開を推進する。
・脱貧困支援、社会保障、食品安全、重大な環境汚染と生態系破壊事案に関する調査と処理についての情報公開をさらに推進するとともに、各種技術を駆使して、公開された情報の検索や閲覧に際しての利便性を高める。
・専門性の高い政策については、主管部門が客観的なデータや典型的な事例を用いて、イメージしやすくわかりやすい解説を行い、政策に対する誤解や疑念を未然に払拭する。また、社会不安を招きかねない事案についても、積極的に情報を発信して問題が拡大することを抑止する。
・政府のホットラインが乱立する一方で、応答率が低く、統一的な管理がなされていない問題について、県級以上の地方政府は全面的に整理統合を行い、政府のホットライン整備に関する進捗状況を二〇一八年末までに一級上の政府辦公庁に報告することとする。
・基層レベルにおける政務公開標準化、規範化についての試点工作を担っている各省級政府は、二〇一八年八月末までに任務を完了させ、同年九月末までには試点工作の全般的な状況と成果および提案を国務院辦公庁まで報告することとする。
・教育、生態系、環境、文化、旅行、健康衛生、住宅保障、社会的弱者救済、社会福祉等の業務を担う中央政府の各主管部門は、二〇一八年末までにそれぞれ関連する領域における事業単位の情報公開制度を整備することとする。
・県級以上の地方政府は、関連部門が主導して事業単位の情報公開事項リストを作成するとともに、情報公開に関する考課制度や監督検査方法を具体的に構築することによって、事業単位の情報公開を着実に推進させる。
・国務院辦公庁は、政務公開の実施状況を適宜監督検査するとともに、第三者による評価を実施して、その結果を公表する。

(102) 中共中央辦公庁・国務院辦公庁「印発『省級党委和政府扶貧開発工作成効考核辦法』」(二〇一六年二月一七日)、『国務院公報』二〇一六年第七号。

(103) 具体的には、以下の指針が示された(中共中央辦公庁・国務院辦公庁「印発『脱貧攻堅責任制実施辦法』」(二〇一六年一〇月一七日)、『国務院公報』二〇一六年第三一号)。
・中央が統一的に計画を立て、省が総責任を負い、地級市と県が実行を担う脱貧困推進責任体制を構築する。
・省級党委および政府は、貧困県に対する支援や脱貧困推進への取り組み状況についての考課を行う。
・県級党委および政府は、脱貧困推進の主体的責任を負う。とりわけ、県級党委および政府の指導幹部は、脱貧困推進について第一義的責任を負う。県級党委および政府は郷鎮や村を指導して、貧困村や貧困人口の実情を把握し対策を講じる。

(104) 中共中央辦公庁・国務院辦公庁「印発『関於建立健全国家〝十三五〟規劃綱要実施機制的意見』」(二〇一六年一〇月二三日)、『国務院公報』二〇一六年第三一号。
(105) 具体的には、以下の方針を示した(中共中央辦公庁・国務院辦公庁「印発『地方党政領導幹部安全生産責任制規定』」(二〇一八年四月一八日)、『国務院公報』二〇一八年第一三号)。
・地方各級党委および政府による「安全生産巡視工作制度」を改善強化して、安全生産責任措置を実効性のあるものとする。また巡視結果を、対象となった地域を管轄する党委および政府の指導幹部に対する考課、賞罰、登用の際の重要な参考資料とする。
・生産活動にかかわる重大な事故を発生させた責任を追及された地方の党政指導幹部は、それまでに表彰や報奨を受けていた場合は取り消し、所定の期間内は昇進や重用を禁止する。
(106) 国務院辦公庁「関於対落実有関政策措置成効明顕地区予以激励支持的通知」国辦函[二〇一六]二一号(二〇一六年二月二一日)、『国務院公報』二〇一六年第八号。
(107) 具体的には、以下の指針が示された(国務院辦公庁「関於対真抓実幹成効明顕地方加大激励支持力度的通知」国辦発[二〇一六]八二号(二〇一六年一一月一二日)、『国務院公報』二〇一六年第三四号)。
・中央と地方の積極性を充分に発揮させ、各地で実情に基づき事業に取り組み、主体的な行動で発展を競い合う良好な局面を推進するために、毎年、「国務院大督査」と日常督査の状況に基づき、重要な政策措置を真摯に実行し、顕著な成果を上げた地方に対して表彰するとともに、しかるべき報奨を与えることを決定した。
・中央政府各部門は具体的な表彰方法を考案して、二〇一六年一一月三〇日までに国務院辦公庁に報告することとする。また、二〇一七年から各主管部門は毎年一月三一日までに、日常督査、「国務院大督査」、特定項目督査によって明らかになった状況と照らし合わせて、表彰すべき地方のリストを国務院辦公庁に報告することと定める。
(108) 国務院辦公庁「関於対二〇一六年落実有関重大政策措置真抓実幹成効明顕地方予以表揚激励的通報」国辦発[二〇一七]三四号(二〇一七年四月二四日)、『国務院公報』二〇一七年第一三号。
(109) 国務院辦公庁「関於対二〇一七年落実有関重大政策措置真抓実幹成効明顕地方予以表揚激励的通報」国辦発[二〇

一八」二八号（二〇一八年四月二八日）、『国務院公報』二〇一八年第一四号。
(110) 例えば、以下の決定がなされた（財政部「関於印発『中央対地方重点生態攻能区轉移支付辦法』的通知」財預［二〇一七］一二六号（二〇一七年八月二日）、『国務院公報』二〇一八年第二号）。
・財政移転資金の配分、使用、管理を規範化することによって、生態系の維持に役立たせるとともに、環境保護意識も向上させる。
・「生態系保護重点地区」所在地の地方政府に役割を発揮させるために、中央財政は「生態系保護重点地区財政移転資金」を設立する。

終章　中央・地方関係研究における「ゼロサム論」の終焉

本章では、まず第一に、本書における考察を通じて得られた知見を総括し、第二に、その知見に基づき、現代中国の中央・地方関係を捉えるための包括的分析モデルを提起し、第三に、今後の研究課題と展望を示したい。

第一節　中央・地方関係をめぐる従来の議論と「ゼロサム論」の終焉

以下では第一に、呉国光が唱えた、再集権により「中央が強くなり、地方が弱くなった」とする議論の問題を、本書における考察を通じて得られた知見に基づき明らかにし、第二に、再集権の弊害と関連づけながら、近年「再分権」が推進されることになった背景を考察したい。それらを踏まえて本節では、従来からの「ゼロサム論」に代わり、現代中国の中央・地方関係を捉えるための視座を提起したい。

1　再集権をめぐる従来の議論における陥穽

まず、本書の第一部を構成する第一章、第二章、第三章における考察を通じて、果たして一九九〇年代半ば以降の再集権により、実際に「中央が強くなり、地方が弱くなった」のかという問題が検証された。第一章では、一九九〇年代半ば以降の省指導者と中央の関係や組織の改編などを事例として、人事権行使によって中央は地方をコントロールできるとする議論の問題点が、第二章では、分税制導入を事例として、財政面における再集権とその限界が検討された。第三章では、「乱収費」、「予算外資金」、「地方保護主義」などへの取り締まりを事例として、再集権により「中央が強くなり、地方が弱くなった」とする議論の前提である再集権そのものが、そもそも未完のものであった実態が明らかにされた。このように第一部の各章において一九九〇年代半ば以降に試みられた再集権の実態を明らかにすることを通じて、再集権により「中央が強くなり、地方が弱くなった」という議論の問題点が浮き彫りとなった。

次に、本書の第二部を構成する第四章、第五章、第六章における考察を通じて、二〇〇〇年代以降に顕在化した再集権の矛盾と限界が検証されるとともに、「再分権」推進の実態とその意義が考察された。第四章では、農民負担、不動産バブル、地方債務などの問題を事例として、再集権の矛盾が明らかにされ、第五章では、「省管県」や財政移転制度改革などの試みを事例として、再集権の限界が明らかにされた。第六章では、習近平政権下で加速している「再分権」、監視体制の再構築、「インセンティブ型政策執行体制」構築の試みを考察することを通じて、再集権により「中央が強くなり、地方が弱くなった」、あるいは「再分権」により「地方が強くなり、中央が弱くなった」というような「ゼロサム論」的観点の限界を明らかにした。このように第二部の各章において二〇〇〇年代以降に顕在化した再集権の問題および「再分権」の推進を考察することを通じて、再集権により「中央が強くなり、地方が弱くなった」、あるいは「再分権」により「地方が強くなり、中央が弱くなった」というような「ゼロサム論」的観点がもはや意味をなさないことが明確になったと言えよう。

2 再集権の弊害と「再分権」推進の背景

本書の第六章では、習近平政権下で加速した「再分権」の試みの実態と意義について明らかにしたが、そもそも、なぜ「再分権」が推し進められることになったのであろうか。以下では、再集権の弊害と習近平政権の成立を関連づけながら、この問題を考察したい。

(1) 再集権による縦割り管理の弊害

再集権とは、結局のところ中央政府各部門の権限を強化することなのであった。その結果、中央政府各部門による縦割り管理の弊害が顕在化する一方で、政策執行の任務は地方に課せられたままであった矛盾が深刻化していったのである。

鄭永年は再集権の弊害を以下のように総括した。「一九九〇年代半ばからの再集権により、『中央が富み、地方が貧しく』なったと同時に、中央に権限が集中してしまったが、政策執行の任務は地方に重くのしかかったままである。とりわけ、財政の逼迫により、『乱収費』、土地収用などの問題が深刻化した」、「また、再集権とは権限の部門化、縦割り化であり、中央に回収された権限や資金は、部門ごとに分断され、中央指導部も懸念を抱くほどの利益集団と化した[1]」。

王雪麗も、再集権の結果、各主管部門による垂直管理体制が強化された弊害を次のように強調した。「一九九八年から工商、品質監督、土地管理などの部門では、相次いで省級以下への垂直管理体制を始めた。その結果、部門利益中心主義、部門保護主義が台頭し強まっている。このように各主管部門による縦割り統制が強まったことで、地方政府内での部門間の調整が難しくなっており、『省管県』によって県級政府の機能を高める試みの足かせとなっている」[2]。

また王によれば、一九九〇年代からの各主管部門による垂直管理体制強化の影響により、とりわけ県級政府は各主管部門による縦割り統制によって分断化されてしまったとされる。例えば、「各主管部門による垂直管理体制強化の影響により、県級政府は総合調整能力を奪われ、『省管県』も骨抜きにされてしまっている。すなわち主管部門ごとに、人、モノ、カネが握られており、それらの部門は許認可、監督、処罰などの手段を駆使して、県級政府に対する縦割り統制を強めている」[3]との問題を王は指摘した[4]。

(2)「ストロングマン」の登場と「再分権」の推進

前述したように鄭永年によれば、一九九〇年代以降の再集権とは、中央政府各部門への権限回収であり、しかも中央にいわゆる「ストロングマン」がいない状況下では、鄧小平時代のように、地方での改革の試みを保護し支援することができず、地方における改革が進まず停滞してきたとして[5]、再集権の弊害と中央における「ストロングマン」不在の関連を指摘した。すなわち鄭の説に従えば、ポスト鄧小平時代の再集権に際しては、中央に「ストロングマン」が不在であったため、中央政府各部門による抵抗に抗しきれず、地方での改革の試みが停滞したと考えられるのである。

確かに、再集権の弊害を克服するため、「再分権」は胡錦濤政権末期から漸進的に着手されたものの停滞を余儀なくされていた。一方、習近平政権成立後は一転して「再分権」は加速され、現在も強力に推し進められている。つまり、二〇一二年からの習近平政権発足と権力集中化の結果、いわば中央に新たな「ストロングマン」が生み出されることになり[6]、その後の経緯を見ていくと、習近平政権によるイニシアティブで中央政府各部門による抵抗を抑え、地方への「再分権」が可能となったという仮説を提起することが可能となろう。

このように、鄧小平のような「ストロングマン」としての後ろ盾が不在であったことが、再集権以降の地方における改革停滞の原因であったとする鄭永年の説に基づくとすれば、習近平政権は反腐敗闘争を通じて抵抗勢力を排除するとともに、中央改革深化小組や中央監察委員会などの設置を通じて権力集中化が図られた結果、中央政府各部門による抵抗を排して、地方における改革の試みを支援することが可能となり、「再分権」が進展していったのではないかとも考えられるのである。

すなわち、本書における考察を通じて、再集権により「中央が強くなり、地方が弱くなった」、あるいは「再分権」により「地方が強くなり、中央が弱くなった」というような「ゼロサム論」の限界が明らかになるとともに、中央は強大な権力を有していようとも、その物理的、資金的限界ゆえに、地方を完全に統制することも、地方を完全には養うこともできないため、中央が管理しつつ地方に一定程度権限を委任することによって、基本的には地方に自活してもらわざるを得ないという現代中国における中央・地方関係の特徴が明らかとなったと言えよう。

第二節　新たな包括的分析モデルの提起

本節では、第一に、現代中国の中央・地方関係をめぐって従来考案されてきた分析モデルを概観し、第二に、本書における考察を通じて得られた知見に基づき、現代中国の中央・地方関係を捉えるための新たな包括的分析モデルを提起したい。

1　中央・地方関係についての従来の分析モデル

序章において詳述したように、一九八〇年代末から一九九〇年代にかけて、中央・地方関係が中国の政治体制変容の鍵を握っているなどとする研究が注目を集めたが、それにともない改革・開放期以降の中央・地方関係についての分析モデル構築が盛んに試みられた。以下では、そのうちの代表的なものをいくつか概観していきたい。まず、一九八〇年代末から一九九〇年代にかけて一世を風靡したのが、「分散的権威主義体制モデル」である。(7)この分析モデルは必ずしも中央・地方関係のみを念頭に置いているわけではないが、現代中国とりわけ改革・開放期以降の政治体制の実態への理解を深める上で示唆に豊むものである。また、この分析モデルによって、官僚機構の分散的な動態が明らかにされた意義は大きい。

一九九〇年代に入ると、改革・開放期以降の中央・地方関係を連邦制になぞらえて論じる分析モデルが考案されたが、それらを差し当たり「疑似連邦制モデル」と総称したい。(8)それらの中でもとりわけ耳目を集めたのは「中国式財政連邦制モデル」である。(9)また、近年の研究成果としては、前出の鄭永年による「行為性連邦制モデル」がある。

改革・開放期以降の経済発展の要因として、多くの研究者が地方指導者の役割に注目した。ここでは、それらの研究によって考案された分析モデルを、便宜上、「企業家型地方指導者モデル」と総称したい。「企業家型地方指導者モデル」は、改革・開放期の経済発展に地方指導者が果たした役割を捉える分析モデルとして注目を集めた。(10)この分析モデルは、主として郷鎮企業の発展を支えた地方政府についての研究をベースに考案されたものである。「企業家型地方指導者モデル」では、中央の人事権と考課システムが地方指導者による経済発展への旺盛なインセンティブとなったというのが中心的な主張となっている。

天児慧によって考案された「カスケード型権威主義体制モデル」は、以下のように定義される。「中央の下に中型、小型の権威主義的権力が層をなしつつ、基本的には中央に服従するといった多層の権威的ハイアラキーを形成していくと考えられる。それはあたかも上方から流れ落ちる大滝が地形や水の勢いの相違などによって幾つもの多様な小滝（カスケード）をつくり、重なり合っているかのような構図である。したがって筆者はこのような体制を『カスケード型権威主義体制』と表現し、それを今日および近未来の中国型政治体制の特徴として捉えてみたい[11]」として、この分析モデルは提起された。

さらに天児によれば、「カスケード型権威主義体制は、将来的には各地域において多様な形態を採りながら変容し、中国の政治体制全体を徐々に民主的な政治体制へソフト・ランディングしていく可能性を有しているかもしれない[12]」として、「カスケード型権威主義体制」から「民主的な政治体制」への変容の可能性が展望されている。

趙宏偉は自らが考案した「重層集権体制モデル」の形成過程と特徴を、以下のように定義している。例えば、「毛沢東がいう『党による一元的指導体制』は、まずおのおの権力を基層と地方各レベルで各級党委員会に一元的に集中させてから、党の権力システムにそって党中央へ一元的に集中させていくことを特徴としている。まさにこの重層的に基層と地方各レベルで権力が横方向へ集中され《ママ》ることが、ソ連型政治体制との違いを決定づける基本的な権力構造であるがゆえに、中央集権体制と鮮明に区別して『重層集権体制』類型が適用されたのである。『党による一元的指導体制』の再確立によって、『重層集権体制』の基本的な権力構造が形成された[13]」との定義づけがなされている。

また趙は前述の天児よりもさらに一歩進んで、改革・開放期以降の地方分権により政治体制の変容が進行したと以下のように論じている。例えば、「鄧小平時代になると、最高指導者のカリスマ性の低下、地方と基層各級指導部による企業経営権の一部獲得といった変化が発生した。これによって、重層集権体制が深化し、地方指導部の遠心化傾向が顕在化するといった政治体制の変容が進行したのである」[14]とされる。

2　新たな包括的分析モデル

以上のような、現代中国の中央・地方関係についての従来の分析モデルを踏まえて、以下では、新たな包括的分析モデルの提起を行っていきたい。

（1）新たな包括的分析モデル構築の必要性

ここまで、現代中国とりわけ改革・開放期以降の中央・地方関係についての代表的な分析モデルを概観してきたが、これら従来の分析モデルには総じて、改革・開放期以降の地方分権により「地方が強くなり、中央が弱くなった」というような「ゼロサム論」を基調としていた問題があったと言えよう。こうして、ほとんどの研究者が「ゼロサム論」にとらわれていた一方で、中央と省の関係を相互依存的で「ノン・ゼロサム」の互恵的関係であるとして捉えたリンダ・リー（Linda Li）による研究[15]は画期的なものであった。

リーの研究と同様に、筆者は前著において「融合―委任型モデル」を提起し、「ゼロサム論」を克服して中央と省の関係を捉える試みを行った[16]。なぜならば従来の研究では、地方分権により「地方が強くなり、中央が弱くなった」との前提で議論が展開され、その結果、地方は中央との対立を深め、地方主義が深刻化していったなどと論じられていたからである。前著では、そのような研究とは一線を画して「融合―委任型モデル」を構築し、その構成要素である「動員型地方分権」、「二元指導体制の温存」、「地方内の利益の多元性」という観点から中央と省の関係を捉え直した。ただし、「融合―委任型モデル」は、あくまでも中央と省との関係を捉えるための分析モデルであり、中央・地方関係全体を捉え得るものではなかった。そこで以下では、中央・地方関係全体を視野に入れた新たな分析モデルを構築していきたい。

（2）「包括的柔構造体制モデル」の提起

本書における考察を通じて、中央は強大な権力を有していようとも、その物理的、資金的限界により、地方を完全に統制することも、地方を完全には養うこともできないため、中央が管理しつつ地方に一定程度権限を委任することによって、基本的には地方に自活してもらわざるを得ないという現代中国における中央・地方関係の特徴が明らかとなった。

こうした特徴を有する現代中国の中央・地方関係を捉えるための新たな包括的分析モデルとして、本書では「包括的柔構造体制モデル」を提起したい。「包括的柔構造体制モデル」とは、究極的には中央にすべての権力の源泉が集約される一方で、地方の現場レベルでは極めて柔軟な権限行使が行われる現代中国の中央・地方関係を捉えるための新たな包括的分析モデルである。この分析モデルは「官僚主義的組織原理」、「二律背反的制度」、「歴史的連続性」という要素から構成される。以下では、これらの要素を考察することを通じて、現代中国の中央・地方関係をあらためて捉え直し、「包括的柔構造体制モデル」の有効性を明らかにしていきたい。

①「官僚主義的組織原理」

「包括的柔構造体制モデル」を構成する第一の要素である「官僚主義的組織原理」とは、たとえ中央が強大な権力を有していようとも、中央から地方に至るまでの官僚機構において脱法行為あるいは自衛手段として、恣意的な権限行使や不作為が横行してしまう組織的源泉のことを指す。

前出のヤーシャン・ホワンが指摘するように、中央は地方指導者に対する人事権はもとより、地方に対する監視体制も擁している[17]。それにもかかわらず、なぜ政策執行過程において恣意的な権限行使や不作為が後を絶たないのであろうか。その背景を理解する鍵となるのが、「官僚主義的組織原理」なのである。本来、官僚機構における恣意的な権限行使や不作為は逸脱行為として処罰の対象となり得るものの、この「官僚主義的組織原理」ゆえに、それらは自衛手段として正当化され免責されてしまうのである。

確かに、中央が強大な権力を背景として取り締まりを強化することによって、事態を一時的に鎮静化させることは可能であるが、時を経て同様の問題が再発したり、新たな問題が引き起こされたりする事例は、本書における考察を通じて数多く見受けられた。例えば、第三章および第四章における考察からは、分税制導入以降に深刻化した経費不足に対する自衛策として「予算外資金」や「乱収費」の急増、「地方保護主義」の横行、農民負担問題の深刻化、農村税費改革から不動産バブルそして地方債務危機といった問題が連鎖的に起こっていった過程が明らかになった。つまり、中央がいくら取り締まりを強化しようとも、地方のすべてを統制することは物理的に不可能である一方で、地方では経費不足を補うための自衛手段として恣意的な権限行使や不作為が行われたのであった。

また、このような地方における様々な問題の根源にある経費不足の実態を是正するために、二〇〇〇年代以降、中央は財政移転の強化を試みたものの、財政移転資金の縦割り管理による非効率、地方における自衛手段あるいは脱法行為としての詐取と流用が横行し、地域間経済格差是正という所期の目的を達成する上で困難に直面したことも、第五章における考察を通じて明らかとなった。すなわち、中央は分税制導入による財政面での再集権により中央財政の強化を図ったものの、地域間経済格差是正の切り札とされた財政移転は必ずしも所期の目的を達成できるまでには至っていなかったのである。

ところで、人事権の行使を通じて中央は地方をコントロールしているという認識は、前出のヤーシャン・ホワンをはじめほとんどの中国研究者に共有されている。しかしながら、なぜ前記のように恣意的な権限行使や不作為などの脱法行為が横行しているのであろうか。問題は、従来の研究が、中央は人事権を有しているがゆえに地方をコントロールできるといったような、現代中国の政治体制についての静態的理解に止まってしまっていることにある。すなわち、第一章における考察を通じて明らかにしたように、実質的に中央が有しているのは省レベルの幹部に対する人事権でしかなく、現実には、それらに対する人事権を行使するだけで地方全体をコントロールすることには限界があるのである。

そもそも、中央が省レベルの幹部に対する人事権を有しているからといって、それとて万能ではない。確かに、時折、個別の省指導者が汚職問題などを理由に更迭されることはある。例えば、陳希同党北京市委書記、陳良宇党上海市委書記、薄熙来党重慶市委書記、孫政才党重慶市委書記らの解任はその代表例と言えよう。しかしながら、それらは極めて稀なケースであり、いずれも中央指導部における主導権争いをめぐる権力闘争が絡んだ例外的な事例でもある。現在、習近平政権が推し進めている反腐敗闘争とて、汚職に関与した者をすべて特定し更迭することは事実上不可能であり、一種の「見せしめ」的な効果しかないであろう。

現代中国の歴史の中では、習近平政権による反腐敗闘争のみならず、建国当初から汚職に対する取り締まりは繰り返し行われてきたが、未だに根絶される兆しは見えない。こうしたことからも、たとえ中央は強大な権力を有していようとも、物理的限界により官僚機構における恣意的な権限行使や不作為をすべて取り締まることは不可能なのである。また、第五章における考察を通じて明らかになったように、いくら中央財政を強化して財政移転を駆使し地域間経済格差是正を図ろうとしても、財政移転資金の縦割り管理の弊害や自衛手段あるいは脱法行為としての詐取や流用が絶えないため、所期の目的を達成するのは困難なのである。

以上のように、本書における考察を通じて、たとえ中央が強大な権力を有していようとも、中央から地方に至るまでの官僚機構において脱法行為あるいは自衛手段として、恣意的な権限行使や不作為が横行してしまう組織的源泉としての「官僚主義的組織原理」の事例を数多く見受けることができた。

② 「二律背反的制度」

「包括的柔構造体制モデル」を構成する第二の要素である「二律背反的制度」とは、前記の「官僚主義的組織原理」の制度的源泉である。「二律背反的制度」は、中央が制度上は地方に対する人事権はもとより政策の決定権も有していることに起因している。すなわち、中央は地方をコントロールするための包括的な権力を制度上有している一方で、このような包括的権力の下では、中央・地方間の権限と任務の所在が曖昧になるという二律背反的な特徴を有していると言える。それゆえに、「中央はすべてを支配するが、どれ一つとしてうまく管理できない」という状況を生み出すことになるのである。

例えば、一九九〇年代半ば以降の再集権によって、組織面および財政面における中央による統制の徹底が目指されたものの、それらは「二律背反的制度」ゆえに様々な問題を惹起した。第六章における考察を通じて明らかになったように、分税制導入から二〇年近くを経ても、中央と地方の権限と財源を合理的に区分するという課題は解決されておらず、「再分権」の推進にともない地方に権限を下放する際も、行政面での「二律背反的制度」たる「二元指導体制」ゆえに、中央の主管部門と地方政府の間の調整は困難を極めた。このように「二律背反的制度」ゆえに、中央・地方間の権限と任務の区分が曖昧であるため、分税制の弊害克服や「再分権」の推進に支障をきたしているのである。

ジェームズ・タウンゼント（James Townsend）がその先駆的研究[18]の中で喝破したように、現代中国の政策過程において、中央はしばしば原則のみを示して、実際の運用は地方の裁量に一定程度委ねられることが広く見受けられる。それは広大な国土を抱え、各地の状況が大きく異なる中国ゆえの無理からぬ対応であるとも言えよう。このような事情を反映して形成されてきた現代中国の諸制度のことを、加藤弘之は「曖昧な制度」という概念を用いて総括した(19)。

確かに、中央指導部から発せられる文書の中では、しばしば「中央と地方の積極性」を発揮せよとの指示が下されるのはもとより、「二元指導体制」の運用にあたっては責任の所在の不明確さが往々にして問題となる。そのため、かねてより中央と地方の間における権限や任務の区分を明確化すべきとの政策提言が、幾度となく提起されてきた。しかしながら、それが現在に至るまで十分に実現できていない背景には、「二律背反的制度」ゆえに、中央・地方間の権限と任務を明確に区分することが、現実的には極めて困難である現実があることがうかがえる。

以上のように、中央が地方に対して包括的な権力を有している一方で、中央・地方間の権限と任務の区別が曖昧であるという特徴を有する「二律背反的制度」は、前記の「官僚主義的組織原理」が機能する絶好の制度的源泉でもある。それゆえに、恣意的な権限行使や不作為が横行しようとも、責任の所在が不明確であるため、多くの場合、免責されてしまい、中央がいかに指示を出そうとも、またいかに取り締まりを強化しようとも問題の根絶が困難なのである。

③「歴史的連続性」

「包括的柔構造体制モデル」を構成する第三の要素である「歴史的連続性」とは、これまで考察してきた「官僚主義的組織原理」や「二律背反的制度」の源泉である。「歴史的連続性」には、中国の風土や文化はもとより、政治や統治の手法なども含まれており、中国が有するこうした広大な国土と各地域の多様性、統治手法の伝統は、まさに「官僚主義的組織原理」や「二律背反的制度」の源泉なのある。例えば、広大な国土を有する中国において、中央による一元的統治を試みようとすれば、必然的に「官僚主義的組織原理」の問題を惹起することにつながり、多様で地域間経済格差が大きい国土を一元的に統治しようとすれば「二律背反的制度」に依拠せざるを得ないのである。

そもそも、なぜ中央による一元的統治の下で「中国は一つ」でなければならないかと言えば、中国研究の大家であるジョン・フェアバンク（John Fairbank）が指摘しているように、それはまさに中国の文化そのものであり、決して理屈では説明できないくらいに、中国人の血となり肉となっている思想であるからと考えられる[20]。広大な国土を一元的に支配するために、古代から形成されてきた官僚機構のあり方や統治手法は、現代中国の統治機構や政治手法と驚くほど類似している[21]。また、歴史上、幾度となく統一王朝が崩壊しても、その後に成立した政権のあり方は、従前のものと酷似しており、このような統治の伝統が、現在に至るも継承されてきていると言えよう[22]。したがって、以上のような中央による一元的統治の伝統や統治手法の類似性が、「官僚主義的組織原理」や「二律背反的制度」の源泉となっていると考えられる。

村松祐次は、古来より王朝や政権が交代しても変わらない中国社会の特質を、「社会態制」という言葉で表現した[23]。溝口雄三も同様に、中国社会における不変的特質を「基体」と呼んだ[24]。岩井茂樹は、明清時代の財政制度についての研究を通じて、中央と地方の関係を「コアを包むゲル」と称した[25]。彼らが提起した中国における社会経済の特質は、現在に至るも基本的には変わっていないと思われる。これら先達が示した中国の社会経済に対する深遠な洞察は、「包括的柔構造体制モデル」を考案するに際し、大きな示唆を与えてくれた。

本章における考察を通じて明らかになったように、一九九〇年代半ば以降、中央は再集権を試みようとしたものの、広大な国土と各地の状況の多様性といったような「歴史的連続性」ゆえに、地方を完全に統制することも、地方を完全には養うこともできないため、二〇一〇年代以降、「再分権」の推進を加速させざるを得なかったのは必然であったと言えよう。

すなわち、本書における考察を通じて明らかにしてきた、中央は強大な権力を有していようとも、その物理的、資金的限界から、地方を完全には統制することはできず、地方のすべては養いきれないため、中央が管理しつつ地方に一定の権限を委任して、基本的には地方に自活してもらわざるを得ないという現代中国の中央・地方関係の特徴は、まさにこうした「歴史的連続性」に起因していると考えられよう。

第三節　中央・地方関係についての今後の研究課題と展望

ここまで本章では、本書における考察を通じて得られた知見に基づき、従来の研究に多く見受けられる、中央集権により「中央が強くなり、地方が弱くなった」、あるいは地方分権により「地方が強くなり、中央が弱くなった」というような「ゼロサム論」の限界を明らかにするとともに、現代中国の中央・地方を捉えるための新たな包括的分析モデルを提起してきた。最後に、今後の研究課題および展望を示したい。

まず第一に、本書では一九九〇年代半ば以降の再集権に関する議論を検証するに際し、事例としては、従来、地方主義の代表格とされてきた広東省を主として取り上げてきたが、中国は広大で各地の状況も異なることから、他の地方の事例との比較を通じて、本書における考察を通じて得られた知見を検証することが必要であろう。

また、こうした地方間の比較はもとより、毛沢東時代や中華民国期の状況との比較、ひいては清朝以前の時期との比較を通じて、本書における考察から得られた知見の意義を捉え直す必要性も指摘できよう。さらには他国の状況との比較により、中国における中央・地方関係の特異性と普遍性を見出すことも可能となろう。

第二に、本書における考察を通じて得られた知見に基づき提起した、現代中国における中央・地方関係を捉えるための分析モデルとしての「包括的柔構造体制モデル」を精緻化していくことを通じて、理論研究への貢献ができるであろう。なぜならば、広大な国土を一元的に統治している中国という事例から得られた知見は、従来からの理論研究に新たな内容を付け加える可能性を秘めていると考えられるからである。

第三に、本書における考察を通じて得られた知見を、統計データによって裏づける必要があろう。すなわち、本書で扱われた研究テーマを、統計データを駆使した定量的分析によって検証し直すことにより、新たな知見が得られることも期待できよう。

第四に、本書においては、一九九〇年代半ば以降に推し進められた再集権の試みから二〇一〇年代以降に加速した「再分権」の推進に至るまでの過程に対して、主として行財政面からの分析が行われたが、今後、党組織の観点からの考察も行えば、また違う側面が見えてくるかもしれない。実際のところ本書では、再集権から「再分権」に至る過程を実態に即して分析してきたものの、その背景を権力闘争との関連から分析することは困難であった。とりわけ本書では、現在進行中の事象も扱われた事情もあり、資料的制約が顕著であった。同時代研究ゆえの資料的限界の問題が、近い将来解消されることを願いたい。

第五に、本書において考察対象とされた一九九〇年代半ばから現在に至るまで、中国は対外関係の面でも様々な変化を経験してきた。それらは少なからず内政ひいては中央・地方関係にも影響を及ぼしてきたものと考えられる。例えば、一九九〇年代半ばを中心とした知的所有権侵害をめぐる米中間の摩擦には、第三章で言及したように、「地方保護主義」の問題が大きな影響を与えていた。(26)「リーマンショック」が第四章で考察した地方債務問題に影響したことや、第六章において扱った自由貿易試験区での試みがいわゆる「一帯一路」構想に関連していることを示すことはできたが、それらの連関についての詳細な分析にまでは至らなかった。いずれ機会を改めて、対外関係の変動と中央・地方関係の関連を軸に考察を行うことができれば、また新たな知見が得られるであろうことが期待される。

（1）前掲、鄭永年『中国的〝行為聯邦制〟』、八頁。
（2）前掲、王雪麗『中国〝省直管県〟体制改革研究』、一八〇頁。
（3）同右、一七八頁。
（4）さらに王によれば、「各主管部門による垂直管理の影響で縦割り統制が強まっている県級政府は、不完全な一級政府とも言え、『省管県』の試みの障害になっている」（同右、一七九頁）とされる。
（5）前掲、鄭永年『中国的〝行為聯邦制〟』、九頁。
（6）例えば、二〇一九年に入ってからだけでも、党中央による統制強化に関連する措置が以下のように次々と打ち出されていった。
・中共中央「関於加強党的政治建設的意見」（二〇一九年一月三一日）
・中共中央「党政領導幹部選抜任用工作条例」（二〇一九年三月一七日）
・中共中央「関於加強和改進中央和国家機関党的建設的意見」（二〇一九年三月二八日）
・中共中央「中国共産党党組工作条例」（二〇一九年四月一五日）
（7）「分散的権威主義体制モデル」に依拠した主たる研究成果としては、差し当たり、以下の文献を参照されたい。Kenneth G. Lieberthal, and Michel Oksenberg, *Policy Making in China: Leaders, Structures, and Processes*, Princeton: Princeton University Press, 1988; Kenneth G. Lieberthal, and David M. Lampton, *Bureaucracy, Politics and Decision Making in Post-Mao China*, Berkeley: University of California Press, 1992.
（8）「中国式財政連邦制モデル」を提唱した主たる研究成果としては、差し当たり、以下の文献を参照されたい。Gabriella Montinola, Yingyi Qian, and Barry R. Weingast, “Federalism, Chinese Style: The Political Base for Economic Success in China”, *World Politics*, No.48, October 1995, pp. 50-81.

(9) 前掲、鄭永年『中国的〝行為聯邦制〟』。
(10)「企業家型地方指導者モデル」に依拠した代表的研究成果としては、差し当たり、以下の文献を参照されたい。Jean C. Oi, *Rural China Takes off: Institutional Foundations of Economic Reform*, Berkeley: University of California Press, 1999.
(11) 前掲、天児慧「中国における自立と統合の政治構図」、二一一―二一二頁。
(12) 同右、三七頁。
(13) 趙宏偉『中国の重層集権体制と経済発展』東京大学出版会、一九九八年、四三頁。
(14) 同右、四三頁。
(15) Linda Chelan Li, *Centre and Provinces: China 1978-1993 Power as Non-Zero Sum*, Oxford: University Press, 1998, p.2.
(16) 前掲、磯部靖『現代中国の中央・地方関係』。
(17) Yasheng Huang, 1996, *op.cit.*
(18) James R. Townsend, *Politics in China*, Second Edition, Boston, Little: Brown and Company, 1980.
(19) 加藤弘之による「曖昧な制度」という概念に依拠した主たる研究成果としては、以下の文献を参照されたい。加藤弘之『「曖昧な制度」としての中国型資本主義』NTT出版、二〇一三年：加藤弘之『中国経済学入門―「曖昧な制度」はいかに機能しているか』名古屋大学出版会、二〇一六年。
(20) ジョン・K・フェアバンク（市古宙三訳）『中国―アメリカと中国』（下）東京大学出版会、一九七二年、五三六頁。
(21) 中央・地方関係における歴史的類似性について詳しくは、以下の研究成果を参照されたい。磯部靖「中国の中央・地方関係における歴史的類似性」、『法学研究』第八九巻第三号、二〇一六年三月。
(22) 中国の統治システムの歴史的類似性に関する代表的な研究としては、差し当たり、以下の文献を参照されたい。金観濤・劉青峰（若林正丈・村田雄二郎訳）『中国社会の超安定システム―「大一統」のメカニズム』研文出版、一九八七年。
(23) 村松祐次『中国経済の社会態制』東洋経済新報社、一九四九年。
(24) 溝口雄三『方法としての中国』東京大学出版会、一九八九年。
(25) 岩井茂樹『中国近世財政史の研究』京都大学学術出版会、二〇〇四年。
(26) 前掲、磯部靖「根をはる地方保護主義」。

主要参考文献一覧

以下、本書で直接参照ないしは言及した書籍、研究論文、資料等に限って列挙したい。

一　中国語文献（著者名のピンイン表記のアルファベット順）

1　書籍

呉国光・鄭永年『論中央—地方関係：中国制度轉型中的一個軸心問題』牛津大学出版社、一九九五年。

胡按鋼・平新喬・王紹光「財税改革和公共品提供」（『大部門制與政府管理体制改革』課題組編『大部門制與政府改革』下冊、出版社名無記載、二〇〇八年）。

楼継偉主編『深化財税体制改革』人民出版社、二〇一五年。

陶勇『中国県級財政圧力研究』復旦大学出版社、二〇一四年。

王紹光・胡按鋼『国家能力報告』遼寧人民出版社、一九九三年。

王雪麗『中国〝省直管県〟体制改革研究』天津人民出版社、二〇一三年。

鄭永年（邱道隆譯）『中国的〝行為聯邦制〟』東方出版社、二〇一三年。

2　資料・資料集

広東省地方史志編纂委員会編『広東省志』（大事記）広東人民出版社、二〇〇五年。

『広東省志』編纂委員会編『広東省志』（一九七九—二〇〇〇）1（総述巻・大事記巻）方志出版社、二〇一四年。

『広東省志』編纂委員会編『広東省志』（一九七九—二〇〇〇）6（経済体制改革巻・経済特区與開発区巻）方志出版社、二〇一四年。

『広東省志』編纂委員会編『広東省志』（一九七九—二〇〇〇）8（財政税務巻）、方志出版社、二〇一四年。

『広東省志』編纂委員会編『広東省志』（一九七九—二〇〇〇）27（紀検・監察巻）方志出版社、二〇一四年。

中共中央文献研究室編『十四大以来重要文献選編』（中）人民出版社、一九九七年。

中共中央文献研究室編『十五大以来重要文献選編』（上）人民出版社、二〇〇〇年。

中共中央文献研究室編『十五大以来重要文献選編』（中）人民出版社、二〇〇一年。

中共中央文献研究室編『十六大以来重要文献選編』（上）中央文献出版社、二〇〇五年。

中共中央文献研究室編『江澤民文選』第一巻、人民出版社、二〇〇六年。

中共中央文献研究室編『江澤民文選』第二巻、人民出版社、二〇〇六年。

中共中央文献研究室編『十六大以来重要文献選編』（中）中央文献出版社、二〇〇六年。

中共中央文献研究室編『十六大以来重要文献選編』（下）中央文献出版社、二〇〇八年。

『朱鎔基講話実録』編輯組編『朱鎔基講話実録』第一巻、人民出版社、二〇一一年。

『朱鎔基講話実録』編輯組編『朱鎔基講話実録』第二巻、人民出版社、二〇一一年。

『朱鎔基講話実録』編輯組編『朱鎔基講話実録』第三巻、人民出版社、二〇一一年。

『朱鎔基講話実録』編輯組編『朱鎔基講話実録』第四巻、人民出版社、二〇一一年。

3　定期刊行物・ウェブサイト

『法制日報』

『広東省人民代表大会常務委員会公報』

『広東省人民政府公報』

『広東省人民政府門戸網站』〈http://www.gd.gov.cn/〉

『南方日報』
『人民法院報』
『中国人大網』〈http://www.npc.gov.cn/〉
『中華人民共和国国務院公報』
『中華人民共和国全国人民代表大会常務委員会公報』
『中央人民政府門戸網站』〈http://www.gov.cn/〉

二　日本語文献（著者名の五十音順）

天児慧「地域主義をめぐる政治力学」（丸山伸郎編『華南経済圏―開かれた地域主義』アジア経済研究所、一九九二年）。

天児慧「中国における自立と統合の政治構図―カスケード型権威主義体制への移行」（岡部達味編著『グレーター・チャイナの政治変容』勁草書房、一九九五年）。

天児慧「中央と地方の政治動態」（天児慧編『現代中国の構造変動4　政治―中央と地方の構図』東京大学出版会、二〇〇〇年）。

磯部靖「根をはる地方保護主義―知的所有権をめぐる実態」（天児慧・菱田雅晴編著『深層の中国社会―農村と地方の構造的変動』勁草書房、二〇〇〇年）。

磯部靖『現代中国の中央・地方関係―広東省における地方分権と省指導者』慶應義塾大学出版会、二〇〇八年。

磯部靖「連邦制の否定と地方保護主義―高崗・饒漱石事件と中央・地方関係の定位」（国分良成・小嶋華津子編著『現代中国政治外交の原点』慶應義塾大学出版会、二〇一三年）。

磯部靖「現代中国の中央・地方関係をめぐる論争」、『教養論叢』第一三七号、二〇一六年二月。

磯部靖「中国の中央・地方関係における歴史的類似性」、『法学研究』第八九巻第三号、二〇一六年三月。

岩井茂樹『中国近世財政史の研究』京都大学学術出版会、二〇〇四年。

大橋英夫「中央・地方関係の経済的側面―財政・金融を中心に」（天児慧編『現代中国の構造変動4　政治―中央と地方

の構図』東京大学出版会、二〇〇〇年)。

梶谷懐『現代中国の財政金融システム―グローバル化と中央―地方関係の経済学』名古屋大学出版会、二〇一一年。

加藤弘之『「曖昧な制度」としての中国型資本主義』NTT出版、二〇一三年。

加藤弘之『中国経済学入門―「曖昧な制度」はいかに機能しているか』名古屋大学出版会、二〇一六年。

金観濤・劉青峰(若林正丈・村田雄二郎訳)『中国社会の超安定システム―「大一統」のメカニズム』研文出版、一九八七年。

呉国光「地方主義の発展と政治統制、制度退行」(天児慧編『現代中国の構造変動4 政治―中央と地方の構図』東京大学出版会、二〇〇〇年)。

小林弘二『ポスト社会主義の中国政治―構造と変容』東信堂、二〇〇二年。

佐々木智弘「県レベルの経済発展と管理体制」(佐々木智弘編『現代中国の政治的安定』アジア経済研究所、二〇〇九年)。

武内宏樹「党国体制と農村問題―税費改革を事例に」(加茂具樹他編著『党国体制の現在―変容する社会と中国共産党の適応』慶應義塾大学出版会、二〇一二年)。

趙宏偉『中国の重層集権体制と経済発展』東京大学出版会、一九九八年。

張忠任『現代中国の政府間財政関係』御茶の水書房、二〇〇一年。

唐亮「省指導体制と人事による中央統制」(天児慧編『現代中国の構造変動4 政治―中央と地方の構図』東京大学出版会、二〇〇〇年)。

任哲『中国の土地政治―中央の政策と地方政府』勁草書房、二〇一二年。

フェアバンク、ジョン・K(市古宙三訳)『中国―アメリカと中国』(下)東京大学出版会、一九七二年。

溝口雄三『方法としての中国』東京大学出版会、一九八九年。

三宅康之「中国の経済発展と地方の産業行政」(日本比較政治学会編『比較のなかの中国政治』(日本比較政治学会年報第六号)早稲田大学出版部、二〇〇四年)。

三宅康之「分税制改革導入の政治過程(一九九三年)の再検討」、『国際学研究』第一巻、二〇一二年三月。

村松祐次『中国経済の社会態制』東洋経済新報社、一九四九年。

楊中美「地方指導者と地方政治」（朱建栄編著『「人治国家」中国の読み方―台頭する新世代群像』日本経済新聞社、一九九七年）。

三　英語文献（著者名のアルファベット順）

Huang, Yasheng, *Inflation and Investment Controls in China: The Political Economy of Central-Local Relations during the Reform Era*, New York: Cambridge University Press, 1996.

Li, Linda Chelan, *Centre and Provinces: China 1978-1993 Power as Non-Zero Sum*, Oxford: Oxford University Press, 1998.

Lieberthal, Kenneth G., and Michel Oksenberg, *Policy Making in China: Leaders, Structures, and Processes*, Princeton: Princeton University Press, 1988.

Lieberthal, Kenneth G., and David M. Lampton, *Bureaucracy, Politics and Decision Making in Post-Mao China*, Berkeley: University of California Press, 1992.

Montinola, Gabriella, Yingyi Qian, and Barry R. Weingast, "Federalism, Chinese Style: The Political Basis for Economic Success in China", *World Politics*, No.48, October 1995.

Oi, Jean C., *Rural China Takes off: Institutional Foundations of Economic Reform*, Berkeley: University of California Press, 1999.

Shirk, Susan L., "'Playing to the Provinces': Deng Xiaoping's Political Strategy of Economic Reform", *Studies in Comparative Communism*, Vol. XXIII, Nos. 3/4, Autumn/Winter, 1990.

Shirk, Susan L., *The Political Logic of Economic Reform in China*, Berkeley: University of California Press, 1993.

Townsend, James R., *Politics in China*, Second Edition, Boston: Little, Brown and Company, 1980.

あとがき

広大な国土を擁する中国にとって、中央・地方関係のあり方は国家統合の問題に直結する重要課題である。そのことは歴史上、中国が分裂と統一を繰り返してきたことからも裏づけられる。一方、現代中国においては、中国共産党による統治の下で中央は強大な権力を有しているにもかかわらず、地方主義の問題がしばしば起こってきた。このような現代中国の中央・地方関係をいかに捉えるべきかという問題を解明するための研究の一環として、本書は著された。

序章においても詳述したように、一九八〇年代以降、地方分権による「地方の台頭」に注目が集まり、一九八九年の天安門事件を経てポスト鄧小平時代が現実味を帯びてくると、一九九〇年代には「中国分裂論」や「中国崩壊論」が脚光を浴びるようになった。こうしたことから、国家統合の危機あるいは政治体制変容の可能性という観点に依拠して、中央・地方関係への関心が大いに高まった。

ところが一九九〇年代半ば以降、中国において再集権が推し進められるようになると、再集権により「中央が強くなり、地方が弱くなった」といった見方が強まっていった。その一方で、ポスト鄧小平時代の到来にともなう大きな政治的混乱は生じなかったことから、「中国分裂」や「中国崩壊」の可能性が遠のき、それにともない中央・地方関係についての研究も低調になっていった。その結果、一九九〇年代半ば以降の再集権により、果たして「中央が強くなり、地方が弱くなった」のかという問題は、十分に検証されないまま今日にまで至ってしまった。

一九九〇年代半ば以降の再集権により、「中央が強くなり、地方が弱くなった」のであれば、二〇〇〇年代以降、なぜ「乱収費」、不動産バブル、地方債務などの問題が連鎖的に生じたのであろうか。また、習近平政権は権力集中を強めているとされる一方で、なぜ同政権の下で「再分権」が推し進められているのであろうか。これらの問題は、一九九〇年代半ば以降の再集権により「中央が強くなり、地方が弱くなった」、あるいは「再分権」により「地方が強くなり、中央が弱くなった」というような「ゼロサム論」的観点からは解明できないのではなかろうか。

これらのことを勘案すると、一九九〇年代半ば以降の再集権により、そもそも「中央が強くなり、地方が弱くなった」とする議論を検証し直す必要があるのではないかと考えられる。それこそがまさに筆者が本書を執筆する際に抱いた動機であった。

そこで本書の第一部では、一九九〇年代半ば以降に「中央が強くなり、地方が弱くなった」とする議論の根拠とされる再集権の実態を考察した。具体的には、第一章で組織・人事面での再集権、第二章で財政面での再集権、第三章で「乱収費」、不動産開発ブーム、「地方保護主義」、「予算外資金」などを事例として、一九九〇年代半ば以降の再集権により、実際に「中央が強くなり、地方が弱くなった」のかという問題を検証した。

本書の第二部では、一九九〇年代半ば以降の再集権により「中央が強くなり、地方が弱くなった」とされる一方で、二〇〇〇年代以降に顕在化した諸問題を検討するとともに、近年推し進められている「再分権」の意義を考察した。具体的には、第四章で農村税費改革、不動産バブル、地方債務問題を事例として、再集権の矛盾を検証した。第五章では、財政移転や「省管県」などの試みを事例として、再集権の限界を検討した。第六章では、二〇一〇年代以降とりわけ近年推し進められている「再分権」と習近平政権への権力集中の関係を考察することを通じて、再集権により「中央が強くなり、地方が弱くなった」、あるいは「再分権」により「地方が強くなり、中央が弱くなった」といったような「ゼロサム論」的観点がもはや意味をなさないことを明らかにした。

本書を通じて、読者諸氏は一九九〇年代半ば以降から今日に至るまでの中国政治、とりわけ中央・地方関係の動向とそれに関連した議論について理解を深められることが期待される。また、権力集中を強めているとされる習近平政権の下で「再分権」が推し進められていることから、「ゼロサム論」的観点に基づき中国政治、なかんずく中央・地方関係を捉えることの限界が明らかになるであろう。

中国については毎年のように、「経済減速」、「シャドー・バンキング」、地方債務などの問題が取りざたされ、その度に中国経済の危機が叫ばれるとともに、中国各地で散発的に発生しているデモや暴動を根拠として、中国共産党政権の崩壊の始まりといったような「希望的観測」が繰り返しなされている。しかしながら、こうした議論に妥当性がなかったことは現実が証明していると言えよう。

それでは、なぜこのような議論が繰り返されてきたのであろうか。その背景には、中国で起こっている表層的な事象を捉えて、それを根拠に「中国の危機」を論じてしまう問題があるのではないかと考えられる。一方、冒頭でも紹介したように、中央・地方関係のあり方は中国の国家統合に直結する重要課題であり、中国あるいは中国政治の安定性を考察する際の有効な指標ともなり得る。それゆえ、本書を通じて一九九〇年代半ばから今日に至るまでの中央・地方関係についての理解を深めることによって、読者諸氏が中国の全体像や将来展望を考える上での一助となるであろうことが期待される。

さて、本書は慶應義塾大学派遣留学期間（二〇一七年四月―二〇一九年三月）における研究成果をまとめたものである。本書を書き終えるにあたり、まずは二年間にも及ぶ貴重な留学の機会を与えてくださった慶應義塾大学ならびに筆者が所属している法学部の岩谷十郎学部長、奥田暁代日吉主任そして下村裕前日吉主任をはじめとする関係者の皆様に御礼申し上げたい。とりわけ同中国語部会の安田淳先生、林秀光先生、島田美和先生には、留学に際し授業担当者の手配や各種業務の引き継ぎ等で多大なる労をとっていただき、心から感謝申し上げたい。また留学準備にあたっては、法学部の同僚である坪川達也先生からは留学に関する諸手続きについて、礒崎敦仁先生からは米国留学について、貴重なご助言と激励のお言葉を多々頂戴した。とりわけＵＣＬＡ（カリフォルニア大学ロサンゼルス校）への留学手続きに関しては、尹仁河先生から月並な言葉では語り尽くせぬほどの温かいお力添えをいただいた。また同じく法学部の高橋伸夫先生のお力添えのおかげで、渡米前の数か月間、中国に滞在する機会を得ることができた。その際には西南交通大学の林伯海先生と田雪梅先生に大変お世話になった。

本書を慶應義塾大学法学研究会叢書として上梓する僥倖に恵まれたのは、萩原能久法学研究編集委員会委員長をはじめとする先生方のお力添えの賜物である。この場をお借りして、慶應義塾大学法学研究会関係者の先生方に衷心より謝意を表したい。

今こうして本書を書き上げることができたのは、留学先であるＵＣＬＡの恵まれた環境の下で研究に打ち込むことができたおかげである。全く面識のなかった筆者を訪問研究者として快く受け入れてくださったＵＣＬＡ政治学部のジェームズ・トン（James Tong）先生には感謝に堪えない。トン先生によるレクチャーからは、現代中国政治を研究する上で啓発を受ける点が多々あった。またトン先生から与えていただいた、一九九〇年代以降の中央と広東省の関係についての資料を編纂する課題に取り組む過程で、本書に関する着想を得ることができた。その他、筆者の滞在先のアパートメントで、トン先生と現代中国の中央・地方関係について何度も議論したり、トン先生御用達のレストランで数多くの中国研究者たちと交流する貴重な機会に恵まれたおかげで、本書に関する構想をまとめることができた。

ところで、筆者が現代中国における中央・地方関係の研究を追究し続け、この度本書を上梓するに至ることができたのは、大学院時代の指導教授としてお世話になった国分良成慶應義塾大学名誉教授（現防衛大学校長）からのひとからならぬご支援の賜物である。もし修士論文の執筆に際して国分先生から、筆者が中央・地方関係を研究テーマとすることを後押ししていただくことがなかったら、この研究テーマを今日まで探求し続けることはなかったであろう。それゆえ本書を出版することにより、国分先生から賜った多大なる学恩に、ささやかながらも報いることができるのであれば、これに勝る喜びはない。

それと同時に本書の上梓によって、筆者が現代中国政治研究を志した際に抱いた問題意識に対して、一定の結論を得ることができたのではないかと考えている。前述のように修士論文のテーマとして中央・地方関係を選択した際に抱いた問題意識とは、一九九〇年代初頭、「経済の整備・整頓政策」と称された中央による引き締め政策の下で、なぜ「諸侯経済」や「地方保護主義」などという地方主義批判が強まっていたのかということであった。すなわち、中央は強大な権力を有しているにもかかわらず、なぜ地方主義の問題が起こるのかということが、現代中国政治研究を志すに際しての筆者の問題意識であった。この問題について、前著では改革・開放期以降の地方分権をめぐる議論の問題点、そして本書では一九九〇年代半ば以降の再集権をめぐる議論の問題点を明らかにすることによって、筆者の中では一定の結論に達することができたと考えている。それゆえ前著とあわせて本書は、筆者が現代中国政治研究を志してから取り組んできた研究の集大成とも言い得る研究成果である。本書を書き終えるに際し、筆者を現代中国における中央・地方関係についての研究に導いてくださった国分先生には、あらためて衷心より謝意を表したい。

国分先生と同様に、大学院時代からお世話になっている山田辰雄先生（慶應義塾大学名誉教授）からの学恩については、前著のあとがきにおいても述べさせていただいたが、本書にも山田先生からの薫陶は反映されている。山田先生からは近年も、アメリカにおける中国研究や、日本の中国研究のあり方について含蓄のある深遠なご高見を拝聴する僥倖に恵まれ、中国研究者たる者の心得について少なからぬ啓発を受けている。

中兼和津次先生（東京大学名誉教授）には前著を高く評価していただき、第二五回大平正芳記念賞を受賞する栄誉にあずかることができた。日本を代表する中国研究者のお一人である中兼先生から身に余る評価をいただけたことは望外の喜びであり、しかも期せずして名誉ある賞をいただくことができ、そのことが励みになり本書を執筆することができたと言っても過言ではない。この場をお借りして、中兼先生を初め公益財団法人大平正芳記念財団関係者の皆様に厚く御礼申し上げたい。

滝田豪先生（京都産業大学）からは前著について有益なコメントを頂戴し大変得るものがあった。本書執筆にあたっても、滝田先生のご研究から啓発を受ける点が多々あった。梶谷懐先生（神戸大学）は、前著について書評を書いてくださり心から感謝している。また、梶谷先生による経済学的観点からの中央・地方関係に対する分析からは、多くのことを学ばせていただいている。

三田キャンパスで聴講させていただいた林嘉言先生（元慶應義塾大学）による中国語の授業は大変印象深く、中国政治に対する林先生の鋭い分析からは多くのことを学ばせていただいた。現在、林先生が長年にわたり発展にご尽力され築いてこられた法学部の中国語教育に携わる僥倖に恵まれ、大変光栄に思っている。

大学一年次に受講させていただいた坂井達朗先生（慶應義塾大学名誉教授）による「特論」の授業では、学問や研究について一からご教示を賜り、そのことが三十年以上経った現在においても筆者の糧になっている。「特論」という授業自体、受講者は筆者を含めて二名しかいなかったことが幸いして、坂井先生から懇切丁寧にご指導を受けることができた。時には日吉駅周辺の喫茶店に場所を移して、慶應義塾における学問の伝統などについてお話をうかがったことは今でも強く印象に残っている。

その他にも数多くの先生方から、お世話になってきた。遠山嘉博先生（追手門学院大学名誉教授）には、一九九八年に広州で開催された国際会議でご一緒させていただいて以来、お気にかけていただき感謝している。望月敏弘先生（東洋英和女学院大学）からは日中関係についてご教示いただくとともに、日吉キャンパスの授業にもご出講いただきお世話になっている。唐亮先生（早稲田大学）からは中国政治について、松田康博先生（東京大学）からは台湾について、高橋祐三先生（元東海大学）からは民主諸党派について、大学院時代以来多くのことを学ばせていただいている。

大学院時代とともに学び慶應義塾大学の同僚でもある、段瑞聡先生には現在も日吉中国語部会等を通じてお世話になっており、小嶋華津子先生からは折に触れて研究会にお声掛けいただき感謝している。

一九九五年に台湾でご一緒させていただいて以来、渡辺剛先生（杏林大学）からは台湾情勢について、海老原毅先生（富山高等専門学校）からは中国外交について、常々学ばせていただいている。加茂具樹先生（慶應義塾大学）からは復旦大学での留学でご一緒させていただいて以来、人民代表大会制度についてご教示いただいている。呉茂松先生（慶應義塾大学）からは「維権」をはじめとする中国社会の動向、衛藤安奈先生（慶應義塾大学）からは中華民国期の社会動態、江藤名保子先生（アジア経済研究所）、兪敏浩先生（名古屋商科大学）、李彦銘先生（東京大学）からは、日中関係について様々な角度から勉強させていただいている。

及川淳子先生（中央大学）には、日本国際問題研究所在職時に大変お世話になったが、その後一念発起して見事に博士学位を取得され、立派なご高著も上梓されたことを大変喜ばしく思っている。及川先生は研究のみならず教育の分野でも傑出した業績を上げられており、その道の第一人者としてのご活躍ぶりを見聞きするのを楽しみにしている。

片山啓先生（アジア経済知識交流会）からは、日本国際問題研究所在職時からお気にかけていただき、その後も研究会にお誘いいただいたり、中国との交流について学ばせていただく点が少なくない。王鍵先生（中国社会科学院）からも、二〇〇〇年に北京で開催された国際会議でお目にかかって以来、中国について多くのことを学ばせていただいている。

長崎外国語大学理事長として長年にわたりご貢献された山本敏明先生（長崎外国語大学名誉教授）には、同校在職時から今日に至るまでお気にかけていただき、心から感謝している。アメリカ留学中も心のこもったメッセージを頂戴し大きな励みとさせていただいた。

一般財団法人霞山会には、同会の派遣留学生として一九九五年から一九九六年にかけて、上海の復旦大学に留学する貴重な機会を与えていただいて以来、お世話になっている。中国研究を志して間もない時期に中国での留学生活を送ることができたことは、筆者にとって研究の大きな礎となった。霞山会関係者の皆様には感謝の念に堪えない。

前著に引き続き、本書においても慶應義塾大学出版会の乗みどり様に大変お世話になった。この場をお借りして、謝意を表したい。

令和元年一一月　慶應義塾大学日吉キャンパスを望む寓居にて

磯部　靖

索　引

【事項】

跋

学問的価値の高い研究成果であつてそれが公表せられないために世に知られず、そのためにこれが学問的に利用せられずして、そのまま忘れられるものは少なくないであろう。又たとえ公表せられたものであつても、口頭で発表せられたために広く伝わらない場合があり、印刷公表せられた場合にも、新聞あるいは学術誌等に断続して載せられた場合は、後日それ等をまとめて通読することに不便がある。これ等の諸点を考えるならば、学術的研究の成果は、これを一本にまとめて出版することが、それを周知せしめる点からも又これを利用せしめる点からも最善の方法であることは明かである。この度法学研究会において法学部専任者の研究でかつて機関誌「法学研究」および「教養論叢」その他に発表せられたもの、又は未発表の研究成果で、学問的価値の高いもの、または、既刊のもので学問的価値が高く今日入手困難のものなどを法学研究会叢書あるいは同別冊として逐次刊行することにした。これによつて、われわれの研究が世に知られ、多少でも学問の発達に寄与することができるならば、本叢書刊行の目的は達せられるわけである。

昭和三十四年六月三十日

慶應義塾大学法学研究会

著者紹介

磯部　靖（いそべ　やすし）

慶應義塾大学法学部准教授
1998年3月、慶應義塾大学大学院法学研究科政治学専攻後期博士課程単位取得退学。
法学博士。日本国際問題研究所アジア太平洋研究センター研究員および長崎外国語大学外国語学部准教授を経て、2009年4月から現職。専攻は現代中国政治。
主要著作に、『現代中国の中央・地方関係―広東省における地方分権と省指導者』（慶應義塾大学出版会、2008年：第25回大平正芳記念賞受賞）、『中国　改革開放への転換―「一九七八年」を越えて』（共著、慶應義塾大学出版会、2011年）、『現代中国政治外交の原点』（共著、慶應義塾大学出版会、2013年）、『現代中国政治研究ハンドブック』（共著、慶應義塾大学出版会、2015年）などがある。

慶應義塾大学法学研究会叢書 90

中国 統治のジレンマ
――中央・地方関係の変容と未完の再集権

2019年12月20日　初版第1刷発行

著　者――――磯部　靖
発行者――――慶應義塾大学法学研究会
　　　　　　代表者　萩原能久
　　　　　　〒108-8345　東京都港区三田 2-15-45
　　　　　　TEL 03-5427-1842
発売所――――慶應義塾大学出版会株式会社
　　　　　　〒108-8346　東京都港区三田 2-19-30
　　　　　　TEL 03-3451-3584　FAX 03-3451-3122
装　丁――――耳塚有里
印刷・製本――株式会社加藤文明社
カバー印刷――株式会社太平印刷社

Printed in Japan　ISBN 978-4-7664-2648-9
落丁・乱丁本はお取替致します。

慶應義塾大学法学研究会叢書

27 The Basic Structure of Australian Air Law
栗林忠男著 3000円

38 強制執行法関係論文集
ゲルハルト・リュケ著/石川明訳 2400円

42 下級審商事判例評釈(昭和45年～49年)
慶應義塾大学商法研究会編著 8300円

45 下級審商事判例評釈(昭和40年～44年)
慶應義塾大学商法研究会編著 5800円

46 憲法と民事手続
K.H.シュワープ・P.ゴットヴァルト・M.フォルコンマー・P.アレンス著/石川明・出口雅久編訳 4500円

47 大都市圏の拡大と地域変動
―神奈川県横須賀市の事例
十時嚴周編著 8600円

48 十九世紀米国における電気事業規制の展開
藤原淳一郎著 4500円

50 明治初期刑事法の基礎的研究
霞信彦著 7000円

51 政治権力研究の理論的課題
霜野寿亮著 6200円

53 ソヴィエト政治の歴史と構造
―中澤精次郎論文集
慶應義塾大学法学研究会編 7400円

56 21世紀における法の課題と法学の使命
〈法学部法律学科開設100年記念〉
国際シンポジウム委員会編 5500円

57 イデオロギー批判のプロフィール
―批判的合理主義からポストモダニズムまで
奈良和重著 8600円

58 下級審商事判例評釈(昭和50年～54年)
慶應義塾大学商法研究会編著 8400円

59 下級審商事判例評釈(昭和55年～59年)
慶應義塾大学商法研究会編著 8000円

60 神戸寅次郎　民法講義
津田利治・内池慶四郎編著 6600円

64 内部者取引の研究
並木和夫著 3600円

65 The Methodological Foundations of the Study of Politics
根岸毅著 3000円

66 横槍　民法總論(法人ノ部)
津田利治著 2500円

67 帝大新人会研究
中村勝範編 7100円

68 下級審商事判例評釈(昭和60～63年)
慶應義塾大学商法研究会編著 6500円

70 ジンバブウェの政治力学
井上一明著 5400円

71 ドイツ強制抵当権の法構造
―「債務者保護」のプロイセン法理の確立
斎藤和夫著 8100円

72 会社法以前
慶應義塾大学商法研究会編 8200円

73 Victims and Criminal Justice:Asian Perspective
太田達也編 5400円

74 下級審商事判例評釈(平成元年～5年)
慶應義塾大学商法研究会編著 7000円

75 下級審商事判例評釈(平成6年～10年)
慶應義塾大学商法研究会編著 6500円

76 西洋における近代的自由の起源
R.W.デイヴィス編/鷲見誠一・田上雅徳監訳 7100円

77 自由民権運動の研究
―急進的自由民権運動家の軌跡
寺崎修著 5200円

78 人格障害犯罪者に対する刑事制裁論
―確信犯罪人の刑事責任能力論・処分論を中心にして
加藤久雄著 6200円

79 下級審商事判例評釈(平成11年～15年)
慶應義塾大学商法研究会編著 9200円

80 民事訴訟法における訴訟終了宣言の研究
坂原正夫著 10000円

81 ドイツ強制抵当権とBGB編纂
―ドイツ不動産強制執行法の理論的・歴史的・体系的構造
斎藤和夫著 12000円

82 前原光雄 国際法論集
中村洸編／大森正仁補訂 5800円

83 明治日本の法解釈と法律家
岩谷十郎著 9600円

84 憲法の優位
ライナー・ヴァール著/小山剛監訳 6000円

85 第一回普選と選挙ポスター
―昭和初頭の選挙運動に関する研究
玉井清著 6600円

86 下級審商事判例評釈第一〇巻(平成16年～20年)
慶應義塾大学商法研究会編著 10800円

87 株式譲渡と株主権行使
山本爲三郎著 6700円

88 国際責任の履行における賠償の研究
大森正仁著 5800円

89 朝鮮分断の起源―独立と統一の相克
小此木政夫著 8000円

表示価格は刊行時の本体価格(税別)です。欠番は品切。

慶應義塾大学出版会
〒108-8346　東京都港区三田2-19-30
Tel 03-3451-3584/Fax 03-3451-3122
郵便振替口座　00190-8-155497